박태준의 리더십 2

박태준의 리더십 2

아시아

박태준 연구서를 펴내며

　2011년 12월 13일 청암 박태준은 위업을 남기고 향년 84세로 눈을 감았다. 그의 부음을 알리는 한국의 모든 언론들과 해외의 많은 언론들이 일제히 헌화하듯이 그의 이름 앞에 영웅·거인·거목이란 말을 놓았다. 시대의 고난을 돌파하여 공동체의 행복을 창조한 그의 인생에 동시대가 선물한 최후의 빛나는 영예였다. 그러나 어쩌면 그것이 망각의 늪으로 빠지는 함정일지 모른다. 영웅이란 헌사야말로 후세가 간단히 공적으로만 그를 기억하게 만들 수 있는 것이다.

　영웅의 죽음은 곧잘 공적의 표상으로 되살아난다. 이것이 인간사회의 오랜 관습이다. 세상을 떠난 영웅에게는 또 하나의 피할 수 없는 운명으로 강요된다. 여기서 그는 우상처럼 통속으로 전락하기 쉽고, 후세는 그의 정신을 망각하기 쉽다. 다만 그것을 막아낼 길목에 튼튼하고 깐깐한 바리케이드를 설치할 수는 있다. 인물연구와 전기문학의 몫이다.

　인물연구와 전기문학은 다른 장르이다. 하지만 존재의 성격과 목적은 유사하다. 어느 쪽이든 주인공이 감당한 시대적 조건 속에서 그를 인간의 이름으로 읽어내야 한다. 작업을 진행하는 과정은, 그의 얼굴과 체온과 내면이 다시 살아나고 당대의 초상이 다시 그려지는 부활의 시간이다. 이 부활은 잊어버린 질문의 복구이기도 하다. 어떤 악조건 속에서 어떻게 위업을 이룩할 수 있었는가? 이것은 관문의 열쇠이다. 그문을 열고 천천히 안으로 들어가야 비로소 그의 신념, 그의 고뇌, 그의 투쟁, 그의 상처가 숨을 쉬는 특정한 시대의 특수한 시공時空과 만날 수 있으며 드디어 그의 감정을 느끼는 가운데 그와 대화를 나누는 방에 이르게 된다.

거대한 짐을 짊어지고 흐트러짐 없이 필생을 완주하는 동안에 시대의 새 지평을 개척하면서 만인을 위하여 헌신한 영웅에 대해 공적으로만 그를 기억하는 것은 후세의 큰 결례이며 위대한 정신 유산을 잃어버리는 사회적 손실이 아닐 수 없다. 짧은 인생을 영원 조국에, 이 신념의 나침반을 따라 한 치 어긋남 없이 헤쳐 나아간 박태준의 일생은 철저한 선공후사와 솔선수범, 그리고 순애殉愛의 헌신으로 제철보국 교육보국을 실현하는 길이었다. 그것은 위업을 창조했다. 제철보국은 무無의 불모지에 포스코를 세워 세계 일류 철강기업으로 성장시킴으로써 조국근대화의 견인차가 되고, 교육보국은 유치원·초·중·고 14개교를 세워 한국 최고 배움의 전당으로 만들었을 뿐만 아니라 마침내 한국 최초 연구중심대학 포스텍을 세워 세계적 명문대학으로 육성함으로써 이 나라 교육의 새로운 개척자가 되었다. 더구나 모든 일들이 오직 일류국가의 이상과 염원을 향해 나아가는 실천이었다.

그러므로 후세는 박태준의 위업에 내재된 그의 정신을 기억하고 무형의 사회적 자산으로 활용할 수 있어야 한다. 그의 생애와 사상에 대한 학문적 연구를 체계화한 『청암 박태준 연구서』는 그러한 목적에 이바지하려는 책들로서, 앞으로 전개될 박태준 연구에 대한 선행연구의 역할을 맡는 가운데 기존 '박태준 전기문학'과 함께 언젠가 그를 공적의 표상으로만 기억하게 될지 모르는 그 위험한 '길목'도 지켜줄 것이다.

2014년 12월
박태준미래전략연구소

일러두기

1. '청암 박태준 연구'의 기본 텍스트는 포스코의 사사(社史)와 사보(私報), 포스코에 대한 기존 연구 논문들, 포스텍(포항방사광가속기연구소 포함)의 교사(校史), 포스코교육재단과 학교들의 교사(校史), 포항산업과학연구원(RIST)의 사사(社史), 박태준에 대한 전기문학과 저서들, 신문과 잡지, 그리고 국판 편집으로 일만 쪽에 이르는 '박태준 어록' 등이다.
2. 박태준의 기록 육성과 녹음 육성의 디지털화 작업은 포스코경영연구소가 주관해 2009년에 완료하였으며, 그의 생각과 감정을 생생히 담은 그것은 마치 사초를 쓰듯이 기록하고 보관한 '포스코 기록 문화'의 귀중한 선물이라 할 수 있다. 현재 '박태준 어록'은 포항공과대학교(POSTECH) 부설 박태준미래전략연구소 홈페이지와 연결되어 있다.
3. 이 연구서들에 엮은 모든 논문에 대해서는 학문적 객관성 담보를 위하여 '학술진흥재단 등재지 또는 등재 후보지' 게재를 원칙으로 삼았으며, 그에 따라 게재를 마친 논문이 다수이고 다른 매체에 게재한 논문도 있다.
4. 각 권의 제목은 논문들을 주제별로 분류한 뒤 편찬 회의에서 정한 것이다.
5. 앞으로 전개될 '박태준 연구'의 결과물이나 포스텍의 박태준미래전략연구소가 주관한 다양한 연구 논문들도 꾸준히 이 연구서로 발간할 계획이다.

차 례

박태준 리더십

백기복

백기복 白基福

학력
제주대학교 영어교육학 학사
미국 뉴욕주립대학교 MBA
미국 휴스턴대학교 경영학 박사

주요 경력
국민대 경영대학원 리더십·코칭MBA 주임교수
한국윤리경영학회 회장
《리더십연구》 편집위원장
현 국민대학교 경영대학 교수

주요 저서 / 논문
『조직행동연구』(1994) 『이슈리더십』(2000) 『리더십리뷰』(2005)
『사례로 배우는 리더십A』(2006) 『성취형 리더의 7가지 행동법칙』(2006)
『CEO 조용기』(공저, 2006) 『대왕세종』(2007) 『리더십의 이해』(공저, 2009)
『미래형 리더의 조건』(2011) 『말하지 말고 대화를 하라』(2011)
「한·미 기업관리자들의 리더십유형 비교: 시나리오 기법에 의한 탐색적 연구」(1992)
「한국경영학계 리더십연구 30년: 문헌검증 및 비판」(1998)
「한국형 리더십」(2010)
「청암 박태준의 리더십: 근거 이론과 결정적 사건법을 활용한 종합 모델 도출」(2011)
「박태준의 용혼(鎔魂) 경영사상」(2012)
"Discovering the Patterns of Chaos"(1989)
"Anatomy of Issue Leaders' Behaviors"(2002)

I. 박태준 리더십

1. 70년의 성취

2018년은 대한민국이 건국한지 70년 되는 해이다. 한 국가의 역사가 70년이라는 것은 결코 긴 기간이 아니다. 중국 청나라의 건륭제는 혼자서 64년을 통치했다. 미국의 역사가 짧다고 해도 250년이나 된다. 전 세계적으로 70년이 안 되는 역사를 갖고 있는 국가는 대략 8개국에 불과하다. 한민족의 궤적을 놓고 봐도 고구려와 백제가 약 600년의 역사를 누렸고, 신라는 1000년을 존재했으며, 고려가 500년, 조선이 600년의 역사를 자랑한다. 어디에 비교해 보아도 대한민국 건국 70년은 아직 신생국가의 태를 다 벗었다고 할 수 없는 짧은 기간이다.

이 짧은 70년 동안 대한민국은 너무나 많은 일을 해냈다. 전쟁의 혼란을 극복했고, 경제성장을 이룩했으며, 민주주의를 정착시켰다. 세계인들은 이것을 '압축성장'이라고 부른다. 인류역사상 전례가 없는 성과라고 칭송한다. 무엇보다도 위기에 흔들리지 않고 꾸준히 성장해 왔다는 점을 높이 평가한다. 멕시코, 필리핀, 브라질 등과 같은 국가들이 처음에는 성장가도를 달리다가 얼마 지나지 않아 주저앉았던 예를 두고볼 때 우리의 굴하지 않는 지속성장은 충분히 칭찬받을 만하다.

특히 경제발전이 국가적 사명임을 내세워 개인의 자유를 유보하면서 출범한 많은 국가들이 결국은 집권층의 부정과 부패로 말미암아 끝 모를 수렁으로 전락했지만, 대한민국은 부패의 공격으로부터 국민의 신뢰를 지켜냈다. 또한 성장과 분배라는 갈림길에서 국민적 인기에 영합하여 성장을 포기한 국가들도 많지만, 우리는 이 모순된 과제를 성공적으로 풀어내고 있다. 뿐만 아니라, 대한민국은 아직도 전쟁의 여운이 완전히 가시지 않은 분단국가로서 끝없는 이념적 갈등을 빚고 있지만, 궤도를 이탈하지 않고 전진해 왔다. 대통령이 총탄에 쓰러지고 서울의 중심에 각목과 최루탄이 난무하며 데모와 투쟁으로 날밤을 새는 혼란스런 상황 속에서도 꿋꿋하게 그 중심을 지켜왔다.

지난 70년 이러한 우리의 성공 스토리는 이제 세계역사에 기록되고 있다. 세계를 주도하고 있는 선진국들은 한국인에게 경의를 표하고 있고 나라의 발전을 꿈꾸는 신흥국들은 한국을 확실한 모델로 삼아 학습에 열을 올린다. 경제발전모델을 본받아 흉내 내는 국가가 늘고 있고 새마을 운동을 도입하여 농촌을 부유하게 만들려는 국가들도 점점 많아지고 있다.

이러한 대한민국 성공의 원인은 어디에 있을까? 많은 원인들이 제시될 수 있겠지만, 한 가지 빼놓을 수 없는 원인은 역시 한국인, 즉 사람이라고 할 수 있다. 미국처럼 자원이 풍부한 나라도 아니고 독일처럼 축적된 기술을 갖고 있지도 않았다. 뉴질랜드나 호주처럼 기후가 항상 온화한 것도 아니고 프랑스처럼 오래된 민주주의의 역사를 갖고 있지도 않다. 영국이나 스페인처럼 많은 식민지를 물려받은 것도 아니고, 인도네시아나 중국처럼 넓은 땅덩어리를 차지하고 있지도 못하다. 사우디아라비아나 이란처럼 쓸모없던 사막에서 막대한 석유가 쏟아져 나오는 행운을 가진 민족도 아니고 태국이나 베트남처럼 지천에 바나나, 코코아와 같은 다양한 먹거리가 널려 있는 나라도 아니다. 이렇게 볼 때, 결국 우리의 성공은 사람 때문이었다고 결론지을 수밖에 없다.

한국인들끼리는 전쟁 상황이 아닌 한, 불의에 저항하면서도 총이나 폭탄을 사용한 적이 없으며, 나라가 위험에 처했을 때 개인적이 희생하는 것을 당연시 한다. 판이 벌어지면 신명나게 놀다가도 때가 되면 모두 제자리로 돌아가 주어진 일에 몰두하는 습관이 있다. 자존심이 강하여 다른 사람들로부터 칭찬받기를 좋아하고, 자존심에 상처를 입든가 무시당했을 때는 격정적으로 감정을 표출한다. 성취해야 하는 일에 대해서는 목숨을 걸고 해내는 불타는 열정을 갖고 있어, 안 될 것 같은 일도 어떻게 해서든지 이뤄내는 창의력과 집념이 남다르며, 일을 빨리 처리하는 데서 희열을 느낀다. 뿐만 아니라, 항상 무리 짓기를 좋아하며 그 안에서 서로 너와 내가 없이 정(情)을 나누며 사는 데서 안녕을 느낀다. 전쟁과 갈등과 수많은 변화를 겪으면서 상황 판단력이 발달

했고, 배움과 미래성공의 상관관계에 대해서 확신을 갖고 있어 교육열이 남다르다. 자식을 위해서라면 부모가 어떤 희생도 마다하지 않는 내리사랑의 전통이 강하며, 윗사람과 어른의 체면을 먼저 생각해 주는 예의를 중시한다. 상황 봐가면서 눈치 있게 적응하는 중용의 도를 내세우며, 모나게 행동하는 사람은 '이상한 사람'이라 하여 멀리한다.

하지만 한국인들은 치밀하게 계산하여 남을 지배하는 데 약하며, 고집이 세고 자기최면에 빠지는 경우가 많아 '떼'를 잘 쓰고 타협할 줄 모른다. 상황의 속박을 참고 인내하든가 그에 저항하여 극복하는 것은 잘하지만, 주도면밀하게 판 자체를 의도대로 설계하여 주도해 나가는 측면은 부족하다. 잘못을 저지르고서도 엄하게 벌하지 않고 대충 '봐주기'를 기대하는 '정서'도 강하다. 그러나 이러한 약점들은 성장기 후반에 이르러서는 많이 달라지고 있다. 그간에 경험도 쌓였고, 법과 제도도 큰 기여를 하였다. 또한 다양한 글로벌 체험이 보다 폭 넓은 시야를 학습할 수 있는 기회를 제공한 측면도 있다.

대한민국 70년의 대 역사는 이러한 민족적 바탕 위에 이뤄졌다. 이러한 한국인의 특성은, 비록 고집이 세고 다른 민족을 주도적으로 정복하고 지배하는 데는 약하지만, 게으름과 나태함을 증오하며, 뒤처짐과 안주(安住)를 경멸하고, 무지와 틀에 박힌 행동을 배척하며, 독선과 소외를 적대시하는 긍정적 속성들로 대변될 수 있다. 경제를 부흥시킨다는 관점에서 봤을 때, 이것은 진정 보석과 같은 자원이다. 세계의 수많은 민족들 중에 이처럼 훌륭한 면모를 갖고 있는 민족은 드물다. 이 정도의 자원이라면, 자연자원이 부족하고 땅덩어리가 작아도 가정을 지키고, 나라를 일으키며, 기업을 성장시키는 데 조금도 부족함이 없다.

아울러, 대한민국에는 이 좋은 자원을 적절히 활용할 줄 아는 리더들이 있었다. 아무리 출중한 자원이라도 그것을 갈고 닦아 제대로 활용할 줄 아는 리더가 있어야 기대하는 결과를 낼 수 있다. 자원은 좋은데 출중한 리더가 없어 뒤처지는 나라도 있고, 리더는 뛰어난데 인적 자원이 부실하여 발전하지 못하는 나라들도 많다. 우리는 앞선 사람과 따르는 사람들이 서로 협력하고 견제하고 갈등하고 경쟁하면서 나라를 키워냈다. 이들의 절묘한 조화가 없었다면 대한민국은 결코 오늘날과 같은 성취를 이뤄내지 못했을 것이다.

지난 70년 동안 명멸한 대한민국 리더집단은 세계적으로 최고 수준이었다고 할 만하다. 절대적으로 열세였던 전투에서 전세를 뒤엎는 용기와 예지를 갖춘 군(軍) 리더들이 있었고, 척박한 상황 속에서도 기회를 포착할 줄 하는 창의적 기업가정신으로 무장한 산업화 리더들이 있었으며, 민주주의 정착을 위해서 목숨 걸고 투쟁했던 민주화 리더들도 있었다. 이 이외에도 각계각층에서 희생적으로 난제를 풀어낸 작은 영웅들이 이 나라의 개국공신들이다.

되돌아보면, 대한민국은 성장과정에서 도전적인 이슈에 직면할 때마다 출중한 리더들이 나타나 이슈해결을 위한 헌신적인 행동을 보여줬다. 전태일처럼 스스로 목숨을 끊든가, 1949년 개성송악산전투의 육탄 10인처럼 과정 중에 본의 아니게 절명한 불멸의 리더들도 있었다. 1953년 세계최초로 우유팩을 개발한 신석균처럼 기발한 아이디어로 세상을 놀라게 한 경우나, 양학선처럼 자신만의 전략으로 세계를 제패한 창의적 리더들도 있었으며, 정주영처럼 불가능할 것 같은 사업을 성취하여 많은 사람들의 칭찬을 받은 불굴의 리더들도 빼놓을 수 없다.

2. 박태준 스탠더드

박태준은 지난 70년 대한민국 리더사(史)에서 가장 표준적인 리더이다. 후대에게 리더십을 교육하는 데 있어 탁월한 리더십의 모델로 소개하기에 가장 적합하다는 의미이다. 박태준이 박정희, 이병철, 정주영에 비해 더 훌륭한가를 따지든가 미국의 철강왕 카네기나 스티브 잡스, 또는 남아프리카공화국의 넬슨 만델라와 견주어 우열을 가리는 것은 의미가 없다. 각자 개성과 역할이 달랐고, 그들에게 가해졌던 상황적 요구가 상이했으며, 무엇보다도 리더를 서열화하든가 비교우위를 논하는 것 자체가 바람직하지 않다. 모든 리더는 당대의 거울이며 역사적 궤적을 이해하는 통로이고 미래를 위한 푯대이기 때문이다. 모든 리더에게는 교훈점이 있다. 하지만 박태준만큼 미래를 이끌어갈 젊은이들에게 현실적으로 교훈이 될 만한 균형 잡힌 인물은 찾아보기 힘들다.

사람이 모이면 리더가 생긴다. 꼭 선출을 하든가 지명을 하지 않더라도 자연발생적으로 누군가는 리더로 출현하게(emerging) 되어 있다. 이는 사람 집단의 속성이지만, 인간뿐 아니라 다른 동물들에게도 발견되는 사회의 진리이다. 집단은 리더를 탄생시키기도 하지만 동시에 출현한 리더를 평가하는 역할도 수행한다. 현재의 리더가 집단의 자산이라고 평가되면 계속 지지를 보내지만 부채라고 평가되면 다른 리더를 소망하게 된다. 집단은 폭력적 또는 평화적 방식을 사용하여 리더를 필요에 따라 교체해 왔다. 인류의 역사는 이와 같이 리더의 출현, 평가, 재출현의 과정을 무한히 반복하면서 전개되어 왔다.

우리는 역사적 경험을 통해서 좋은 리더를 만난 집단은 융성했고, 나쁜 리더를 세운 집단은 고통을 당했다는 사실을 학습했다. 따라서 좋은 리더란 어떤 사람이며, 그들을 어떻게 육성하고 어떤 과정을 거쳐 선택하는 것이 바람직한지에 대해서 고민하게 되었다. 인류의 역사는 리더의 자질과 평가방법에 대한 지혜로 가득 차 있다. 서양에서는 플라톤의 국가론, 크세노폰의 키루스의 교육, 플루타르크 영웅전, 마키아벨리의 군주론, 토마스 칼라일의 영웅과 영웅숭배, 프랜시스 갈톤의 유전적 천재 등의 저서들이 많이 읽히며, 중국에서는 공자, 맹자, 순자, 한비자, 묵자 등의 가르침을 비롯하여 사마천의 사기, 손자의 병법, 그리고 삼국지 등이 리더십의 고전으로 취급되어 왔다. 한국의 경우는 정약용의 목민심서, 경세유표를 비롯하여 유성룡의 징비록, 이순신의 난중일기, 백범의 일지 등이 많은 지혜를 준다.

현대에 들어와서는 많은 학자들이 수천 가지에 달하는 리더십이론들을 발표하면서 집단의 리더십현상을 과학적으로 이해하려는 노력을 경주하고 있다. 구체적으로 특성론, 행위론, 상황론, 변화론, 대체론, 관계론, 인식론, 낭만론, 자아론, 영성론, 공유론, 출현론, 복합론 등과 같은 이론들을 통하여 리더십에 대한 다양한 지혜와 원리들을 산출하였다.

지난 100여 년 간의 리더십연구를 통해서 오늘날의 리더십연구자들이 도출한 연구결과는 무수히 많지만, 그 중에서 가장 중요한 결과를 한 마디로 요약하라고 한다면, 대부분의 학자들이 다음의 결론에 동의할 것이다.

"리더십은 한 가지로 설명할 수 없다."

구글에서 'leadership'을 검색하면 1억1천6백만 개의 기사가 뜬다(2013년 11월 24일 기준). 그야말로 리더십에 대한 지혜의 홍수라고 할 만하다. 이론에 기반을 둔 조언도 많고 개인적 경험에 기초한 아이디어들도 무수하다. 리더십의 개념이 그만큼 다양한 측면을 갖고 있다는 방증이다.

지혜가 많다는 것은 일견 좋은 현상일 수도 있지만, 실용적 측면에서 보면, 리더십의 지혜를 얻고자 하는 사람들을 무기력하게 만들기도 한다. 도대체 어떤 조언을 따라야 할지 중심을 잡기 힘들게 한다.

특히 조언들 간에는 서로 모순되는 내용들도 많다. 목표를 분명히 세워 강하게 밀고 나가야 한다는 조언이 있는가 하면, 배려가 미덕이라는 조언도 있다. 진정성을 갖춰야 한다고 하는가 하면, 마키아벨리처럼 리더는 겉과 속이 달라야 한다고 강조하기도 한다. 리더는 비전을 제시해야 한다고 항변하다가 돌아서서는 현장을 장악해야 한다고 말한다. 현장에서는 더욱 당혹스러운 일도 벌어진다. 위임이 절대 선(善)이라며 믿고 맡기고 기다리라고 주문하다가 일이 잘못되었을 때는 책임을 묻겠다며 제재하려 든다.

리더십을 한 가지로 설명할 수 없는 이유는 그뿐이 아니다. 우리는 모두 리더십이 후천적으로 훈련될 수 있다고 믿고 있다. 하지만 최근의 한 논문에 따르면, 리더의 직위를 차지하고 있는 사람들은 그렇지 않은 사람들에 비해 rs4950이라는 유전자를 갖고 있는 경우가 훨씬 더 많은 것으로 밝혀졌다. 리더는 후천적으로 육성되는 것이 아니라 타고나는 측면이 상당부분 존재한다는 강력한 증거라고 볼 수 있다. 아울러, 일란성 쌍둥이들을 대상으로 한 연구에서는 타고나는 측면이 약 40%, 육성되는 것이 대략 60%라는 연구결과가 얻어졌다. 유명한 과학 학술지 《Science》의 편집장인 Bruce Alberts 박사가 "리더십에 있어 가장 중요한 것은 선발이다"(2013.11.21.)라고 주장하고 있는 것도 이러한 연구결과들을 고려할 때 충분히 설득력이 있다.

결국 이러한 연구 결과들은 리더십의 다면성(multi-facet)을 인정하고 리더를 평가하고 훈련할 때 다양한 측면을 동시에 고려해야 한다는 것을 말해준다. 즉 리더는 여러 가지 상황과 과제를 효과적으로 수행할 수 있는 'skill set'를 갖추고 있어야 한다는 말이다. 이것을 Kaplan 교수는 'versatile leadership'이라고 표현하고 있다. '양수겸장'이라고 번역할 수도 있고 '다재다능'이라고 번역할 수도 있겠지만, 분명한 것은 리더가 다양한 기술을 갖춘 유연한 인물이어야 한다는 것이다. 이러한 유연성이 있어야 타고한 유전자 rs4950도 제 기능을 발휘할 수 있게 된다.

앞에서 박태준을 탁월한 리더의 표준이라고 표현한 것은 이런 이유에서다. 그는 다방면에서 탁월한 수준의 리더십을 보여줬다. 지금까지 발표된 이론과 각종의 지혜들을 추려보면 박태준 리더십의 스킬을 [그림 1]과 같이 다섯 가지 정도로 요약할 수 있다. 박태준은 이들 다섯 가지 스킬의 모든 측면에 있어 매우 높은 수준의 균형 잡힌 모습을 보여줬다. 이를 박태준 스탠더드로 정의한다. 그에게 불필요한 가식을 붙이지 않더라도 그가 다양한 리더십의 기술을 갖고 있었고 그들을 적절히 행동으로 옮겼다는 사실은 수많은 사건과 행동사례들을 통해서 어렵지 않게 입증할 수 있다.

그림 1 박태준 스탠더드

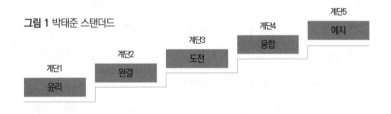

[그림 1]에 나타났듯이, 박태준 스탠더드의 5요인은 윤리, 완결, 도전, 융합, 예지 등으로 정리된다. 윤리란 박태준이 보여준 고도의 윤리의식과 행동을 의미한다. 스스로 솔선수범하는 윤리적 행동을 보여줬을 뿐 아니라, 조직경영에 있어서도 윤리적으로 문제가 되는 일탈행위에 대해서 매우 엄격한 기준을 적용하는 모습을 보여줬다. 완결이란 과업을 수행함에 있어 시작과 끝이 명료하고 과정을 치밀하게 관리하는 등 완벽주의에 가까운 일처리 성향을 말한다. 그는 항상 일의 목적과 목표를 명확히 했으며 일 추진 과정을 치밀하고 분석적으로 관리했다. 도전이란 강한 성취열정에 기초한 개념이다. 계획이나 통상적 기

대보다 앞선 압박성취를 중시했으며 이 과정에서 더 높은 목표를 더 짧은 시간 안에 성취하는 구성원들의 행동습관을 정착시켰다. 융합이란 불필요한 갈등이나 분열을 극복하여 일체감을 조성하려는 성향으로 정의된다. 박태준은 좌와 우, 부자와 빈자, 경영자와 조직원, 조직의 내부와 외부 등을 조정, 조율, 융합하는 삶을 살았다. 끝으로, 예지란 기업경영에 영향을 미치는 수많은 요인들을 전략적 관점에서 창의적으로 통찰하는 능력을 말한다. 그는 철강업을 둘러싼 공장입지, 원료확보, 경쟁극복, 생산체계, 인력운영, 자금조달, 정치적 압박 등 다양한 경영요인들을 입체적으로 연계, 판단하는 예지를 갖고 있었다.

박태준을 영웅으로 부를 필요는 없다. 그를 영웅이라고 칭하는 순간 그는 보통사람들과 너무나 멀어진다. 영웅은 존경의 대상이지 '나도 따라 닮아 보고 싶은' 친분의 대상은 아니기 때문이다. 알렉산더, 이순신, 모택동, 링컨 등은 많은 사람들의 존경을 받는다. 하지만 그들의 행동을 따라하도록 리더십훈련 과정을 운영하는 경우는 없다. 단지, 그들의 영웅적 행동을 우러러보고 경탄하고 숭배할 따름이다. 그들은 일반인의 삶과 너무나 멀리 떨어져 있기 때문이다.

이들에 반하여, 박태준이 보여준 5단계의 균형 잡힌 리더십은 누구나 쉽게 배울 수 있고 언제든지 현실에 적용할 수 있다. 박태준이라는 한 리더 개인에게서 리더십의 모범적 행동들이 다 나타나고 있다는 점은 높이 평가받을 만하다. 이것은 리더십을 가르치고 훈련하는 현장에서 매우 중요한 의미를 갖는다. 각 스킬별로 다른 사례를 학습할 필요

없이 박태준 한 사람을 통해서 리더십의 모든 스킬들을 한꺼번에 경험할 수 있기 때문이다. 박태준의 극적인 생애는 리더십의 여러 스킬들이 다양한 상황에 따라 어떻게 발휘되고 응용될 수 있는지를 일목요연하게 배울 수 있는 훌륭한 기반을 제공한다.

이러한 취지에서 우리는 높은 수준의 균형을 갖춘 박태준의 리더십을 박태준 스탠더드(standard)라고 규정하였다. 특정인의 리더십 수준을 평가하려는 사람이나 자신의 리더십을 향상시키고 싶은 리더들은 박태준을 기준으로 자신이 어느 수준인가를 진단해 보고 어떤 계단을 보완해야 하는지를 확인할 수 있다.

박태준 스탠더드는 한국인을 비롯한 동양인들에게만 적용되지는 않는다. 산업계에 종사하는 리더들에게만 국한되는 표준도 아니다. 세계 어디에서 무슨 일을 하는 사람이든지 리더십에 관심이 있는 사람이라면 자신의 수준을 박태준 스탠더드에 비춰볼 수 있다. 그는 한국에서 태어나 일본에서 교육받았지만 다양한 문화를 수용하고 존중할 줄 아는 세계인(cosmopolitan)이었으며, 전투 현장에서 목숨을 걸고 전투를 벌였던 군인이었지만 세계 최고의 철강기업을 일군 기업가였고, 국회의원과 총리를 지낸 정치인이었지만 서민을 위해서 기도할 줄 아는 품격 있는 리더였다.

박태준 스탠더드는 두 가지 특징을 갖는다. 하나는 박태준 리더십의 다섯 요인들 각각에 있어 초급, 중급, 상급 등으로 등급화 할 수 있다는 것이고, 다른 하나는 다섯 요인들이 계단처럼 순서를 이루고 있다는 측면이다. 이것은 곧 계단 1을 밟지 않고서는 계단 2에 오를 수 없으며 계단 3은 계단 2를 밟아야 오를 수 있다는 식의 구조를 뜻한다. 최종 계단까지 오르기 위해서는 계단 1~4까지를 순서대로 밟아 올라가야 한다는 의미이기도 하다. 아울러, 한 계단에서 다음 계단으로 오르기 위해서는 지금 딛고 서 있는 계단에서 상급수준의 스킬을 습득해야 한다.

만약 어떤 리더가 중간에 계단을 건너뛰게 되면, 기만형 리더가 되고 만다. 기만형 리더는 외형적으로 훌륭해 보일 수 있으나 자신의 약점을 감추기 위해서 끊임없이 다른 사람들의 눈을 속이려는 부정적 행동을 보인다. 못해도 잘하는 것처럼 보여야 하고 문제가 심각해도 없는 것처럼 위장하는 데 모든 자원을 낭비하여 결국은 그 피해가 맡고 있는 조직과 주변사람들에게 미치게 된다. 물론 겉으로는 잘, 잘못이 나타나지 않을 수도 있다. 대과(大過) 없이 주어진 임무를 완수했다고 떠벌일 수도 있다. 하지만 그가 건너 뛴 계단, 숨겨놓은 약점으로 말미암아 놓친 기회가 얼마이며, 일이 지연되든가 최선 대신 차선, 아니면 차차선이 선택될 수밖에 없었던 데서 발생한 비용은 얼마이겠는가!

사실 지금까지 리더들은 이러한 적극적 검증 없이 조직의 최고경영자, 임원, 팀장이 되고 장관, 국회의원, 정부관료가 되었다. 겉으로 드러난 비리만 없으면, 인사권자의 눈에 들었다는 기준 하나에 의존하여 중요한 직위를 차지하는 관행이 일반화되어 있다. 객관적 기준으로 평가를 한다고 해도 결국은 정치적 입김에 의해서 결정되는 경우가 허다하다.

어떤 연유로 리더의 직위를 차지했든 간에, 현직에 있는 리더들은 자신의 리더십 수준을 박태준 스탠더드에 비춰 진단해 보고 무너진 계단을 보수하는 작업을 해야 한다. 늦게나마 조직과 주변사람들에게 주는 피해를 줄일 수 있는 유일한 방법이다. 리더의 겸손과 자기성찰이 필요한 이유이다.

저명한 리더십학자 Robert Lord는 리더의 수준을 초급(novice), 중급(intermediate), 상급(expert)으로 나눠 설명한다. 이를 응용하면, 초급수준이란 개인경험에 따라 이끌어가는 자기중심적 행동에 치중하며, 중급수준은 다른 사람의 입장을 고려하는 공감을 중시하고, 상급수준이란 새로운 방법이나 원칙을 제시하는 창의적 발상을 중시하는 수준으로 정의할 수 있다. 박태준 스탠더드의 윤리, 완결, 도전, 융합, 예지 등 5요인 각각에 대해서 이 3가지 수준을 적용할 수 있을 것이다. 5요인과 3수준을 결합하여 제시하면 [표 1]과 같다.

표 1 박태준 스탠더드 5요인×3수준

수준 요인	초급	중급	상급
윤리	- 자신의 편리에 따라 윤리적 기준 선택 - 원칙 부재	- 사회적 통념에 따라 윤리적 판단 - 변화보다 수용 우선	- 최고 수준의 엄격한 원칙 적용 - 창의적 혁신추구
완결	- 부의 지시에 따른 업무 선택과 수행 - 요청에 따른 업무선택	- 구성원 역량과 상황을 고려한 독자선택 - 내적, 단기 완결주의	- 조직전체 관점의 일 선택과 완벽주의 - 장기적 효과 중시

도전	- 현재 상황을 고려한 안전한 목표설정 - 도전에 대한 두려움	- 상황적 도전요구에 대응하는 수준 - 자신 있는 영역에서 도전 시도	- 상황 극복을 위한 주도적 도전 - 전 영역에서 선제적 도전 중시
융합	- 수평적 융합보다 수직적 조화 중시, 봉합위주 - 다른 사람의 융합노력에 수동적 참여	- 업무적 필요에 따라 협력/물리적 융합노력 - 제한적 주도	- 다양한 계층간 화학적 융합추구 - 매사에 적극적 융합주도
예지	- 자신에게 주어진 임무에만 몰입 - 단기성과 위주	- 조직 내부의 논리와 타부서 영향 중시 - 일처리의 중기적 결과 고려	- 외부환경과의 거시적 역학관계 통찰 - 장기적 추세 중시

[표 1]은 박태준 스탠더드의 윤리, 완결, 도전, 융합, 예지의 각 계단에 대한 초, 중, 상급 수준을 실천적 차원에서 정의한 것이다. 개념적으로 정리하면, 초급이 자기중심적, 단기적, 맡은 임무위주의 수준이라면, 중급은 사회통념적, 중기적, 제한적 도전 수준이라고 볼 수 있다. 상급수준은 이들과는 질적으로 다르다. 최고수준의 리더십은 자기 주도적, 장기적, 혁신적 성향을 보인다. 존재가 아름답고 원칙이 확고하며, 행동이 강력하고 남보다 앞서 멀리 볼 줄 아는 리더가 상급 리더다.

윤리에서 예지에 이르는 여정은 결코 쉬운 길이 아니다. 특히 모든 계단의 상급에 이르기 위해서는 큰 결심과 남다른 다짐이 요구된다. 박태준도 그랬다. 무수히 많은 시행착오를 겪었으며, 위기에 처하고 위험에 직면하여 좌절한 경우가 한두 번이 아니었다. 하지만 박태준은 이 모든 역경을 '용혼'(熔魂) 정신으로 이겨냈다. 박태준 스탠더드의 계단을 오르려는 리더는 '혼으로 녹여내는 강한 정신'이 필요하다. 무시무시하게 들릴지 모르지만, 누구든지 단단히 결심하고 집중하여 박태준 스탠더드를 따르기로 결심하고 훈련하면 된다. 계단을 오를 때마다 예전에 경험하지 못했던 초유의 희열을 맛보게 될 것이다. 적지 않은 보상이 기다리고 있다.

II. 존재를 지키는 윤리

1. 박태준의 윤리 스탠더드

박태준은 조직원들에게 일을 가르치기 전에 윤리적 엄격성을 먼저 가르쳤다. 그의 윤리 스탠더드는 세 가지로 요약될 수 있다. 즉 (1)개인적 솔선수범(엄격한 윤리기준 체화), (2)외부의 압박배척(권력형 부조리에 맞섬), (3)조직에 윤리의식전파(윤리행동의 이정표 설정) 등이 그것이다.

(1) 개인적 솔선수범

박태준의 개인적 솔선수범 행동은 아래와 같이 요약될 수 있다. 물론 박태준의 윤리적 행동 사례가 이들에 국한된 것만은 아니다. 실제로 그의 윤리적 엄격성을 보여주는 크고 작은 사례들은 무수히 많다.

박태준과 김영삼 전 대통령은 정적이었다. 김영삼이 정권을 잡자 박태준의 개인 비리를 캐기 시작했다. 늘 하듯이, 가택수색, 세무조사, 개인비리 조사 등 박태준의 행적을 이 잡듯이 뒤졌다. 그러나 아무런 비리도 발견할 수 없었다. 오히려 그가 깨끗하다는 사실을 입증하는 계기가 되었다. 소위 개인의 3대 비리원천이라고 알려져 있는 돈, 여자, 청탁 등에 있어 박태준은 전 공직생활을 통해서 깨끗했다. 1970년 보험회사로부터 관행 상 6천만 원에 달하는 리베이트를 받았을 때는 전모를 보고하고 장학재단을 설립했다. 뿐만 아니라, 그 긴 기간 동안 POSCO의 주식을 단 한 주도 가져본 적이 없다. 그 흔한 우리사주나 스톡옵션을 받지 않은 것은 당연하다. 본인뿐 아니라 그의 가족들 누구도 POSCO의 주식을 사지 못하게 했다.

박태준은 말년에 집 한 채도 소유하지 않은 상태였다. 모두 사회에 환원하고 자녀의 집에서 마지막 시간을 보냈다. 세계적 대기업 POSCO의 최고경영자를 25년 동안 했던 사람치고는 너무나 초라한 결말이었다. 특히 그는 사회적 문제해결에 남다른 열정을 보였다. 과학발전을 위해서 POSTECH을 세웠고, 제철장학회를 만들어 어려운 학생들에게 장학금을 지급했다. 직원들 복지에도 남다른 열정을 보여 공장을 짓기 전에 직원들 사택부터 지어 분양했으며, 콘서트홀 등 문화생활을 위한 복지공간 확보에도 많은 노력을 기울였다. 박태준은 개인적으로, 그리고 POSCO 회장으로 있을 때는 회사의 이름으로 사회문제를 해결하는 데 앞장 선 인물이다. 항상 국가와 사회문제에 대해서 고민했으며 주어진 여건 하에서 기여할 수 있는 방법을 찾았다.

그는 또한 자신의 노후를 위해서 아무런 준비도 하지 않았다. 자신을 위한 사단법인이나 재단법인 하나 만들어 놓지 않았다. 그냥 명예회장이면 족했다. 그는 인생을 그렇게 깨끗이 살아낸 것에 무한한 자존감을 갖고 있었으며 항상 윤리적으로 깨어 있었다.

이렇게 놓고 보면 박태준이 너무 멀리 느껴진다. 윤리에 있어 박태준은 극단적 사례에 해당한다. 윤리적이라고 하기보다는 수도승 같이 청렴했다고 하는 것이 더 어울릴 것이다. 그렇게 따라하라는 것이 아니다. 범인들이 그렇게까지 따라하기에는 인생의 무게가 너무 무겁다. 오늘을 사는 보통사람들의 윤리적 삶은 그렇게 비장할 필요는 없다.

보통의 개인이 세금 제대로 내고 정상적으로 벌어들인 돈을 꼭 사회에 환원해야 윤리적이라고 할 수는 없다. 오늘날 노후를 준비하는 것은 비윤리가 아니라 필수적 행동에 해당한다. 현직을 퇴임하고 나서 다니던 회사의 주식에 투자하는 것은 법적으로는 크게 문제가 안 될 수도 있다. 박태준이 평범한 일에서까지 그렇게 엄격했던 것은 그가 위임받은 공적 사명이 너무 막중하고 빈틈을 허용할 수 없는 상황이었기 때문이다. 오늘날에도 공적 사명을 부여받은 리더라면 그렇게 행동해야 칭송받을 것이다. 하지만 우리가 여기서 박태준 스탠더드를 제시하는 것은 그의 극단적 청렴을 그대로 따라하라는 것이 아니라 그의 윤리 spirit을 본받자는 것이다.

박태준 윤리 spirit의 기본은 깨어있는 윤리의식, 적극적 청렴, 사회적 기여 등이라고 할 수 있다. 이들은 오늘날에도 큰 의미를 가진다. 각각에 대해서 이론적 또는 실무적 차원에서 다음과 같이 해석할 수 있을 것이다.

첫째, 우리는 항상 윤리의식에 충만해 있어야 한다. 윤리적으로 깨어 있다는 것은 문제가 있을 때 엄격한 윤리기준을 적용한다는 것 이상의 표현이다. 그것은 일상 속에서 항상 윤리의식을 갖고 산다는 것을 의미

한다. 영어로는 'ethically mindful'의 상태라고 표현한다.

영어에서는 'immoral'과 'amoral'을 구분한다. 'immoral'이란 '부도덕', '비윤리적'이라는 의미이다. 반면에 'amoral'은 평소에 윤리에 대해서 아무런 생각이 없다, 즉 윤리의식이 없다는 뜻이다. 평소에 아무런 윤리의식이 없는 사람들은 습관대로, 성질대로, 관행대로 선택하고 행동한다. 누군가 윤리적 문제를 제기했을 때 비로소 자신의 선택이나 행동이 윤리적 기준에 어긋났음을 깨닫게 된다. 비윤리적인 것에 대해서 반성하고 사과하는 것은 사후 조치에 해당한다. 하지만 평소에 윤리의식에 충만한 삶을 영위하는 것은 사전적 예방이다. 그러므로 윤리의식에 충만한 사람은 사회생활을 하는 매 순간 윤리적으로 문제가 되지 않는지를 먼저 생각한다. 충만한 윤리의식은 박태준 윤리 spirit의 본질이다.

둘째, 적극적 청렴이란 돈, 여자, 청탁에 있어 부정을 안 저지르는 상태를 넘어, 조금이라도 그러한 의심이나 의혹을 살만한 선택이나 행동과 멀리 떨어지는 것을 말한다.

윤리란 법의 상위개념이다. 법적으로 문제가 없다는 것만 가지고 윤리적이라고 판단할 수는 없다. 법은 윤리의 최소조건에 해당한다. 법이 인간이 만든 행동의 기준이라면, 윤리는 하늘이 정한 양심의 기준이기 때문이다. 매체를 통해서 우리는 비윤리적 사건들이 처리되는 과정에서 '돈을 받기는 했지만, 대가성이 없었다'라든가, '그녀와 관계를 가지기는 했지만, 강제성은 없었다' 또는 '전화는 했지만, 청탁은 안 했다'는 식의 자기방어 행동들을 접하게 된다. 이들의 항변이 사실이라고 하더라도 법적 처벌을 피해갈 수는 있을지 모르지만, 윤리적 정죄를 면할 수는 없다. 그러한 행동 자체가 의혹과 의심을 자아내기에 충분한 행동이기 때문이다. 대가성이 있든 없든 돈을 받아서는 안 되고, 강제성이 있든 없든 혼외 관계를 가지는 것 자체가 엄중한 비윤리에 해당한다. 아울러, 의심을 살 수 있는 상황에서는 전화 한 통도 신중하게 하는 것이 윤리의식에 충만한 리더의 자세라고 할 수 있다. 박태준 스탠더드에서는 리더의 적극적이고 의식적인 청렴 노력을 강조한다.

셋째, 사회적 기여행위는 사회적 자아인식(social identity)의 발로이다. 사회적 자아인식이 있어야 사회문제 해결에 주의를 기울이고 적극적으로 참여하는 행동을 보일 수 있다. 우리는 사회와 국가가 마련해준 테두리 안에서 자신의 이상을 추구하고 행복을 꿈꾼다. 그러므로 리더는 사회와 국가적 맥락 하에서 자신의 정체성을 정립해야 한다. 이것을 사회적 자아인식 또는 사회적 정체성이라고 부른다.

빌 게이츠나 워렌 버핏이 사회와 인류문제 해결을 위해서 기부단체를 만들어 다각도로 지원하고 있는 것은 사회적 자아가 올바르게 정립되어 있기 때문이다. 사회적 자아가 제대로 형성되어 있지 않든가 부정적인 정체성을 갖고 있는 개인은 사회와 국가에 대하여 감사할 줄 모르며, 극단적으로는 자신이 속한 사회 자체를 부정하는 행동을 보이기도 한다.

그러므로 리더는 사회적 기여를 하겠다고 나서기 전에 자신의 사회적 자아인식과 정체성에 대한 통찰부터 하는 것이 옳다. 돈 많은 대기업 회장들이 비윤리적인 행동이나 불법을 저지르고 나서 그것을 무마

할 목적으로 수천억 원에 달하는 기부를 하는 것은 전말이 전도된 행위이다. 자신의 정체성에 대한 반성이 선행되어야 한다. 사회적 자아가 제대로 형성되어 있는 사람이라면 애초에 그런 불법적, 비윤리적 행동을 하지 않았을 것이다. 사회적 기여가 개인의 불법과 비윤리를 대체하든가 무마하는 도구가 될 수는 없다.

(2) 외부의 압박배척(권력형 부조리에 맞섬)

박태준은 개인적 이익이나 자리에 연연하여 권력이나 세력의 압력에 굴복하지 않았다. 그는 전 생애를 통틀어 압력에 굴복하여 윤리적 엄격성을 타협한 적이 없다. 이와 관련된 몇 가지 대표적 사례들을 아래에 정리하였다.

박태준은 당시의 최고 권력자 박정희 대통령으로부터 종이마패를 받아들었다. 당시만 해도 기업들의 정치헌금이 보편화되어 있는 시대였기 때문에 엄청난 자금이 오갔던 포항제철 건설과정에 눈독을 들인 소위 실세 정치인들이 여럿 있었다는 사실은 충분히 상상할 수 있는 일이다. 정치권의 압력은 날이 갈수록 거세졌고 한 번이라도 윤리원칙을 어기는 날에는 그것에 책을 잡혀 조상의 피값인 대일청구권자금이 크게 낭비될 수 있는 상황에 이르렀다. 박태준은 급기야 박정희 대통령에게 종이마패를 받게 되었다. 대통령이 그런 판단을 내릴 만큼 심각한 지경이었다. 물론 그가 이 종이마패를 단 한 번도 사용한 적은 없었지만, 정도를 지키려는 그의 집념을 읽을 수 있는 대목이다. 그는 이처럼 모든 수단을 동원하여 외부압력과의 전쟁으로부터 윤리적 원칙을 지켜냈다.

외부의 압력을 이겨낸다는 것이 말로는 쉽게 들릴지 모르지만, 공권력이 한 곳에 집중되어 있는 통치체제 하에서는 공기업 사장 한 명쯤 거세하는 것은 별로 어려운 일이 아니다. 온갖 개인비리를 뒤에서 캐내고 모함과 음모를 통해서 없는 스토리도 얼마든지 만들어낼 수 있다. 가족에 대한 협박과 끊임없이 옥죄어 오는 음모에 맞서 원칙을 지켜내는 것은 신앙에 가까운 spirit이 없다면 이겨낼 수 없는 그야말로 형극의 길이다.

외부의 압박이 있을 때 윤리적으로 어떤 선택을 하는가를 보면, 그 사람의 윤리기준이 얼마나 탄탄한 바탕 위에 서 있는지를 알 수 있다. 누구나 평상시에 윤리기준을 지키는 것은 어렵지 않다. 그러나 자신의 이해관계가 얽혀 있든가, 인사권을 가진 측에서 비윤리적 행동을 요청해 왔을 때 이를 물리치고 원칙을 지키는 것은 쉬운 일이 아니다.

윤리기준을 철저히 지키기 위해서는 자신의 이익을 포기할 줄 알아야 한다. 부당하게 불이익을 당하는 것을 감수할 수 있어야 한다. 모든 손해나 불이익이나 피해보다 윤리적 원칙을 지키는 것을 더 중요시해야 한다.

예를 들어, 킥백(kick-back)이 관행으로 되어 있는 의약품제조업체의 영업직원이 윤리적 원칙을 지키기 위해서 약국이나 의사들에게 킥백을 안 주기로 결정했을 때, 매출이 줄어드는 피해를 볼 수 있다. 박태준의 윤리 spirit을 지키기 위해서는 예상되는 피해를 감수할 준비가 되어 있어야 한다. 다른 회사가 어떻게 하는가 또는 업계의 관행이 어떤가를 기준으로 삼는 것은 바람직하지 않다. 자신의 윤리기준을 모든 외적 기준보다 맨 위에 둬야 한다. 그러므로 윤리적으로 행동하는 것은 결심만 한다고 되는 것이 아니라 강한 의지와 더불어 철저한 윤리기준 준수 노력이 함께 수행돼야 한다.

또한 신입사원을 뽑기 위해서 면접을 하는데 인사팀에서 특별히 미는 사람이 있다고 압력을 가해올 때, 과감히 이를 물리치고 독립적으로 판단하는 것이 박태준 윤리 스탠더드이다. 나중에 개인적으로 인사차원의 불이익이 돌아올 수 있다는 불안감을 극복할 수 있어야 한다. 납품업체를 선정하는 과정에서 사장이나 상사가 특정업체를 '봐주라'는 메시지를 보내왔을 때도 자신의 소신과 원칙을 지키는 것이 박태준 윤리 spirit이다. 외부 정치권의 압박만이 외부압박이 아니다. 조직 내에서도 외부압박에 해당하는 다양한 비윤리적 요청이 있을 수 있다. 예컨대, 상사, 사장, 인사팀 등 힘 있는 부서나 직위는 모두 윤리적 기준을 무너뜨리는 압박과 부조리의 원천이 될 수 있다. 그 압박을 극복하기 위해서 내면의 원칙을 단련시키는 노력을 게을리 하지 말아야 한다.

2014년 대한민국에서는 갑-을 관계에 따라 힘없는 을의 피해가 문제시된 적이 있다. 힘 있는 갑의 자리에 있을 때는 그 힘을 공정하게 사용할 줄 알아야 하며, 힘 없는 을의 위치에 있을 때는 갑의 횡포에 맞설 수 있는 spirit이 필요하다. 부당한 압력에 맞서 그 관행을 바꾸기 위해 적극적으로 행동하는 것이 박태준 윤리 스탠더드이다.

이른바 글로벌 기업이 되기 위해서 갖춰야 하는 몇 가지 관행들이 있다. 그 중에서 가장 중요한 것이 '외부압력극복'이다. 힘 있는 자가 힘 없는 자에게 압력을 넣고 위협을 하여 부당한 선택을 하도록 하는 것은 가장 전형적인 후진적 관행이며, 이를 극복하지 않고서는 선진 글로벌 기업이 될 수 없다. 정의로운 관행이 정착되도록 하기 위해서는 당하는 사람들이 용감해져야 한다. 부당한 압박을 가하는 사람이나 세력에 순응하는 것 또한 후진성의 또 다른 측면이라는 것을 깊이 인식하는 것이 중요하다. 개인적으로 힘들고 막대한 피해가 예상되더라도 정의와 윤리적 엄격성을 지켜야 한다는 것을 박태준은 행동으로 보여줬다.

(3) 조직에 윤리의식전파(윤리행동의 이정표 설정)

개인적으로 엄격한 윤리적 기준을 가지는 것이 박태준 윤리 스탠더드의 첫째라면, 나아가 자신의 원칙을 다른 조직원들에게 전파하여 윤리적 엄격성이 탁월한 조직문화로 만드는 것은 박태준 스탠더드의 두 번째 필수행동에 해당한다. 이에 관하여 박태준 스탠더드는 다음과 같은 사례를 보여준다.

1977년 8월 2일. 포항제철의 제강공장 발전 송풍설비를 공사하고 있는 중이었다. 당시 박태준 사장은 현장을 시찰하던 중 강철파일 몇 개가 약간씩 움직이는 것을 알아냈다. 파일들이 암반 깊이 박히지 않았기 때문이었다. 이런 상태라면 공사가 완공되었을 때 위험한 상황이 초래될 수 있었다. 조사를 해보니, 한국의 모 시공사와 일본 감독책임자가 감독을 소홀히 하여 부실공사가 이루어진 것이었다. 공사는 이미 80%가량 진척된 시점이었다. 그러나 박태준은 시공회사 경영자, 현장 책임자, 외국인 기술감독자, 포항제철 임직원들을 모두 한 자리에 모아놓고, 소위 '부실공사 폭파식'을 거행했다. 박 사장의 회고다.

"저는 멋지게 시범을 보일 필요가 있다고 생각했지요. 장래를 위해서 튼튼히 공사해야 된다는 것을 말입니다. 모두가 이것을 통해서 큰 교훈을 얻었지요."

이 사건으로 시공회사는 책임을 지고 물러났으며, 다시는 포항제철의 공사를 맡지 못하도록 조치됐다. 아울러 일본인 감독자는 귀국조치를 시켜버렸다. 철저히 일하는 것, 부정을 용납하지 않는 것을 조직구성원들에게 전파하여 조직문화로 정착시키기 위한 상징적 조치였다.

한국기업들은 선진 글로벌 기업들에 비해 비윤리적 행동에 대해 매우 관대하다. 윤리적으로 물의를 일으킨 직원에 대해서 엄하게 책임을 묻지 않는다. 해고보다는 사직을 택하며, 직원이 법에 호소할 경우 판결이 날 때까지 기다린다. 사내의 윤리적 판단보다는 법의 판단을 더 중시한다. 윤리문제를 처리하는 과정에서 상황을 고려하고 잘못된 행동의 경중을 가려 조치하는 관행을 갖고 있다. 뿐만 아니라, 웬만한 비윤리 문제는 회사 이미지 추락을 우려하여 덮고 넘어가려는 성향이 매우 강하다. 비윤리에 강하게 도전하여 윤리적으로 엄격한 조직문화를 구축하겠다는 의지보다는 엄격한 조치가 가져올 수 있는 손익을 우선시 한다. 이것은 선진 글로벌 기업들에서는 발견할 수 없는 후진적 관행이다. 위의 폭파식 사건의 처리결과에서 보듯이 박태준 스탠더드에서는 이러한 관행을 배격한다.

한국기업들이 윤리강령을 안 갖고 있기 때문이 아니다. 규정이 엄격하지 않아서도 아닌 것 같다. 한국인들이 갖고 있는 온정주의 가치관 때문인 듯하다. '눈감아주고', '봐주고', '쉬쉬하는' 것은 영어로 번역도 할 수 없는 한국인들의 독특한 문화적 특징이다. 하지만 이러한 가치는 글로벌 경영에서는 용납되지 않는다. 회사의 이미지를 먼저 생각하고 손익을 따지기 시작하면 윤리경영은 제대로 정착되기 힘들다. 요컨대, 윤리적 조직문화는 비윤리적 행동에 대한 엄격한 조치를 통해서만 얻어질 수 있다.

세계적인 미국기업 Emerson을 예로 들어보자. 이 기업은 조직원이 비윤리적 행동을 저지르면 '비윤리인가, 아닌가'의 단순기준으로 판단하여 비윤리라고 내부적으로 결론이 나면 무조건 해고한다. 얼마나 잘못했는가는 중요하지 않다. 사소한 문제라도 비윤리는 비윤리라고 판단하여 그 이유나 경중을 가리지 않고 해고시킨다. 비윤리 여부의 판단은 회사 비윤리 조사팀의 판단을 최종결론으로 친다. 우리같이 '아직 법적 판결이 나지 않아서 그것을 지켜보고 판단한다'는 식의 애매한 태도를 배척한다. 윤리가 법보다 위에 있다는 확고한 믿음 때문이다. 법적인 소송은 당사자가 하든 말든 개의치 않는다. 법적 판단은 경영적 판단과 관계가 없다는 관점이다.

아울러 Emerson에서는 '윤리 Hotline'을 운영한다. 세계 어디서든지 비윤리가 발생하면 미국 본사의 CEO에게 직접 전화를 걸어 보고할 수 있게 되어 있다. 보고를 받은 CEO는 바로 조사팀을 보내어 자초지종을 파악한 후 조사팀의 판단에 따라 신속하게 조치를 취한다.

뿐만 아니라 이 회사에서는 종업원들을 대상으로 매해 60시간씩 의무적으로 윤리교육을 실시하고 있다. 선택과목이 아니라 필수과목이다. 팀장 이상의 관리자급이 되면 그보다 더 많은 시간 동안 윤리교육을 받아야 한다. 사전 예방이 더 중요하다는 판단 때문이며, 윤리란 잠시라도 방심하면 문제가 터질 수 있다는 윤리 spirit을 유지하기 위함이다. Emerson이 남달리 엄격한 윤리기준을 갖고 있는 것은 아니다. 대부분의 글로벌 기업들은 그 정도 또는 그 이상의 윤리기준을 가지고 경영한다.

다른 예로서, 우리에게 잘 알려진 Dupont사도 매우 엄격한 윤리기준을 적용하는 기업으로 정평이 나 있다. Dupont에서는 모든 종업원이 계단을 오르내릴 때는 옆의 손잡이를 잡고 오르내리는 것을 규정으로 정해놓고 있다. 만약 이 규정을 어긴 조직원이 발견되었을 때는 즉시 해고를 시킨다. 우리로서는 믿어지지 않을 만큼 엄격한 기준이다. 너무 가혹하다고 할 수 있을 정도다. 하지만 이러한 엄격함이 없이는 치열한 글로벌 경쟁에서 이길 수 없다는 신념과 경영가치가 근저에 깔려 있다.

이처럼 엄격하게 한다고 해도 2008년 금융위기를 초래한 리만브라더스(Lehman Brothers IB)와 같은 비윤리 문제가 터진다. Enron 사태와 같은 장부조작 사태도 간과할 수 없는 비윤리 사건이었다.

하지만 이들 사건들은 우리에게 매우 의미 있는 시사점을 던져 준다. 즉 윤리적 조직문화는 위에서부터 아래로 흐른다는 교훈이다. Lehmann Brothers의 Richard Fuld 당시 회장은 스스로 윤리적 기준을 어겼다. Enron의 그 당시 CEO Donald Kenneth Lay도 Watson과 같은 실무자들의 끊임없는 경고를 무시했다가 결국은 파국을 맞고 말았다.

박태준은 스스로 윤리적 행동의 모범을 보여줬고 그 윤리적 DNA를 조직문화로 정착시키기 위해서 폭파식이라는 상징적 조치를 취했던 것이다. 그러므로 박태준 스탠더드는 조직의 하위계층의 구성원들에게만 적용되는 것이 아니라 위에서 아래에 이르기까지 모든 조직구성원들에게 똑같이 적용되는 표준이다. 하지만 그 시발점은 최고경영자다. 회사의 최고책임자가 앞장서서 윤리적으로 충실한 조직을 만들어 가겠다는 의지와 상징적 행동을 보여주지 못하면, 윤리적 조직문화는 기대하기 힘들다.

어느 노회한 대기업 창업주가 했다는 다음의 표현이 윤리적 조직문화 구축이 왜 필요한지를 항변(恒辯)해 준다.

"조직원들의 top 5%는 어떤 상황에서도 윤리적으로 행동한다. Bottom 5%는 아무리 감시를 철저히 해도 부정을 저지른다. 나머지 90%는 상황에 따라 왔다 갔다 한다."

90% 조직원들의 행동을 윤리적인 방향으로 유도하기 위해서는 강한 윤리적 조직문화가 필요하다. 엄격한 기준 적용과 강력한 교육·훈련 그리고 윤리적 가치를 상징하는 이벤트 등이 윤리문화 형성에 도움을 줄 수 있는 수단들이다.

이상에서 우리는 박태준 윤리 스탠더드의 내용으로서 (1)개인적 솔선수범(엄격한 윤리기준 체화), (2)외부의 압박배척(권력형 부조리에 맞섬), (3)조직에 윤리의식전파(윤리행동의 이정표 설정) 등에 대해서 살펴봤다. 이들을 현실에서 어떻게 진단하고 각 개인을 평가할 수 있을까?

박태준 스탠더드 윤리 테스트

[Guideline]

앞서 제시한 초급, 중급, 고급수준의 윤리기준을 제시하면 아래와 같다. 이를 기준으로 리더의 윤리수준을 검증할 수 있는 표준행동을 제시하려는 것이 본 테스트의 목적이다.

초급	중급	상급
- 자신의 편리에 따라 윤리적 기준 선택 - 원칙 부재	- 사회적 통념에 따라 윤리적 판단 - 변화보다 수용 우선	- 최고 수준의 엄격한 원칙 적용 - 창의적 혁신추구

[수준별 표준행동]

| 초급윤리수준 |

평소에 특별히 윤리에 신경 쓰지 않는다. 관행상 아무렇지도 않게 해오던 것이면 그대로 해도 된다고 생각한다. 나 자신을 되돌아보면 엄격히 말해 비윤리적인 행동을 했던 때도 많았지만, 그것 때문에 양심의 가책을 받든가 크게 잘못됐다는 생각을 해본 경험이 없다. 들키지 않고 크게 물의를 일으키지 않으면 되는 것 아닌가?

| 중급윤리수준 |

윤리적으로 행동해야 한다고 믿는다. 하지만 개인적으로 특별히 엄격한 기준을 적용하려 하기보다는 사회적 통념에 준하는 수준을 적용하려 한다. 요즘 회사에서 노래방 출입금지, 술은 1차만 하고 9시 이전에 끝내기 등의 운동을 전개하고 있는데 잘 지킨다. 하지만 한국적 현실에서 보다 철저한 윤리기준 적용은 쉽지 않다.

| 고급윤리수준 |

매사에 나름대로 설정한 엄격한 윤리기준을 적용한다. 말하고 행동하고 결정하기 전에 항상 '나의 윤리기준'에 비춰본다. 또한 부하들도 보다 엄격한 윤리기준을 적용하도록 독려한다. 내가 솔선수범하지 않으면 부하들을 리드할 수 없다는 신념을 가지고 있다. 비윤리적 조직문화의 잔재를 개선하려고 노력한다.

Ⅲ. 과업을 빛내는 완결

1. 박태준 완결 스탠더드

완결이란 업무수행에 관련된 것이다. 일하는 스타일, 방식, 그런 것이라고 생각하면 된다. 일을 할 때 사람에 따라 대충하는 사람이 있고 하나하나 꼼꼼하게 챙기는 스타일도 있다. 무조건 열심히만 하는 사람이 있는가 하면, 분석적으로 일의 전말을 차분하게 계획하여 수행하는 사람도 있다. 일을 시작은 잘하는데 중간에 유야무야 되는 경우도 있고, 한 번 시작한 일은 끝까지 물고 늘어져 결과를 봐야 직성이 풀리는 스타일도 있다. 일에 대한 이러한 태도들은 일의 완결성과 관련된다. 완결성은 세계 어느 나라에서나 중요시 되며, 유사 이래 인간사에 있어 생존에 관련된 가장 중요한 요소였다.

박태준은 일에 대한 완결성을 세 가지 측면에서 보여줬다. 첫째는 옳은 일을 선택하는 것이고, 둘째는 선택한 일을 치밀하고 완벽하게 수행하는 것이며, 셋째는 목적의식에 충만했다는 것이다. 이 세 가지가 제대로 수행되면 업무 수행의 효과성과 효율성이 높아지고 성과가 향상된다. 너무나 상식적이고 당연한 것처럼 보이지만, 회사 생활을 해본 사람들이라면 이 기본이 얼마나 중요한지를 안다. 악동을 키워봤든가 학생들을 가르쳐 본 사람들이라면 이 기본이 얼마나 잘 지켜지지 않는지를 잘 알 것이다.

(1) 옳은 일 선택하기

완결성은 옳은 일을 선택하는 데서 시작된다. 틀린 일, 비효율적인 방식을 선택해놓고 열심히 한다고 해서 그것이 옳은 일, 효율적인 일이 되지는 않는다. 조직원들 중에는 아주 열심히 일하는데 들여다보면 쓸데없는 일만 하면서 시간과 정력을 낭비하는 경우가 많다. 부수적인 일, 사소한 일에 몰입하느라 정작 중요한 일에 대해서는 진이 다 빠져 대충 처리하기도 한다.

지침이나 지시가 없는 상태에서 옳은 일, 바른 길을 선택하는 것은 쉬운 일이 아니다. 사람은 아무런 외적 자극이 없는 완전한 자유의 상태를 두려워한다. 어딘가 의지할 곳이 있어야 편안함을 느낀다. 그러므로 철학자 에리히 프롬이 인간을 '자유로부터 도피'(완전히 자유로운 상태에서 누군가에게 의지하는 상태로 도피하는 것)하는 존재로 묘사한 것은 정곡을 찌르는 관점이다. 상사에 의존하고 부모에 기대며 종교에 귀의할 때 마음에 평안이 찾아온다. 완전히 자유로운 상태에서 스스로 모든 것을 선택하고 판단해야 하는 상황은 개인적 분석과 결정 그리고 자신의 선택에 따르는 책임을 혼자서 짊어져야 한다. 남다른 용기와 완벽한 분석력만이 자유의 두려움을 극복케 해준다. 자신의 역량, 진리에 대한 확신만이 자유극복의 수단이다.

회사 조직과 설비가 확대되어 하향식, 견인식 관리의 영역을 벗어나게 되었다. 대형 조직체에서는 아무리 탁월한 관리자라 할지라도 모든 인원과 업무를 혼자서 지시하고 통제한다는 것은 불가능하다. 그래서 회사에서도 여러 가지 현대적인 경영기법과 관리제도를 도입, 발전시켜 왔고, 또 자주관리체제도 10년 이상 발전시켜 왔다(1984.8.20. 임원 간담회).

자주능력과 자율정신이 결여되면 통제와 규제가 가해지고 그 결과 조직은 경화되며 경우에 따라서는 악순환이 계속된다. 그러므로 자주능력과 자율정신을 함양하고 통제와 규제는 일시적 방편으로 사용해야 한다.

KISA 합의서의 포항제철소 건설비용이, 일본과 미국의 전문가들에게 용역을 의뢰하여 검토한 결과, 약 35%나 부풀려져 있다는 분석결과가 나왔다. KISA에 재협상을 요구했으나 모호한 태도를 보였다. 전문가 검토 후 GEP 제안을 하여 결국 재협상을 이끌어냈다.

건설이 끝나고 나면 우리 힘으로 일관제철소를 설계하여 건설하고 조업할 수 있는 능력을 갖춰야 한다.(1977.7.1. 임원간담회)

자주관리는 기본적으로 업무를 수행하는 사람이 충분한 역량이 있다는 것을 전제로 한다. 그래서 POSCO는 그 동안 어느 회사보다도 더 적극적으로 교육과 훈련에 투자해왔다. 역량 중에서도 특히 분석력이 중요하다. 어떤 일을 선택할 것인지는 과학적 분석의 결과로 얻어졌을 때 위험을 줄일 수 있다. 과학적 분석 없이 무조건 일을 추진하는 것을 박태준은 무척 싫어했다.

위에 제시된 KISA 재협상 사례는 자기 주도적 완결성이란 결코 능력에 의해서만 얻어지는 것이 아니라 일에 대한 태도가 중요하다는 사실을 입증한다. 전문가를 활용할 줄 알았고 그들의 의견을 활용하여 재협상을 요구할 줄 아는 용기와 적극적 태도가 완결성의 핵심이다. 과학적 근거에 입각한 자기분석, 자기 판단, 자기주장에 철저해야 한다는 것을 의미한다.

(2) 치밀하고 완벽한 수행

박태준 스탠더드는 일의 과정을 중시하는 완벽주의에 기초한다. 일을 추진하는 과정에 대한 관리가 핵심이다. 철저한 과정관리에 대한 자연스런 결과로 좋은 성과가 나타난다는 것이다.

> 박태준은 공사 관리에 철저했다. 군과 대한중석에서의 경험을 바탕으로 PERT 등 과학적 관리법을 도입했다. 당시로서는 파격적 조치였다. 치밀한 계획과 완벽한 과업수행을 위한 열정이 엿보이는 사례다.
> 그는 탁상공론이 되는 것을 싫어했으며, 겉으로만 화려한 체 형식에만 얽매인 사람을 제일 싫어했다. 다음과 같은 표현이 그의 완벽주의를 대변한다.
>
> "자네가 직접 현장을 점검해 봤나?"

완결성의 완벽한 일처리는 곧 '대충', '알아서', '믿고', '잘했겠지', '괜찮아', '너무 그러면 안 돼', '아무거나' 등 몰가치의 배척을 뜻한다. 이러한 일처리 과정에서의 몰가치적 '대충주의'가 결국 품질을 떨어뜨리고, 큰 사고와 인명손실을 초래하게 된다.

일처리 과정의 완결성은 A급 기업과 C급 기업을 구분하는 절대기준이 된다. 그 회사의 일처리 프로세스가 얼마나 효율적인가를 보면, 기업의 수준을 알 수 있다. 불필요한 절차와 간섭이 많고 매뉴얼이 없든가 있어도 잘 지켜지지 않으면 C급 기업에 해당한다. 종업원들이 훈련도 제대로 안 되어 있고 주의가 산만하고 동기가 떨어져 있는 기업도 같은 부류에 속한다. 조직원들이 일은 대충하고 더 많은 과실배분만 요구하는 기업이나 힘 있는 상사에게 줄서기에 급급한 정치 지향적 조직문화를 갖고 있는 회사도 C급이다. 시키지 않으면 움직이지 않는 조직원들로 꽉 찬 회사가 C급에 속하는 것은 당연하다. 조직원들이 출근한 후 일에는 집중·몰입하지 않고 빈둥거리다가 퇴근시간이 되면 모두 OT한다고 난리인 조직도 몰가치 기업이라고 볼 수 있을 것이다.

일처리 완결성은 또한 A급 인재와 C급 인재를 구분하는 기준이기도 하다. A급 인재들은 항상 일을 스스로 찾아서 하는 습관을 갖고 있으며, 사전에 치밀하게 계획하고 모든 예외적 상황들을 예측하여 대응하는 능력이 뛰어나다. 아울러 명확한 근거와 일의 실질적 진척을 중시한다. 시간 관리를 잘하고 일에 집중하고 몰입하는 성향이 강하다. 스스로를 되돌아보는 자기성찰을 중시하며 대충 넘어가든가 '좋은 게 좋은 것' 식의 타성에 도전한다. 한마디로 모든 것이 자기 완결적이다.

완벽주의는 윤리적 엄격성과도 관련된다. 앞서 제시한 '폭파식'사례는 완벽주의의 사례로 볼 수도 있다. 하지만 박태준 스탠더드의 자기완결성은 윤리적으로는 문제가 없는 일에 대해서도 적용된다. 과정관리가 철저하지 못하여 발생하는 비효율, 공기지연, 품질저하 등까지를 포함한다.

(3) 충만한 목적의식 ('목적이 이끄는 완벽주의')

박태준의 완결 스탠더드는 일을 하면서 항상 자신이 무엇을 추구하는지, 일의 목적은 무엇인지를 마음속에 그리며 일을 하도록 주문한다. 맹목적 완벽주의는 미세관리(micro-managing)의 문제를 야기할 가능성이 크다. '목적이 이끄는 완벽주의'(purpose-driven perfectionism)라야 구성원들에게 설득력이 있다. 일일이 지적하면서 숨 막히게 부하 구성원들을 몰아세우면 심리적 저항을 불러일으키기 쉽다. 일을 하는 과정에서 목적의식에 충만하다는 것은, 완결성 측면에서 '옳은 일을 선택하는 것' 못지않게 중요한 일이다. 다음의 사례가 박태준 스탠더드의 표본이다.

이미 포항제철 전통으로 확립된 예비점검제도는 장래의 일을 미리 점검하고 사전에 완벽한 조치를 취함으로써 어떠한 시행착오도 예방하자는 데 목적이 있다. 품질관리가 기업의 치료학이라기보다는 예방진단학이라는 점에서 볼 때 예방점검제도는 바로 품질관리활동의 본질이다.

공장생산성 향상 문제는 평소 예비점검을 얼마나 잘하느냐에 달려 있다. 적은 돈을 들여 예방정비를 철저히 함으로써 큰 설비사고를 방지하고자 하는 것이 정비업무의 궁극적인 목표이다.

어느 공장의 정비점검을 할 때 녹슨 부분이 있느냐를 보고 그 다음 각종 기계의 청결상태를 본다. 만약, 이 두 가지 사항이 만족스럽지 못하면 더 이상 정밀하게 볼 필요가 없다.

설비관리의 기본개념은 고장이 발생한 후에 고치는 사후정비를 넘어 부품단위별로 고장모드를 분석하여 적정한 정비방법을 선택, 정비하는 신뢰성 중심 정비로 관련 정비기법들을 계속 발전시켜 나가야 한다.(1977.3. 품질촉진대회)

또한 목적의식이 충만한 사람은 한눈팔지 않는다. 요즘은 세상이 온갖 방법으로 다 연결되어 있어 일을 하면서도 한눈팔 기회가 많아졌다. 공부할 때나 운동을 할 때도 귀에 이어폰을 꽂고 한다. 인터넷은 앉은 자리에서 지구 반대편에서 일어나는 일을 실시간으로 전달해 준다. 어디에 있든지 스마트폰으로 현장을 중계할 수 있는 시대가 되었다. 이러한 정보화시대의 문명의 이기는 개인이 어디서 무엇을 하든지 한 곳에 집중하기 힘들게 한다. 정보화시대가 되면서 주의산만증 청소년 숫자가 급격히 늘어나고 있는 것은 우연이 아니다. 오늘날의 세계는 일의 본래 목적을 망각케 하는 함정에 빠져 있다.

하지만 완벽에 대한 목적의식이 충만한 사람들은 유혹에 흔들리지 않는다. 요즘에는 일반적으로 목적의식이 불명확한 사람들이 많아졌다. 일에 대해서 진지하게 접근하기보다는 단순히 밥벌이하는 수단으로 여기는 경우가 많다. 일은 대강하고 개인적 흥미에 몰입한다. 맡은 일에서 승부를 걸려고 아웅다웅하는 사람들도 많지 않다. 하다가 안

되면 못 하겠다고 쉽게 포기한다. 그런 행동을 질타하면 다른 회사로 옮긴다.

목적의식이 분명한 사람들은 일에 집중하며, 일에 집중해야 완벽한 일처리가 가능해진다. 박태준의 다음 사례가 이를 항변(恒辯)한다.

포항제철소 부지조성 공사가 한창이던 1967년 10월 어느 날 박 대통령으로부터 한 통의 전화를 받는다. "박 사장, 막내가 사내아이던가? 모처럼 얻은 아들이 한창 재롱 피울 나이인데 몹시 보고 싶겠구먼. 지금 단계에서 포항에 그토록 붙박여 있을 필요 있어?"

"지금 이곳에서 일하는 사람들은 전부 가정이 없습니다. 홀아비 신세가 되어 쉴 틈 없이 일하고 있습니다. 그런데 제가 어찌 혼자 제 집에 다닐 수 있겠습니까?" 대통령 전화를 직접 받아본 것은 처음이었다. 옆에 있던 윤동석은 궁금한 모양이었다. "사장님께서 서울에 한 번도 올라가지 않으셨다는 걸 보고 받으신 거 아닙니까? 댁에 전화라도 한 번 넣어보시죠?"

"서울에 전화 넣지 마라. 별로 할 말도 없어. 하지만 내가 전화 걸었다는 소문은 직원들에게 은연중에 퍼지게 하라구!"

또한 목적의식이 충만한 사람은 지속성이 있다. 끝을 보려 한다. 실패해도 다시 일어선다. 쉽게 포기하지 않는다. 막히면 뚫고 무너지면 막는다. 늦었다 싶으면 달리고 멀다 싶으면 몰아붙인다. 하다가 말고 가다가 되돌아오는 법이 없다. 이미 완결하기로 결심했기 때문이다. 이미 끝까지 가겠다고 선언했기 때문이다. 이미 포기하지 않겠다고 마음을 정했기 때문이다. 목적의식이 충만한 사람은 항상 여일하다.

1914년 영국의 탐험가 Sir Earnest Shackleton은 24명의 대원들과 더불어 걸어서 북극을 탐험하기 위해서 나선다. 하지만 중간에 배가 얼음에 옴짝달싹 못하게 갇혀 탐험을 포기하고 되돌아올 수밖에 없게 되었다. 이제는 탐험이 목적이 아니라 24명의 대원이 모두 무사히 살아 돌아오는 것이 목적이 되었다. 2년에 걸친 목숨을 건 치열한 사투 끝에 섀클턴과 대원들은 무사히 영국으로 되돌아오게 된다. 그 기나긴 여정은 목적이 있는 사람의 행동이 어떻게 완결되는가를 잘 말해준다. 그와 그의 대원들이 비록 처음 목적했던 북극탐험에는 실패했지만 다른 탐험가들이라면 포기했을 생환목적은 충실히 달성했다. 역사가 그를 아문젠보다 더 위대한 탐험가로 치는 것도 바로 이러한 완결성 때문이다.

박태준도 중간에 포기 일보직전까지 간 적이 있다. 이 사실은 박정희 대통령의 표현에 잘 나타난다.

본격적인 부지조성 공사가 진행되고 있던 어느 날(1968년 11월 12일) 박대통령이 불시에 공사현장을 방문했다. 모래바람이 사정없이 얼굴로 날아들었다. "이거 남의 집 다 헐어 놓고 제철소가 되기는 되는 거야? 제철소가 그만한 희생과 불행을 치를만한 값어치가 있는 거야?" 박태준은 그날 이후 취미생활과 오락을 모두 끊었다. 반드시 제철소를 건설해 내고야 말겠다는 각오와 결의를 새롭게 다졌다. "목숨을 걸자! 실패하면 '우향우'한 다음 동해바다에 몸을 던지는 거다."

이것이 오늘날에도 많은 사람들이 기억하는 "우향우"사건이다. POSCO에서는 아직도 이 '우향우'정신이 핵심가치가 되어있다. 자금이 없고, 기술이 전무했으며, 철강업을 아는 인력이 하나도 없는 상태에서도 포기할 수 없었던 POSCO건설은 목숨을 건 목적의식이 없었다면 불가능했을 것이다.

오늘날에 목숨 걸고 일한다는 것은 시대정신에 맞지 않는다. 그렇게 할 필요도 없다. 당시는 외자를 끌어다가 공장을 짓고 거기서 생산한 제품을 수출하여 남긴 돈으로 빌려온 돈을 갚는다는 경제개발 공식의 전례가 전 세계적으로 거의 없었다. 모든 것이 불확실했고 실패에 대한 두려움이 컸다. 그야말로 걸 것은 목숨밖에 없었다. 하지만 지금은 한국이 세계의 좋은 모델이 되고 있다. 국민과 리더들의 의지가 있고 생각만 올바르다면 세계에서 돈을 빌려주겠다는 나라를 찾는 것은 어렵지 않다. 아무리 가난한 나라도 목숨 걸지 않아도 얼마든지 해낼 수 있는 시대에 우리는 살고 있다. 중국이 우리를 본받아 그렇게 성장하고 있고 다른 국가들도 한국의 모델을 배우기에 바쁘다.

중요한 것은 완결성이다. 돈 빌려줬을 때 계획대로 끝까지 추진할까의 문제가 제일 중요한 이슈다. 완결성은 신용과 신뢰의 문제이다. 일을 제대로 끝내지 못하는 사람을 믿고 돈 빌려줄 투자자는 없다. 처음엔 할 것처럼 하다가 얼마 안 가서 흐지부지 용두사미 격으로 슬며시 그만두는 사람을 채용하겠다고 할 회사는 없다. 부담할 수 없는 손해가 없다면 끝까지 가봐야 비록 실패하더라도 온전한 교훈을 얻을 수 있다.

반쯤 하다가 그만둔 사람들이 마치 그 일에 대해서 다 아는 것처럼 말하는 것은 영화 반쯤 보고서 평론하는 것과 비슷하다. 마라톤을 뛸 때도 힘들고 숨이 차고 꼴찌를 하더라도 중간에 포기하지 않고 끝까지 완주하는 주자에게 무한한 박수를 보낸다. 직장에서도 끝까지 붙어 있는 사람이 영광스런 자리에 오를 확률이 높다. 직급 올려주고 연봉 좀 더 준다고 해서 이 회사 저 회사 옮겨 다니다 보면 끌어주던 사람도 다 놓치고 아는 사람은 많지만 마음을 주고받을 수 있는 진정한 동료는 사귈 수 없게 된다. 일에 대한 전문성이 떨어지는 것은 말할 것도 없다.

이상에서 우리는 박태준 스탠더드의 완결성에 대해서 살펴봤다. 일을 명쾌하게 완결하는 법을 배워야 한다. 이를 위해서는 옳은 일 선택하기, 치밀하고 완벽한 수행, 그리고 충만한 목적의식('목적이 이끄는 완벽주의')이 필요하다는 점을 설명하였다.

등이 가려운데 왼쪽 다리를 긁는 것은 옳은 선택이 아니다. 배가 아픈데 비싸고 좋다고 해서 머리 아픈 데 먹는 약 사먹는 것도 틀린 선택이다. 문제는 소통인데 연봉 올려주겠다고 하는 것도 바른 선택이 아닐 것이다. 제철소 지어 제대로 된 제품 생산해야 하는 임무를 부여받은 사람이 좀 더 좋은 자리 얻을까 하고 정치권에 기웃거렸다면 오늘의 POSCO는 없었을 것이다.

아울러, 일을 수행함에 있어 '목적이 이끄는 완벽주의'와 치밀함은 결과의 품질과 관련된다. '언 발에 오줌 누기'식으로 대충 처리해놓아 나중에 그것 때문에 문제가 되는 일이 없도록 하는 것이 중요하다.

박태준 완결 테스트

[Guideline]

앞서 제시한 초급, 중급, 고급수준의 완결기준을 제시하면 아래와 같다. 이를 기준으로 리더의 완결수준을 검증할 수 있는 표준행동을 제시하려는 것이 본 테스트의 목적이다.

초급	중급	상급
- 상부의 지시에 따른 업무 선택과 수행 - 요청에 따른 업무선택	- 구성원 역량과 상황을 고려한 독자선택 - 내적, 단기 완결주의	- 조직전체 관점의 일 선택과 완벽주의 - 장기적 효과 중시

[수준별 표준행동]

| 초급완결수준 |

시키는 일, 지시사항을 잘 수행하려고 노력한다. 주어지는 일, 부과된 역할을 제대로 수행하는 것이 최대의 목적이다. 맡은 일만 잘하면 별 문제가 없다고 믿는다. 섣불리 뭔가 새롭게 하려다가 문제가 생기는 경우를 많이 봤다. 조직의 생리는 불필요한 일을 만들지 않는 것이다. 나름대로 조직생활 잘 하고 있는 것 아닌가?

| 중급완결수준 |

그래도 시키는 것만 해서는 성에 차지 않는다. 뭔가 새로운 것을 찾아 해야 하는데 내가 빛 볼 수 있는 것에 매달린다. 나의 성과, 우리 팀

이나 내가 맡은 단위조직의 성과가 우선이다. 주어진 여건과 구성원들의 역량을 고려하여 그 범위 안에서 새로운 일을 찾는 것이 좋다고 믿는다.

| 고급완결수준 |

단기적으로 빛 볼 수 있는 일도 장기적 관점에서 보면 언 발에 오줌 누기 식으로 문제가 되는 경우가 많다. 조직 전체 차원에서 장기적으로 조직의 목적과 성과를 극대화할 수 있는 일을 추구하는 것이 바람직하다고 믿는다. 항상 큰 것을 추구하고 문제의 근본을 찾아 해결하기 위해서 주도적 태도를 갖고 있다.

Ⅳ. 정신을 높이는 도전

1. 박태준 도전 스탠더드

사전적 의미의 도전(挑戰)은 '시합, 경쟁, 결투를 하자고 누군가에게 요청하는 행위' 또는 '싸움을 돋우는 행위'를 의미한다. '나하고 한판 붙어 보자'는 결투신청인 것이다. 하지만 이것은 옛날 옛적 칼이나 권총 가지고 싸움하던 시대의 정의다. 요즘처럼 '도전'(challenge)이란 말이 많이 다양한 용도로 쓰인 적도 없을 것이다. 청년들에게 동기를 부여하기 위해서 많이 쓰이더니 스포츠나 TV오락프로그램에까지 진출하였다. 최근 들어서는 은퇴한 장년층에게 제2의 인생을 권유하는 맥락에도 심심치 않게 등장한다. 특히 오늘날의 경쟁사회에서는 도전이란 단어가 매우 다양한 맥락에서 쓰이고 있다.

도전에는 부정적 의미도 있지만 현대적 의미는 매우 긍정적인 어의를 갖는다. 불가능할 것 같던 일에 나서는 것, 불확실한 일을 시도하는 것, 많은 희생이 따를 것 같은 불가피한 일을 자처하는 것 등 매우 긍정적 의미로 쓰이는 경우가 많다.

박태준 스탠더드의 도전도 같은 의미를 갖는다. 합리적으로 판단할 때 거의 불가능한 일에 도전하는 것, 목숨까지도 위태로워질 수 있는 위험한 일에 나서는 것, 개인적으로 큰 희생을 치를 수밖에 없는 일에 앞장서는 것, 관행이나 상식을 깨는 높은 목표에 도전하는 것 등이 여기에 해당한다.

물론 사람이 살아가는 데는 목숨을 걸고 도전해야 하는 일들도 있을 수 있지만, 이것은 오히려 특수한 상황에서의 도전을 의미한다. 요즘에는 평범한 일상 속에서도 도전할 수 있는 일들이 많다. 돌을 맞은 아이가 소파모서리를 짚고 어렵게 일어서 첫 발짝을 떼려고 안간힘을 쓰는 것도 도전이고, 신입 영업사원이 첫 고객에게 처음으로 상품이나 서비스를 팔아보려고 갖은 노력을 다 하는 것도 도전이라고 할 수 있다. 한없이 숭고해 보이는 이성에게 처음으로 말을 거는 것도 도전이고, 100세 노인이 마라톤을 완주하겠다고 나서는 것도 도전이다. 이처럼 도전은 우리의 일상생활 속 어디서든지 쉽게 찾아볼 수 있다.

오늘날의 도전은 결투신청의 개념보다는 '관념이나 관행의 극복, 통상적 기대를 뛰어넘으려는 시도'의 개념에 가깝다. 박태준의 삶 자체가 도전의 연속이었지만, 그래도 몇 가지 대표적인 예들을 뽑으라면 다음의 세 가지 사건을 도전의 표본으로 들 수 있을 것이다.

❶ 하와이 구상,(투자를 얻지 못했다/세금도 없다/청구권자금은 위험한 선택이었다/실패할 수 없었기 때문/포기를 대안으로 생각할 수도/장기과제로 풀었을 수/다른 대안은 진정 없었는가?/한미관계 미성숙이어서?/'의지'의 결과?

❷ 기술도입에 부정적 생각을 갖고 있던 일본인 아카자와 조사단장 설득하기.

❸ 엎질러진 쇳물사건 복구과정에서 보여준 돌관 작업

1969년 POSCO건설자금을 구하기 위해 박태준이 미국을 방문하여 KISA의 포이회장을 비롯한 여러 실력자들과 만나 설득을 시도했지만 실패하고 돌아오는 중에 하와이에 들렀을 때 떠오른 생각을 '하와이 구상'이라고 한다. 이는 대일청구권자금 중에서 농수산발전용자금을 포항제철건설자금으로 전용한다는 구상이었다. 하지만 대내적으로는 박정희 대통령을 비롯하여 한국정부의 각료들을 설득해야 했고, 대외적으로는 차관을 제공하는 일본정부 관료들을 설득해야 했다. 양쪽 정부의 최고책임자들을 설득한다는 것은 어느 모로 보나 매우 도전적인 일이었다. 아울러, 일본조사단이 포항을 방문했을 때 이들의 의견을 부정적인 데서 긍정적인 데로 바꾸는 노력도 도전에 속한다 할 만하다. 당시 서울에서 경주까지 기차를 타고 가면서 조사단장 아카자와씨를 설득하여 완전히 우리 편으로 돌려놓는데 성공한다. 한편 1977년 제강공장에서 크레인 운전수의 실수로 44톤의 쇳물이 쏟아져 케이블 70%가 불에 탔다. 이를 복구하는데 3개월이 걸린다는 것을 돌관작업을 통해 1개월 만에 완수해 낸다. 담대한 도전의 결과였다.

하와이 구상은 창의성이 빛나는 사례이고, 조사단장설득은 관련자설득의 도전사례이며, 돌관작업은 실행의 도전사례이다. 도전에는 이처럼 창의성, 설득력 그리고 실행력의 세 가지가 관련된다. 즉 도전은 한계를 극복하는 일이요, 변화와 혁신을 이루는 여정이다.

이처럼 도전은 다양한 측면을 갖는다. 창의성, 설득, 실행 등과 관련될 뿐 아니라 두려움, 설렘, 불확실성, 흥분, 행운, 집념, 놀람 등의 측면과도 연계된다. 즉 도전에는 지성, 감성, 영성 등 인간의 '3성'(性)이 모두 관련된다고 볼 수 있다. 그러므로 도전이란, 인간이 갖고 있는 모든 것을 투자하여 겨뤄내는 실험의 장(場)이다. 가능성의 실험이고 능력의 테스트이며 인간존재에 대한 초월 시도이다. 인간존재의 바탕이 되는 3성(性) 연합군과 혹독한 운명 간의 일전(一戰)이다. 그런 의미에서 도전은 인간의 참모습이다.

도전에 대한 박태준 스탠더드는 세 가지 질문을 하고 있다. 우리는 왜 도전해야 하는가, 무엇에 도전해야 하는가, 그리고 어떻게 도전해야 하는가의 질문이다. 우선 도전의 이유가 분명해야 한다. 도전은 실리를 위한 도전과 명분을 위한 도전으로 나눌 수 있다. 실리도 없고 명분도 없는 도전은 사실 의미 없는 도전이다. 실리와 명분은 개인적인 것일 수도 있고 집단을 위한 것일 수도 있다. 개인적 실리를 위한 도전은 보상이 개인에게 귀착되지만 사회나 국가와 같은 집단을 위한 도전은 그 혜택이 많은 사람들에게 돌아간다. 이런 차원에서 보면, 집단을 위한 도전이 훨씬 값지다고 볼 수 있다.

그러나 도전에는 투자가 소요된다. 모든 투자에는 위험이 따른다. 투자했다가 원금도 못 건질 수 있다는 얘기다. 이러한 위험 때문에 사람들은 도전투자에 대해서 두려움을 느끼고 주저하게 된다. 노력이나 자원, 시간을 투자했을 때 성공할 가능성이 거의 없는 도전을 우리는 '무모한 도전'이라고 말한다. 원하는 결과를 얻을 수 없는데도 선택하여 행동한다는 의미다.

만약 어떤 도전의 성공확률이 100% 확실하다면 그것을 우리는 도전이라고 말하지 않는다. 도전은 개념적으로 적어도 어느 정도의 불확실성, 실패가능성 또는 위험을 내포하고 있다. 실패가능성이 큰일은 어려운 도전 또는 큰 도전이고 그 가능성이 별로 크지 않은 도전은 쉬운 도전 또는 작은 도전이라고 할 수 있을 것이다. 일반적으로 경제학자들이 말하는 "high risk, high return", 즉 위험이 높으면 회수율도 높다는 격언은 도전에도 적용된다. 큰 도전에는 큰 혜택이 따르고 작은 도전에는 작은 보상이 따른다.

도전 중에 가장 아름다운 도전은 다른 사람들을 위해서 큰 도전을 하는 것이다. 결과적으로 사회 전체나 국가가 혜택을 볼 수 있는 성공 확률이 낮은 큰 일에 도전하는 경우이다. 개인적으로 엄청난 투자를 해야 하는데 궁극에 가서 개인적으로는 투자한 만큼 보상을 못 받게 되는 경우를 말한다. 이때 개인의 투자는 곧 회수되지 않은 개인적 희생이다. 박태준의 포항제철 건설은 바로 이러한 아름다운 도전에 해당한다. 포항제철 성공으로 많은 한국기업들이 보상을 받았으며, 그에 종사하는 수많은 조직원들이 혜택을 받았지만, 박태준 개인은 별 보상을 받은 것이 없다. 이것을 박태준 스탠더드의 최상급으로 친다.

세계의 많은 위인들은 이처럼 아름다운 도전에 성공한 사람들이다. 링컨은 노예해방에 도전하여 성공하였으나 개인적으로는 보상을 받기는커녕 총탄에 목숨까지 잃는 희생을 치러야 했다. 이순신 장군은 절대 열세의 상황에서 불가능할 것 같은 왜와의 격전에 도전하여 멋지게 성공하였지만 결국 전장에서 목숨을 잃었다. 인도의 인디라 간디는 자국의 독립을 위하여 평생을 바쳤지만, 그 대가로 재산을 챙겼다는 기록은 없다. 이들은 모두 최상급의 아름다운 도전의 사례이다.

하지만 21세기를 살아가는 평범한 사람들에게 무조건 다른 사람들만을 위해서 도전하라고 강요할 수는 없다. 또 그럴 필요도 없다. 우선 자신의 이익과 혜택을 위해서 도전하는 데서 출발하는 것이 바람직하다. 이 평화의 시대에 자신을 위해서 도전할 줄 모르는 사람이 남을 위해서 도전하겠다고 나서는 것은 위선일 수도 있다. 자신을 위해서 도전할 줄 아는 사람이 다른 사람들을 위해서도 도전할 수 있다. 도전도 습관이다.

실패가능성이 높은 신사업에 도전하여 성공시키는 것은 큰 도전이다. 자본주의 사회에서 사업주가 사업성공의 결과로 큰 보상을 받았다고 해서 아름답지 못한 도전이라고 해서는 안 된다. 오늘날 사업의 성공은 자신만의 성공이 아니라, 사회와 국가의 성공이다. 좋은 기업이 좋은 사회를 만들며, 인류에도 큰 혜택을 줄 수 있다. 마이크로소프트의 빌 게이츠나 애플의 스티스 잡스의 성공적 사업 도전은 영국병에 도전하여 성공한 전 영국수상 대처나 전신마비를 딛고 위대한 물리학자가 된 스티븐 호킹 박사나 마더 테레사 수녀에 못지않게 아름다운 도전이다. 한국식 치킨사업을 시작하여 세계시장에 도전하고 있는 4조 매출의 BBQ치킨이나 빵 팔아 2조 매출을 이룩한 SPC의 도전도 아름다운 도전이다.

이처럼 도전은 개인의 이익을 위한 것이다. 아울러 그 과정에서 사회와 국가도 혜택을 볼 수 있는 사회에 우리는 살고 있다. 아름다운 도전은 모두에게 이익이 되게 하는 큰 도전을 의미한다.

그렇다면 아름다운 도전은 무엇에 도전하는 것을 말하는가? 30년 전의 세계와 오늘날의 세계를 비교해보면 너무나 많은 변화를 느낄 수 있다. 그만큼 많은 도전이 있었다는 것을 말해준다. 도전은 변화를 가져온다. 인류사회에서 변화가 많은 영역은 도전이 많았다는 것을 뜻하고 변화가 적은 분야는 도전이 적었다는 것을 말한다. 만약 당신이 30년 전이나 지금이나 똑같이 생각하고 똑같이 행동하고 있다면 도전하지 않은 30년을 살았다고 볼 수 있다. 만약 어느 국가가 30년 전이나 지금이나 경제상황이 별로 나아지지 않았다면, 도전하지 않았거나 잘못 도전한 결과일 것이다. 그리고 만약 당신이 30년 전과 똑같은 방식으로 일하고 있다면 그 동안 전혀 도전하지 않은 결과라고 볼 수 있다.

박태준의 도전은 시간적으로 과거, 현재, 미래에 대한 도전이며, 공간적으로는 세계의 경쟁사들에 대한 도전이었고, 실체적으로는 가난과 무능과 부패와 안주와 포기에 대한 도전이었다.

도전은 선택이다. 회피하든가 도망갈 수도 있다. 박태준도 마찬가지였다. 너무 힘들고 부담스럽다고 하여 포항제철 건설을 포기하고 다른 직장을 선택하든가 중간에 정계로 나가 큰소리 치면서 쉽게 살아갈 수도 있었다. 당시 최고권력자 박정희 대통령에게 한마디만 하면 피할 수 있는 상황이었다.

"못해 먹겠습니다."

아마도 박 대통령은 다른 사람에게 포항제철 임무를 맡기고 박태준을 정부의 요직에 끌어들였을 것이다. 만약 그랬다면, 그의 인생도 달라졌을 것이고 개인적으로는 더 편안하고 안락한 미래가 보장됐을 가능성이 높다. 하지만 포항제철 건설은 요원한 일이 되었을 것이다. 대한민국에 박태준 말고도 출중한 리더들이 없는 것은 아니었지만, 그만큼 사심 없이 희생적 열정과 과학적 마인드를 가지고 국가적 임무에 도전할 수 있었던 인물은 많지 않았다.

박태준은 포항제철 건설을 어떤 난관 속에서도 회피하지 않았다. 포항제철 건설을 통해서 그는 침략당한 과거의 수모에 도전하고, 피폐한 현재의 비참함에 도전하며, 희망 없는 대한민국의 미래에 도전하고 싶었던 것이다. 그것은 장엄한 도전이었지만, 현실을 바라볼 때 막연한 도전이었다.

박태준과 그의 동료들의 희생적 도전으로 오늘날 우리는 큰 혜택을 보고 있다. 아름다운 도전이었다. 그의 도전으로 대한민국은 수모와 피폐와 무망의 역사를 극복했으며, 세계는 아름다운, 성공적 도전의 사례를 갖게 되었다. 하지만 하나의 완결된 도전은 또 다른 도전으로 이어가야 한다. 박태준 스탠더드를 배우고 그에 기초하여 다양한, 아름다운 도전의 역사를 만들어 가야 한다.

누구나 박태준이 될 수 있다. 세계 어디에서나 박태준 도전 스탠더드를 구현할 수 있다. 도전할 대상을 명확히 하는 데서 출발하자. 사람은 누구나 채워지지 않은 소망, 지울 수 없는 아픔, 헤어날 수 없는 가난, 치유할 수 없는 장애, 극복할 수 없는 한계를 안고 산다. 개인적으로는 작으나마 여기에 도전할 수 있을 것이다. 또한 지구상의 인류는 어디에 살든지 폭력과 압박의 비인간성, 무지의 몰가치, 관성의 비효율, 독재의 불합리, 빈부의 불균형, 불신과 불통의 폐쇄성을 목도하게 된다. 이러한 큰 도전에는 한계가 없다.

그렇다면 어떻게 도전하는 것이 바람직한 도전방법인가? 사람마다 개성에 따라 도전의 양상이 크게 다르다. 어떤 사람은 체질적으로 뭐든 새로운 것에 도전하지 않으면 불안해서 못 사는가 하면, 또 어떤 사람들은 안 해본 것에 도전하기보다는 해오던 방식대로 하는 것을 더 선호하기도 한다. 문제는 후자에 있다. 하던 대로만 하는 생활습관, 정해진 길로만 다니는 사람은 존재 자체에서 위안을 찾는 사람들이다. 자신과 가족과 주변사람들과 사회를 향상시키는 노력의 중요성을 인식하지 못하는 수동적 인간이다. 남에게 해를 안 끼치는 것을 최선의 존재방식으로 여긴다. UN의 FAO에 따르면 2013년 세계의 인구가 71억을 넘어섰고, 그 중에 굶는 사람이 8억7000만 명에 달하며, 매해 치료를 받지 못해 질병으로 죽는 사람들이 2000만 명이나 된다. 자연재해, 부정부패, 환경오염, 빈부격차, 각종 중독, 스트레스 등 우리가 해결해야 하는 지구촌의 문제들은 모두가 나서기를 기대하고 있다.

이렇게 거창한 문제들이 아니더라도 개인적으로도 도전할 만한 문제들은 너무나 많다. 직장문제, 건강문제, 교육문제, 가정의 화목문제 등을 비롯하여 하고 싶은 일을 실행하는 문제 등 일일이 다 헤아릴 수 없을 만큼 많다. 중요한 것은 자신의 문제에 적극 도전하지 않는 사람은 사회적 문제에도 무관심하다는 점이다. 개인의 수동적 습관은 사회문제를 대하는 태도에도 그대로 적용된다.

그러므로 우리는 도전습관을 길러야 한다. 그러기 위해서는 시도, 성찰, 목표의 세 가지 행동을 강화할 필요가 있다. 우선 뭐든지 시도를 해 봐야 한다. 계획을 세우려 하기 전에 시도해 보는 것이 중요하다. 시도 하다 보면 학습이 일어나고 그 학습된 것을 성찰해 보면 앞으로 진정 필요한 것, 해보고 싶은 것이 무엇인지를 알 수 있게 된다. 그때 가서 목표를 세우면 된다. 이들을 [그림 2]와 같이 표현할 수 있을 것이다.

[그림 2] 시도, 성찰, 목표

시도	→	성찰	→	목표

시도는 자주 하는 것이 바람직하며, 성찰은 자기발견에 충실해야 하고, 목표는 자신이 생각하는 것보다 두 단계 정도 높게 세우는 것이 좋다. 시도가 없으면 성찰할 대상이 없으며, 성찰이 없으면 목표가 무의미하다. 박태준 스탠더드는 항상 시도하는 사람을 높이 평가한다.

작은 시도를 많이 하는 사람이 큰 시도에서도 성공할 가능성이 높다. 2008년 '검은 백조'(black swan)라는 개념을 창시하여 미국 증시 폭락을 예측하면서 유명해진 나심 탈렙(Nassim N. Taleb)은 작은 위험에 자주 노출되는 것이 위험에 대한 내성을 높여 궁극적으로 큰 성과를 낼 수 있다고 주장한다. 이것을 '실패내성'(anti-fragility)이라고 한다. 즉 작은 시도는 실패해도 큰 손실을 보지 않고 오히려 많은 교훈을 주기 때문에 개인을 더욱 강하게 단련시키는 결과를 가져온다는 뜻이다. 반면에 검은 백조란 개인을 파국으로 몰고 갈 수 있는 갑자기 발생하는 예측치 못한 큰 변화를 말한다. 평소에 작은 시도를 해보지 않은 사람이 갑자기 큰 변화에 필(feel)이 꽂혀 이른바 도전적 목표를 세워 추구하다가 실패하여 패가망신하는 경우를 일컫는다. 백조는 본래 하얀색이지만, 1967년 호주에서 검은색의 백조가 발견되었다. 즉 존재하지 않을 것, 불가능할 것이라고 인식되는 상황이 실제 발생하는 것을 '검은 백조'라고 한다. 경험 없이 막연한 기대를 가지고 큰 도전에 나서는 것을 검은 백조 현상이라고 표현할 수도 있을 것이다.

아울러 성찰은 개인을 성숙하게 만든다. 제대로 도전하기 위해서는 작은 시도를 통해서 성공도 하고 실패도 하면서 스스로의 능력과 다양한 성공/실패의 원인들을 깊이 통찰하는 자세가 필요하다. 실제로 '실패내성'을 키우는 것은 바로 이 성찰이다. 실패내성을 키움으로써 도전에 대한 자신감을 얻게 되고 불확실성을 대하는 나름대로의 노하우도 터득하게 된다.

또한 성찰은 앞서 설명한 무엇이 중요한지를 판단하고 나아갈 방향을 선택하는 데 있어서도 결정적인 역할을 한다. 도전을 하는 데도 정도가 있다. 옳은 일에 도전해야 한다. 무엇이 옳은 일인지를 효과적으로 선택하는 능력은 성찰을 통해서 배양된다.

많은 사람들이 열정을 인생의 중요한 덕목으로 꼽지만, 사실 진정한 성찰이 없는 열정은 매우 위험하다. 우리는 엄청난 에너지를 가지고 대중 앞에서 연설하는 히틀러에게서 열정을 느낀다. 아시아를 지배하겠다고 나섰던 일제 지도자들의 태도에서도 열정을 읽을 수 있다. 하지만 이들은 무수히 많은 사람들에게 극심한 고통을 안겨줬다. 자신에 대한 진정한 성찰이 없었기 때문이다.

성찰이 없는 이성도 다른 사람들에게 큰 해를 끼칠 수 있다. 로마를 불태운 네로 황제가 보여준 것과 같은 격정적인 감정만이 잘못된 결과를 가져오는 것은 아니다. 아주 냉철하게, 이성적으로 판단하여 결정한 행동이라고 하더라도 마음 속 이기심과 욕심, 그리고 비뚤어진 신념이 성찰로 다스려져 있지 않으면 부정적인 결과를 가져온다. 반도체를 처음 설계한 윌리엄 쇼클리는 자신이 세운 회사의 직원들을 IQ수준에 따라 차등 대우함으로써 많은 사람들에게 고통을 안겨줬다. 진정한 성찰이 없이는 이성도 제 기능을 발휘하지 못한다.

성찰(reflection)은 철학의 기본 수단이기도 하지만, 범인들이 세상을 사는 데 있어서도 빼놓을 수 없는 지혜창출의 수단이다. 사람은 성찰하는 존재이다. 성찰이 없는 삶은 동물적 본능의 노예가 된다. 공자, 맹자를 비롯한 수많은 현자들이 성찰을 주장했고 마르쿠스 아우렐리우스 등 서양의 사상가들도 성찰하는 삶을 보여줬다. 그러므로 성찰이 없는 도전은 방향을 잃은 혜성과 같고 꽃은 화려하나 씨를 맺지 못하는 화초와 유사하다.

끝으로 제대로 된 성찰은 또 다른 시도를 낳고 그 궤적은 담대한 목표에 이끌린다. 성찰의 과정은 곡식을 타작하는 과정과 같다. 쭉정이는 버리고 알곡만 남긴다. 남겨진 알곡, 그 안에 생명의 설계도, DNA가 있다. 목표는 바로 이 생명의 DNA와 같다. 생명으로서의 모든 시도는 그 규모에 관계없이, 태생적으로 목표라는 유전인자를 갖는다. 목표 DNA는 괴물나무를 키워내기도 하고 나비나물을 만들어 내기도 한다. 한 가지 분명한 것은 모든 시도는 크든 작든 목표를 갖는다는 것이다.

과거에 파리를 여행하는 사람들은 에펠탑을 보면서 길을 찾았다. 서울 시내를 걷는 사람들은 남산타워를 기준으로 움직였다. 요즘은 네비게이터가 에펠탑과 남산타워를 대신한다. 목표는 네비게이터의 역할을 한다. 목표가 없으면 갔던 길은 찾을 수 있지만, 가보지 않은 길은 찾기가 힘들다. 이처럼 목표는 가보지 않은 길을 가야할 때 등대의 역할을 한다. 그러므로 성찰의 과정에서 목표를 헤아려 정리하는 습관을 기르는 것이 중요하다.

처음에는 작고 비교적 쉬운 목표를 추구하다가 점점 어려운 목표로 수준을 높여 나가는 것이 좋다. 실패내성을 키워주기 때문이다. 시도와 성찰의 사이클(cycle)을 반복하다 보면 자연스럽게 목표의식이 생긴다. 이때 스스로 생각하는 것보다 좀 더 높은 목표를 세우는 것이 좋다. 그래야 도전의 참맛을 느낄 수 있기 때문이다. 작은 뒷산을 오르는 것과 한라산을 오르는 것은 등산의 맛이 다르다. 10킬로미터 단축 마라톤만 뛴 사람은 마라톤 풀코스 완주의 참맛을 모른다.

도전은 사람들이 일반적으로 기대하는 수준과 추구하는 목표와의 간극(gap)에 따라 다른 이름을 갖는다. 그 간극이 너무 클 때는 '도박'이라고 이름하고, 그럼에도 불구하고 목표를 달성했을 때는 '기적'이라고 부른다. 목표 없이 무조건 도전하는 행동에는 '투기'라는 이름을 붙이고, 그렇게 무모하게 했는데도 목표를 달성하면 '운'이라 칭한다.

박태준 스탠더드에서는 여러 사람들에게 널리 도움이 되는 큰 도전을 아름다운 도전이라고 했다. 아름다운 도전은 도박, 기적, 운을 추구하지 않는다. 그보다는 '계산된 위험감수', '근거 있는 도전' 그리고 상황에 따라서는 '필연적 사명의 수행' 등이 아름다운 도전의 속성에 더 걸맞다고 말할 수 있을 것이다.

하지만 목표에는 중독성이 있다는 점을 잊지 말아야 한다. 목표에 중독되면 목표 이외의 것을 보지 못한다. 심한 경우에는 목표와 인생을 동일시하게 된다. 목표에 중독된 사람은 인생의 폭이 좁아지고 단기적 성과에만 매달리게 된다. 시속 300km로 달리는 F1경주 차의 운전석에 앉으면 시야가 테니스공처럼 작아진다고 한다. 주변은 모두 흐릿해진다. 목표는 이와 같은 것이다. 목표 이외의 것은 다 흐릿하고 의미 없어진다. 목표에 중독되면 더 좋은 대안이 있더라도 귀를 기울이지 않게 되고 수단과 방법을 안 가리고 목표만 달성하면 된다는 착각에 빠지게 한다.

여기에서 우리는 도전의 세 가지 명제에 대해서 살펴봤다. 왜 도전해야 하는가, 무엇에 도전해야 하는가, 그리고 어떻게 도전해야 하는가의 문제를 다뤘다. 도전은 창의성을 배태한다. 도전하는 자만이 창의성을 발휘할 수 있는 기회를 갖는다.

박태준 도전 테스트

[Guideline]

앞서 제시한 초급, 중급, 고급수준의 도전기준을 제시하면 아래와 같다. 이를 기준으로 리더의 도전수준을 검증할 수 있는 표준행동을 제시하려는 것이 본 테스트의 목적이다.

초급	중급	상급
- 현재 상황을 고려한 안전한 목표설정 - 도전에 대한 두려움	- 상황적 도전요구에 대응하는 수준 - 자신 있는 영역에서 도전 시도	- 상황 극복을 위한 주도적 도전 - 전 영역에서 선제적 도전 중시

[수준별 표준행동]

| 초급도전수준 |

도전도 중요하지만 안전이 먼저다. 달성하지도 못할 목표를 세워놓고 미달하는 것보다 적당한 목표를 세워놓고 초과달성하는 것이 더 인정받는다. 개인적으로 아무리 열심히 해도 상황이 받쳐주지 못하면 달성할 수 없다. 시장의 상황, 회사의 지원, 구성원들의 동기 등 다양한 요소를 고려하여 합리적 목표를 추구하는 것이 좋다.

| 중급도전수준 |

상황이 어렵더라도 조직을 위해서 달성해야 하는 목표수준이 있다. 특히 내가 잘할 수 있는 분야에 대해서는 때로는 과감하게 도전하는

모습을 보여줘야 인정받는다고 믿는다. 하다가 안 되면 할 수 없지만 그래도 시도를 하는 것이 안 하는 것보다 낫다. 도전시도는 조직에 대한 최소한의 도리라고 생각한다.

| 고급도전수준 |

상황은 극복하라고 주어지는 것이다. 누구나 어려운 상황이 있지만, 도전하면 극복할 수 있다는 강한 신념을 가지고 있다. 항상 미리 예측하여 준비하고 분석하고 고민하다 보면 길을 찾을 수 있다. 모든 구성원들이 이러한 주도적 자세를 갖도록 독려하고 동기부여한다.

IV. 사회를 밝히는 융합

1. 박태준 융합 스탠더드

물리학에서는 Fission과 Fusion을 구분한다. Fission은 핵분열을 뜻하고 Fusion은 핵융합을 말한다. 핵분열을 통해서 폭탄을 만들면 원자폭탄이 되고 핵융합 방법을 사용해서 만들면 수소폭탄이 된다. 둘 다 가공할 만한 위력을 갖지만 원자폭탄보다는 수소폭탄이 훨씬 큰 폭발력을 갖는다. 분열의 힘보다 융합의 힘이 몇 배 더 세다는 방증이다.

우리 사회나 기업경영도 마찬가지다. 분열을 통해서보다는 융합을 통해서 더 큰 힘을 얻을 수 있다. 이것은 박태준의 믿음이기도 하다. 그는 항상 좌우상하의 융합, 안과 밖의 융합, 기업과 사회의 융합, 국가와 국가의 융합, 물질과 정신의 융합을 강조했으며 몸소 자신의 신념을 행동에 옮겼다.

박태준 스탠더드의 융합은 외형의 물리적 융합이 아니라 내적 성질의 변화를 초래하는 화학적 융합이다. 기업이란 단순히 물질을 조합하여 계획된 제품을 생산하는 물리적 조직체가 아니라 사람들의 마음과 마음, 이성과 이성, 정신과 정신이 하나가 되는 영적 공동체라는 것이 박태준의 사상이다. 그런 의미에서 박태준 스탠더드의 융합은 초월적 융합이라고 정의된다.

박태준의 초월적 융합 사례는 그의 다양한 행적에서 나타난다. 아래에 간략히 정리하였다.

노사 융합—POSCO에는 노동조합이 없다. 근로자들이 자진해서 노조를 해체했다.

사가(社家) 융합—POSCO는 정말 큰 문제가 생기면 직원들뿐 아니라 직원의 가족들까지 다 참여하여 돕는다. 박태준 회장이 서거했을 때 직원 부인회에서 단체로 조문했던 것이 그 문화적 DNA의 일단을 보여준다. 건설 공기가 늦어져 비상경영을 선포했을 때 직원들의 부인들까지 다 현장에 나와 같이 일했다.

이념과 이념의 융합—우리나라는 아직도 좌와 우가 대립하고 있다. 박태준은 당시로서는 파격적으로 진보계열의 신문인 한겨레신문을 창간할 때 POSCO를 통해서 출자를 했다. 그 후 POSCO 사외이사에도 진보성향의 인사들을 참여시켰다.

지역과 지역의 융합—경상도와 전라도의 대립은 대한민국의 고질적 문제다. 박태준은 영남 출신이면서도 호남정권이었던 김대중 대통령을 지지하여 총리까지 지냈다. 총리직을 맡고 있을 때도 영·호남 융합을 위해서 다각도의 노력을 펼쳤다.

경영자와 직원의 융합—1977년 제강공장 크레인 운전사의 실수로 44톤의 쇳물이 엎질러져 케이블 70%가 전소하여 막대한 피해를 입었다. 당시 필리핀을 방문하고 있던 박태준은 곧바로 귀국하였다. 비행장에 내린 그가 찾아간 곳은 바로 사고를 낸 크레인 운전사의 집이었다. 집안사정이 좋지 않아 야간 근무를 하고 낮에 다른 일로 부족한 수입을 충당하고 있었다는 사실을 안 그는 전 직원의 경제사정을 살펴 도움이 필요한 직원들을 돕는다. 이뿐 아니다. 포항제철 건설 초기에는 공장을 짓기도 전에 한일은행에서 신용으로 융자를 받아 직원들의 주택부터 멋지게 지어 분양했다. POSCO는 오늘날도 복지시설이 세계 최고 수준이다. 경영자와 근로자의 융합 철학을 보여주는 사례이다.

가족 간의 융합—박태준이 가족에게 준 마지막 유언은 '화목하라'였다.

초월적 융합은 보이지 않는 것들의 융합에 초점을 둔다. 어느 모임에서 남자 5명에 여성 5명이 더해졌다고 해서 초월적 융합이 일어났다고 할 수는 없다. 열연코일을 생산하던 철강회사가 냉연코일까지 생산하게 되었다고 해서 초월적 융합이라는 이름을 붙일 수는 없다. 초월적 융합이란 물과 기름이 화학적으로 반응하여 제3의 신물질로 재탄생하는 것과 같이, 근본의 융합이요 성질의 하나됨을 의미한다.

같은 논리를 인간사회에 적용하면, 엄청난 힘을 갖는 초월적 융합이란 가치의 융합, 마음의 융합, 정신의 융합을 내용으로 한다. 인간사회에서 가치와 마음과 정신이 하나로 융합되면, 좌파와 우파가 하나가 되고 영남과 호남이 조화를 이룰 수 있게 되며, 조직사회에서 위와 아래가 한 방향을 바라보게 된다. 즉 겉으로 드러나는 표면적 갈등과 분열은 그 근저에 깔려 있는 가치와 마음과 정신을 융합시켜야 큰 힘을 발휘할 수 있다. 가치와 마음과 정신이 하나가 되면 의견이 달라도 서로를 인정하게 되며, 상대가 싫어도 일정한 선을 넘지 않고 존중하게 된다. 오늘날 벌어지고 있는 우리 사회의 대부분의 문제는 바로 이 세

차원의 융합이 안 되고 있기 때문에 발생하는 문제들이다. 박태준 스탠더드는 가치, 마음, 정신이 하나로 융합된 상태를 상급수준으로 친다.

사실 박태준이 추구했던 가치, 마음, 정신의 융합은 말처럼 쉬운 일이 아니다. 이들은 각 개인의 자유선택에 달려 있는 요인들이기 때문이다. 힘으로 압박하고 권력으로 강제한다고 해서 가치가 통합되고 마음이 하나가 되며 정신이 통일될 리가 없다. 모두가 개인이 스스로 결정하는 것이다.

하지만 기업은 정해진 기간에 많은 일들을 체계적으로 처리해야 한다. 계획을 실행하고 목표달성을 위해서 경쟁사들보다 더 빨리 더 열심히 뛰어야 한다. 문제는 여기에 있다. 가치, 마음, 정신의 융합을 위해서는 각 개인의 자기결정이 필수적인데 기업의 속성은 각 개인이 스스로 돌아올 때까지 기다릴 수 없는 것이다. 특히 박태준에게 주어진 제철소 건설의 임무는 당시 상황으로 보아 실패할 수 없는 민족 프로젝트였다.

여기에 리더십의 마력이 있다. 진정한 리더십은 모순된 두 개의 대안을 예술적으로 통합하는 능력이다. 서로에 대해서 적대감을 갖고 있는 양측의 입장을 조율하여 하나의 가치, 마음, 정신 아래 함께 서도록 만드는 역량이다. 생각이 다른 사람들이 같은 버스를 타도록 인도하는 기술이다.

그렇다면 우리는 가치의 융합, 마음의 융합 그리고 정신의 융합을 어떻게 초월적 수준으로 달성할 수 있는가? 이에 대해서 알아보자.

가치융합이란 서로 다를 수 있다는 것을 아는 데서 출발한다. 내 생각이 옳고 네 생각은 그르므로 너는 내 생각을 옳다고 인정하고 자신의 잘못된 생각을 반성해야 한다고 고집하면 가치융합은 이룰 수 없다. 마음의 융합이란 인류 보편적 인간애에 기초한다. 능력, 출신, 외모, 빈부, 조직에서의 상하 그리고 가치관 차이를 떠나 한 인간으로서 상대방을 존중하는 마음을 뜻한다. 또한, 정신의 융합은 같은 목표, 같은 방향을 함께 바라보는 상태를 말한다. 한 조직의 구성원들이 모두 다른 목표를 추구하면 그 조직은 힘을 받을 수 없다. 정신의 융합은 조직의 목적과 성과목표에 대한 공동의 사명감을 구축하는 것이라고 정의할 수 있다.

이 세 가지 융합 중에서 하나만 제대로 이뤄도 칭송받는다. 예를 들어, 넬슨 만델라 남아프리카공화국 대통령은 흑인으로서 백인들을 용서함으로써 백인과 흑인 간의 가치융합을 이뤄낸 리더였다. 에이브러햄 링컨 미국 대통령은 노예상태에 있던 흑인들을 해방시킴으로써 마음의 융합을 이뤄낸 인물이다. 그리고 베트남의 호찌민은 프랑스와 미국을 물리칠 수 있는 베트남의 정신적 융합을 성취한 영웅이다. 셋 중 하나의 융합만 이뤄도 큰 성과라는 것은 곧 융합이 얼마나 힘든 과업인지를 말해준다.

융합은 몇 가지 단계를 거쳐 이뤄진다. 융합을 위한 첫 단계는 다리를 놓는 것(bridge-building)이다. 교류의 빈도를 높이든가 상대방에 대해서 더 많이 생각하는 데서 출발한다. 교류나 상대방에 대한 생각이 없으면 융합은 일어날 수 없다. 우연한 융합이란 존재하지 않는다. 여

당이 야당을 만나고, 남편이 아내를 생각하며, 상사가 부하와 교류하는 데서 출발하는 것이다. 교류하고 생각하면 융합할 수 있는 기회가 생긴다. 그러므로 세계를 하나로 융합하고 싶은 사람은 여러 나라를 많이 다니는 것이 중요하며, 부하와 하나가 되고 싶은 상사는 생각하고 만나는 기회를 늘려야 한다. 교류하고 생각하다 보면 서로를 이해하게 되고, 이해가 깊어지면 공감하는 부분이 생기게 되며, 바로 이 공감이 융합의 단초가 된다.

다리 놓기가 잘 안 되는 것은 옛날에는 통신수단 등 물리적 문제가 가장 큰 이유였지만, 전 세계인이 전파와 사이버공간으로 연결돼 있는 오늘날과 같은 디지털 시대에는 마음이 문제의 원인이다. 사람의 마음은 기본적으로 두 가지 욕망에 의해서 움직인다. 하나는 '자기보호욕망'이고 다른 하나는 '남들보다 우월하고 싶은 욕망'이다. 자기보호욕망은 자신의 자존심을 지키고 싶은 욕망을 의미한다. 사람은 누구나 존중받기 위해서 태어났다. 자기 자신이나 자신이 가진 생명, 물질, 지위, 가족, 사랑하는 사람에 대해서 보호하고 싶은 욕망을 갖고 있다. 그래서 우리는 자신을 공격하는 사람들을 적으로 규정하고 자기보호에 들어간다. 그러므로 상대방을 자신의 적이라고 규정하고 나면, 교류가 끊기고 좋은 생각보다는 나쁜 생각이 마음을 지배하게 된다. 즉, 다리가 끊기는 것이다.

아울러 사람들은 다른 사람들보다 더 많이 갖고 싶어 하고 더 잘한다는 평가를 받으려 하며, 더 높은 곳을 차지하고 싶은 '우월욕망'을 갖고 있다. 그래서 여성들은 연예인보다 더 예쁘다는 말을 들으면 뿔

듯이 기뻐하고 자식이 남들이 우러러보는 최고의 대학에 입학했을 때 은근히 자랑하고 싶어지는 것이다. 사람들은 자신의 우월욕망을 충족시키지 못할 때 좌절하고 실망한다. 그러므로 다른 사람들과 융합의 다리를 놓으려는 사람은 상대방의 우월욕망을 충족시켜주는 것이 상대방의 마음을 열도록 하는 가장 효과적인 방법이다. 아무리 적대감을 갖고 있는 상대라고 할지라도 자식의 대학입학을 진심으로 축하해주고 부러워해주는 사람에게 모질게 대하지는 못한다. 반면에 잘난 척하고 '너보다 잘났다'고 과시하는 상대에게 마음의 문을 열지 않는 것은 당연한 일이다.

요컨대, 융합의 다리를 놓기 위해서는 일차적으로 상대방에게 적이 아니라는 느낌을 주어 '자기보호욕망'이 발현되지 않도록 해야 하며, 그 다음으로는 '우월욕망'을 자극하여 친밀감을 느끼게 하는 것이 좋다.

융합의 제2단계는 소통하는 것이다. 만나고 생각하는 것이 외출하기 위해서 좋은 옷을 차려 입는 것이라면, 소통은 밖으로 나가는 것을 뜻한다. 소통은 방 안에 존재하는 것으로는 할 수 없다. 밖으로 나가 자신을 보여줘야 소통이다. 즉, 다리가 놓였으면 실제로 왕래가 있어야 다리를 놓은 의미가 살아난다. 소통은 다름과 같음을 확인하는 것이다. 상대방과 비교하여 나와 같은 점이 무엇이고 다른 점은 무엇인지를 깊고 넓게 알아가는 과정이 소통이다. 많은 사람들은 상대방에 대해서 이처럼 깊고 넓게 알아가는 소통의 과정을 귀찮아하든가 부담스러워한다. 그래서 대충 상대방의 생각과 마음과 행동을 추측하여 자기중심적으로 결론을 내려버리고 그에 입각해서 일격을 가한다. 왜 나를 싫어하냐고, 왜 그런 바보 같은 생각을 갖고 있냐고, 그리고 왜 그렇게 이기적이냐고. 세상 사람들 간에 발생하는 대부분의 갈등은 이러한 이유 때문에 발생한다.

소통에는 감정소통, 이성소통 그리고 영감소통의 세 가지가 있다. 기분, 느낌, 사랑, 분노, 놀라움 등 감정을 표현하는 것을 감정소통이라고 하고, 사실의 전달, 설명, 설득, 논리적 대화 등은 이성소통에 해당한다. 한편, 영감소통(inspirational communication)은 미래, 비전, 희망, 꿈에 관련된 소통을 말한다. 한 조사에 따르면, 한국인들은 특히 감정소통을 많이 한다(64%). 반면에 영감소통은 0.1%도 안되는 낮은 빈도를 보였다. 한국어만큼 감정 관련 어휘들이 발달한 언어도 드물다. 예를 들어, '섭섭하다', '내 말이 말 같지 않냐', '짠하다', '한이 맺혔다', '놀고 있네', '애틋하다', '마음이 시리다' 등의 감정관련 어휘들은 영어나 중국어 등 외국어로 정확히 번역이 안 된다. 한 민족의 언어는 그들이 살아가면서 주의를 집중하고 있는 것을 중심으로 발달하게 된다. 필리핀 사람들은 쌀을 표현할 때 거의 200가지가 넘는 어휘를 사용한다고 한다. 쌀과 벼에 관심이 많기 때문이다. 같은 맥락에서 한국어에 감정관련 어휘가 매우 세분화되어 있는 것은 한국인들이 감정을 그만큼 중시한다는 증거라고 볼 수 있다. 한편 영감소통의 빈도가 지나치게 적은 것도 또 다른 특징이다. 한국인들은 미래에 무디다. 5년 뒤 미래의 200% 보상보다 현재의 100% 보상을 더 선호한다. 특히 요즘 대학생들에게 미래의 희망을 물어보면 제대로 답하는 학생들이 많지 않다. 어디든 좋은 회사에 취직만 할 수 있다면 그 업종이 무엇이든, 그 회사에 들어가서 무슨 일을 하게 되든 상관하지 않는다. 그것은 나중에 생각할 문제라고 생각한다. 한국인들이 잘하는 것은 압박과 좌절에 대한 저항이고 회복이지 미래를 스스로 설계하여 주도해 나가는 것이 아니다. 그러므로 소통의 과정에서도 미래를 주제로 한 내용보다는 현재의 문제를 어떻게 해결할 것인가에 더 치중한다. 호프스테드(Hofstede)의 50개국 비교연구에 따르면, 한국인들의 불확실성 회피성향이 매우 높게 나타났다. 불확실한 미래에 집중하기보다는 확실한 현재에 더 몰입한다는 증거라고 볼 수 있다.

감정소통이 비정상적으로 높고 영감소통이 지나치게 낮다는 것은 결국 융합을 위한 소통이 효과적으로 이뤄질 수 없는 조건을 갖췄다고 해석될 수 있다. 융합을 하기 위해서는 감정을 자제하고 win-win할 수 있는 미래지향적 태도를 갖는 것이 중요하다. 한국인들의 가치, 마음, 정신을 융합하는 것이 그만큼 힘들다는 얘기가 된다. 박태준이 좌와 우를 융합하고, 빈자와 부자를 하나 되게 하였으며, 영남과 호남을 화합시키기 위해서 진력했다는 것은 이런 의미에서 더욱 빛난다. 박태준 스탠더드를 구현하려는 리더들은 이 험난한 조건들을 극복할 수 있는 남다른 역량과 의지를 갖춰야 한다는 방증이기도 하다.

셋째 단계는 숙성(또는 지속성)이다. 너무 급격히 가까워지려고 노력할 필요는 없다. 그런 대쉬(dash)가 오히려 갈등을 키운다. 그보다는 오히려 차분히 교류와 생각과 소통의 빈도와 깊이를 이런저런 이유를 들어 늘려가는 것이 중요하다. 이유가 있어서 만나고 이유가 없어도 생각하는 데서 융합의 씨앗은 발아하게 된다. 이러한 노력을 계속하다 보면 자연스럽게 상대방도 나를 이해하게 되고 나도 상대방에 대해서 더 깊고 넓게 이해하게 되는 결과를 가져온다. 한국인들은 '미운 정, 고운 정'이라는 표현을 자주 쓴다. 지속적인 교류와 생각과 소통은 미움을 확인하는 계기가 되기도 하고 고움을 아는 기회를 제공하기도 하지만, 서로 간에 '정(情)'을 숙성시킬 수 있는 시간과 무대를 마련해 준다. 사람들 간의 숙성된 정은 인위적으로는 끊을 수 없는 놀라운 접착력을 갖는다. 이것이 융합이다.

술을 좋아하는 외국인들이 한국에 왔을 때 가장 인상 깊게 여기는 것이 폭탄주라고 한다. 주류 소비량 세계 1위를 다투는 한국인들의 폭탄주는 끊임없이 진화해왔다. 맥주에 양주를 타서 마시던 버릇이 최근에는 소주를 타서 마시는 것으로 진화했다. 최근에는 맥주에 양주나 소주와 함께 레드와인을 타서 마시는 'T-bone 스테이크'와 같은 새로운 종류로 진화해 가고 있다. 비빔밥이나 찌개처럼 음식을 섞어 먹는 것에 능한 한국인들에게 술을 섞어 마시는 것은 전혀 이상한 일이 아니다. 어쩌면 섞고 비비고 끓이는 습관은 한국인들의 독특한 심리적 DNA를 반영하고 있는 것이라고 볼 수도 있다. 이 DNA가 사람과 사람의 관계에 있어서도 지배력을 발휘해 왔다.

한국인들의 섞고 비비고 끓이는 습관은 '숙성'으로 완성된다. 한국인들은 오래 고통 받았지만 잘 견뎌냈다는 것을 자랑스럽게 여긴다. 음식도 오래 끓인 것을 높이치고 된장, 간장, 고추장, 김치도 오랫동안 묵혀야 금딱지가 붙는다. 소뼈를 10시간, 20시간 '푹 고아' 먹는 민족은 지구상에 한국인밖에 없다. 오래 끓이든가 숙성시켜야 '깊은 맛'을 느끼는 것이 한국인들이다. 이것은 인간관계에 있어서도 마찬가지다. 한국인들은 관계가 깊다는 것을 가깝다는 것보다 더 높이 친다. 영어에는 'close relationship'이라는 표현은 있어도 'deep relationship'이라는 표현은 잘 쓰지 않는다. 부언하면, 가깝다는 것은 물리적 개념이지만, 깊다는 것은 화학적 개념이다. 처음 만난 사람과 급속히 가까워지기 위해서 인사불성이 되도록 폭탄주를 마시는 것은 짧은 시간 안에 관계를 숙성시키기 위한 노력으로 볼 수 있다. 상대방과 깊은 관계를 발전시키고 싶은데 시간이 부족할 때 한국인들은 비정상적 이벤트를 연출한다. 그 방법 중 하나가 폭음이다. 한국인들은 '누구와 밤새 술을 마셨던 사이'라는 것을 훈장처럼 얘기한다. 그만큼 관계가 숙성되었다는 것을 자랑하고 싶은 마음에서 쓰는 말이다. 어느 한국 대기업 임원은 부하들과 함께 밤늦게까지 술을 마시고 모두 자기 집에 데려다가 함께 잠을 재우는 것을 자랑한다. 그만큼 깊고 숙성된 관계라는 것을 훈장처럼 얘기하곤 하였다.

숙성은 다름과 편견을 녹여 융합을 이루는 중요한 수단이다. 좌파와 우파 간에도 서로 숙성된 관계가 형성되면 비판을 자제하게 되고 영남과 호남 사이에도 관계의 숙성은 서로 호감을 갖게 한다. 숙성융합은 각기 다른 가치와 마음과 정신을 큰 솥에 넣고 고아낸 뼈 국물과 같은 것이며 폭탄주, 짬뽕, 섞어찌개, 묵은 김치, 두루치기, 부대찌개 등과 같은 속(屬)에 속한다. 관계가 숙성되면, 날카로운 비판이 무뎌지고 팍팍한 마음이 누그러지며 추구하는 목표와 목적을 위하여 마치 경조사에 축의금이나 부조금을 들고 참여하듯이 관계를 생각해서 동참해 준다.

이상에서 우리는 박태준 스탠더드의 융합개념을 살펴봤다. 융합은 가치융합, 마음융합 그리고 정신융합을 내용으로 하며, 다리놓기, 소통 그리고 숙성 등 세 가지 프로세스를 거쳐 완성된다고 주장하였다. 융합이란 모든 것을 섞어 새로운 경지, 새로운 국면 그리고 새로운 질서를 창조하는 것이다. 박태준은 민족적 사명감을 가지고 이를 완성해 낸 걸출한 리더이다.

본래 융합은 자연의 이치이다. 모든 자연현상은 다른 것끼리는 서로 끌리는 속성을 갖고 있다. 그래서 양극(+)은 음극(-)을 만나면 서로 끌리게 되고, 동쪽에서 뜬 해는 서쪽을 향해서 나아가게 되는 것이다. 끌림의 정도가 일정한 범위를 벗어나지 않으면 질서가 유지되지만, 갑자기 끌림의 강도가 약해지든가 강해지면 질서가 깨지게 된다.

아무 관계가 없는 것 같은 존재들 간에도 보이지 않는 뭔가를 주고받으면서 융합의 과정을 밟는다. 가장 경이로운 것은 소위 '보호색'의 탄생이다. 푸른 보리밭에 사는 메뚜기는 푸른색을 띠고 바다 밑 모래속에 사는 모래무치는 모래와 똑같은 색깔을 띤다. 진화론에서는 오랜 세월을 거쳐 생존을 위해 스스로 닮아갔다고 설명하지만, 그 변화의 과정과 내용은 설득력 있게 제시하고 있지 못하다. 진화론자들의 선택론(selection theory)에서는, 본래는 여러 색깔의 모래무치가 있었는데 그 중에서 모래와 같은 색깔의 모래무치만 생존할 수 있었다고 설명한다. 하지만 다른 관점의 설명도 가능하다. 즉, 보호색은 모래무치와 자연 간에 모종의 교통이 있어 그 영향으로 비슷한 색깔을 띠게 됐다고 볼 수도 있는 것이다. 모래나 자연이 주변의 생물들에게 보이지 않는 모종의 물질이나 가스, 또는 입자, 아니면 어떤 영적 매체를 생성, 방출하는데 이의 영향을 받은 모래무치가 비슷한 색깔을 띠게 되었다는 설명이다. 확률적으로 봤을 때, 전자의 선택론보다는 후자의 교통론이 더 가능성이 높다고 본다.

자연에서 서로 영향을 주고받으면서 교통하는 사례는 어렵지 않게 발견된다. 예를 들어, 익지 않은 감을 익힐 때 옆에 사과를 두면 빨리 익는다. 사과가 생성, 방출하는 에틸렌 가스 때문이라고 한다. 사과 이외에도 에틸렌 가스를 많이 방출하는 채소와 과일로서는 브로콜리, 복숭아, 청매실, 멜론, 아보카도 등이 있다고 한다. 오이나 키위, 배추, 파슬리 등은 감과 마찬가지로 에틸렌 가스의 영향을 많이 받는 생물들이다.

더욱 놀라운 것은, 여러 방송에도 나온 적이 있지만, 계속 칭찬을 받고 자란 식물이 욕을 들은 식물보다 더 발육이 좋다는 실험결과이다. 양파를 컵에 넣어 발아시키는데 한쪽 양파에게는 칭찬을 해주고, 다른쪽 양파에게는 욕을 했더니 칭찬 들은 양파가 훨씬 빨리 자라더라는 실험이었다. 뿐만 아니라, 빵과 같은 음식도 칭찬을 들은 빵은 좋은 곰팡이를 생성시켰지만, 욕을 먹은 빵은 나쁜 곰팡이를 생성시켰다. 이것은 서로 간에 모종의 교류나 교통매체의 존재를 인정하지 않고서는 설명할 수 없는 현상이다.

이러한 교통현상은 리더와 추종자들 간의 관계에도 적용될 수 있다고 본다. 리더가 어떤 향기, 어떤 이미지, 어떤 영매를 뿜어내는가에 따라 추종자들이나 주변사람들이 영향을 받는다. 이것은 융합을 제대로 하기 위해서는 리더가 융합할 수 있는 자격과 조건을 갖춰야 한다는 것을 의미한다. 박태준은 한쪽에 치우친 삶을 살지 않았기 때문에 융합리더의 자격과 조건을 갖추고 있었다.

박태준 융합 테스트

[Guideline]

앞서 제시한 초급, 중급, 고급수준의 융합기준을 제시하면 아래와 같다. 이를 기준으로 리더의 융합수준을 검증할 수 있는 표준행동을 제시하려는 것이 본 테스트의 목적이다.

초급	중급	상급
- 수평적 융합보다 수직적 조화 중시, 봉합위주 - 다른 사람의 융합노력에 수동적 참여	- 업무적 필요에 따라 협력/물리적 융합노력 - 제한적 주도	- 다양한 계층 간 화학적 융합추구 - 매사에 적극적 융합주도

[수준별 표준행동]

| 초급융합수준 |

일단 말이 안 나게 하는 것이 중요하다. 갈등이 있더라도 표면 위

로 떠오르게 하면 안 된다. 특히 윗사람과의 융합은 조직에서 가장 중요하다. 다소 불만이 있더라도 참고 윗사람의 의중에 맞춰가는 것이 좋다. 쓸데없이 갈등을 유발하는 것은 좋지 않다. 다른 사람이 융합문제를 제시하면 적당히 따라준다.

| 중급융합수준 |

한국은 관계중심의 사회다. 언제 어떻게 될지 모른다. 평소에 원만하고 모나지 않게 관계를 잘 유지해둬야 한다. 특히 업무적으로 조율, 조정, 협의해야 하는 상황에서 너무 원칙만 내세우지 말고 적당히 타협하는 지혜가 필요하다. 항상 좋은 사람이라는 평가를 받지만, 내가 이 자리를 떠나고 나면 다시 시작해야 한다.

| 고급융합수준 |

필요를 느끼기 전에 먼저 융합을 주도하려고 노력한다. 최고의 성과는 최강 융합의 결과이지 필요에 따라 적절히 조율한 결과로 얻어지는 것이 아니다. 만나고 돕고 묻고 엮는 과정에서 새로운 아이디어가 생겨나고 시너지창출의 기회가 보인다. 조직경영이란 다양한 개인들을 수직, 수평적으로 융합하는 기술이다.

V. 국가를 섬기는 예지

1. 박태준 예지 스탠더드

사람은 두 개의 눈을 갖고 태어나지만, 시력이 사람마다 다르다. 어떤 사람은 먼 것을 잘 보고 또 어떤 사람은 가까이 있는 것을 잘 본다. 근시가 있고 원시가 있다. 하지만 멀리 보고 가까이 보는 성향은 생물학적 시력의 문제에만 해당하는 것은 아니다. 눈으로 보는 것을 넘어 마음으로 읽고 머리로 내다보는 능력도 사람에게 주어진 능력이다. 어떤 사람은 10년 후를 내다볼 줄 아는 반면, 다른 사람들은 한치 앞도 내다볼 줄 모르는 근시안을 갖는다. 이것을 우리는 예지(銳智)라고 부른다. 특히 기업 경영을 책임진 리더들의 예지를 '전략적 예지'라 일컫는다.

박태준은 먼 미래를 내다보는 탁월한 전략적 예지를 갖춘 인물이었다. 아래의 몇 가지 대표적인 사례들이 이를 말해준다.

(1) 1970년 포항제철의 생산규모를 어느 수준으로 해야 하는가를 결정할 때의 일이다. 일본의 기술협력단장이던 아리가는 200~300만 톤 정도의 규모로 보았다. 하지만 박태준은 1000만 톤을 계획했다. 아리가가 제안한 규모보다 네다섯 배에 이르는 규모였다. 결과적으로 박태준이 옳았다. 만약 그때 아리가의 예상대로 소규모 제철소 설계도로

건설했다면 1970~80년대 한국의 고도성장은 기대하는 성과를 거두지 못했을 것이다.

(2) 1973년 12월, 포항제철 2기를 건설하기 직전의 일이었다. 당시 김대중 납치사건이 일본에서 터져 일본산업계의 포항제철에 대한 협력이 중단될 위기에 처했었다. 그들의 포항제철 2기 건설참여가 불투명해졌다. 이때 박태준은 무조건 독일로 떠난다. 1기 건설할 때는 주로 일본 업체들이 참여했었지만, 이번은 유럽철강사들이 설비 판매에 참여하게 된다는 신호(signal)를 일본 업체들에 보내기 위한 제스처였다. 이 조치는 박태준의 의도대로 일본 업체들의 시기심과 위기의식을 촉발했다. 결국 일본정부는 포항제철에게만 예외를 인정해줘 일본, 오스트리아, 독일 등 다양한 철강사들이 참여하는 경쟁 입찰을 성사시킬 수 있었으며, 이를 통해서 포항제철은 '최저비용, 최고품질' 목표를 달성할 수 있게 되었다.

(3) 1977년의 일이다. 박태준은 회사가 성공하게 되면 해외의 협조를 기대하기 힘들어질 것이라는 것을 예측하고 기술의 포철화를 끊임없이 추구하게 된다. 해외연수를 강화하고 기술연구소를 건립한 것도 이러한 맥락에서 이뤄진 것이다. 결국 이러한 노력을 통해서 기술자립도를 앞당겨 달성하는 계기가 되었다.

위에 제시한 세 가지 사례들은 모두 박태준의 전략적 예지의 수준을 말해준다. 그는 항상 미래를 예측하여 미리 대응하기 위해서 노력했다. 미래를 내다본다는 점쟁이들도 두 가지 종류가 있다고 한다. 한 유형은 신 내림을 내세우는 유형이다. 이들은 미래를 분석의 대상으로 보는 것이 아니라 신의 계시를 통해서 예측하려는 특징을 갖는다. 신이 내년에 큰 정변이 일어난다고 했다, 김정은이 내년 12월에 죽는다고 내게 계시했다는 등 과학적 근거가 전혀 없는 예측을 쏟아낸다. 이러한 계시성 예측에 대해서는 아무도 진위를 판단할 수 없다. 만약 그 계시가 틀렸다고 해도 신 내림 점쟁이들은 얼마든지 변명할 여지가 있다. 자신은 그냥 신의 소리를 전했을 따름이라고 발뺌하면 그만이기 때문이다. 또 다른 점쟁이 유형은 분석형이다. 이들은 여러 가지 논리적 근거를 제시하면서 미래에 일어날 일에 대한 예측을 내놓는다. 예를 들어, 김정은이 오래 못 살 것이다. 왜냐하면, 그의 아버지 김정일도 뇌출혈로 사망했고 할아버지 김일성도 순환기계통에 병을 앓았으며 그의 어머니 고영희도 협심증이 있었는데, 그러한 순환기계통의 DNA를 물려받은 김정은도 술과 담배에 절어 있으므로 오래 살지 못할 것이라는 분석이다. 아니면 사주팔자의 분석틀을 활용하여 특정인의 운명을 말하기도 한다. 이들은 예측이 틀리게 되면, 모든 책임을 뒤집어쓴다.

기업경영에서 미래를 예측하는 데 있어서도 이와 비슷한 두 가지 유형이 있다. 즉 신 내림과 같이 자신의 직관이나 촉(觸)에 의존하는 스타일과, 여러 자료와 정보에 근거하여 예측하는 분석형 스타일이 그것이다. 하지만 경영자들이 점쟁이와 다른 점은 촉에 의하든 분석에 의하든 결과에 대해서 책임을 져야 한다는 점이다. 어찌 보면 촉이나 직관적 판단에 의한 의사결정의 책임이 더 무겁다. 분석에 의해서 예측했을 때는 책임소재가 자료의 부정확성이나 상황의 급변 등으로 분산될 수 있다. 하지만 직관에 의한 결정은 예측이 틀렸을 때 모든 책임이 결정을 한 사람의 부실한 직관, 믿을 수 없는 촉으로 귀결된다. 또 한 가지 중요한 점은 오늘날의 대기업들은 워낙 환경이 복잡하고 급변하기 때문에 단순히 최고경영자의 직관에만 의존하기 힘들어졌다는 것이다. 그러므로 거의 모든 대기업 의사결정자들은 많은 자료와 데이터를 활용한다. 그 바탕 위에 자신의 직관을 적용한다.

박태준은 기본적으로 분석형 리더였다. 전공도 엔지니어링이었기 때문에 매사에 분석적·과학적 접근을 중시한다. 미래를 예측하는 데 있어서도 막연한 직관이나 단순한 견해를 배격하고 철저한 분석과 다양한 정보에 의존한다. 분석된 자료가 자신의 직관과 배치될 때는 더 많은 자료를 수집하고 더 깊이 분석하여 최종 결정을 내리는 스타일이다. 예측정확성을 높이기 위해서 박태준은 끊임없이 공부하고 고민하고 많은 사람들의 의견을 듣는다. 물론 때에 따라서는 직관이 먼저 제시되기도 하지만 나중에 반드시 분석과 재분석이 뒤따른다. 직관적 판단만 가지고 최종 의사결정을 했던 경우는 없다.

오늘날의 기업경영에 있어서는 이러한 태도가 바람직하다. 특히 한 번의 투자가 회사의 운명을 결정할 정도로 규모가 크고 그 영향이 장기적인 철강업과 같은 경우, 분석-직관-심층분석의 3단계 예측법은 필수적이라고 할 수 있다.

분석적 예측은 대부분의 성공한 리더들이 채택하고 있는 방식이다. 예를 들어, 애플(Apple)을 창업하여 전 세계의 시장 판도를 뒤흔들었던 스티브 잡스도 분석형이었다. 그는 스마트폰을 내놓을 때 뒷면을 하얀색으로 하는 아이디어를 얻었다. 우리는 흔히 흰색은 다 똑같은 흰색이라고 생각하기 쉽지만, 그는 색 전문가들의 도움을 얻어 흰색의 종류를 10,000개로 분류해내고 이들 중에서 어떤 흰색이 스마트폰 뒷면 색으로 사용자들에게 가장 어필할지를 스스로 찾아내느라 1주일 밤을 꼬박 밤을 새웠다고 한다. 이것을 스티브 잡스의 열정, 치밀, 완벽주의를 보여주는 사례로 해석할 수도 있지만, 분석적 예측의 사례로 볼 수도 있다.

삼성의 창업주 이병철은 불치병에 걸려 병실에 있으면서 내세가 궁금했던 모양이다. 카톨릭 신부를 초빙하여 내세에 대하여 묻고 또 물었다고 한다. 그 문답을 모아 낸 책이 『백만장자의 마지막 질문』(김용규, 2013)이다. 자신의 내세를 단순한 신앙적 믿음으로 처리하기 보다는 분석적으로 이해하려 했던 것이다. 이병철도 박태준과 마찬가지로, 경영을 함에 있어 매사에 분석적으로 의사결정을 했던 리더로 평가받고 있다.

그렇다면, 리더의 전략적 예지는 어떻게 얻어지는가? 이에 대해서는 몇 가지로 정리될 수 있을 것이다.

첫째, 내일을 생각하는 삶을 살아야 한다. 오늘 일에만 매달려 있으면 내일을 봐야 한다는 책무감을 못 갖게 된다. 내일에 대한 의무감이 없으면, 일상생활에서 '예지' 자체가 불필요하다. 사람의 능력은 필요한 쪽으로 발달하게 되어 있으므로 내일을 중시하는 자세는 예지를 키우는 원동력이 된다.

내일을 생각하는 사람은 생명이 길다. 오늘 뿌린 씨앗이 때가 되면 싹을 틔우고 꽃과 열매를 맺을 것을 기대하기 때문이다. 기대감과 기다림은 삶에 큰 동력을 부여한다. 시골 농부들이 도시 사람들보다 오래 사는 이유는 농촌이 도시보다 공기가 더 맑고 스트레스를 덜 받기 때문이기도 하지만 못지않게 중요한 이유는 바로 기대감과 기다림의 삶을 살기 때문이다. 세계적으로 전쟁의 와중에 자녀를 잃은 부모들이 많았다. 그들 중에서 자녀의 사망소식을 접한 부모들은 그 충격으로 일찍 돌아가신 분들이 많았지만, 생사를 모르는 행방불명된 자녀를 둔 부모들은 평균 수명이 훨씬 길었다고 한다. 기다림과 기대감 때문이다. 내일을 기다린다는 것은 소망을 갖게 하고 소망은 생명의 원동력이 된다.

내일을 생각하는 삶을 사는 사람은 항상 계획하고 준비한다. 박태준이 POSCO 회장으로 있을 때 도쿄지사장의 큰 역할 중 하나는 매달 새로 나온 책을 사서 회장에게 우송하는 일이었다고 한다. 그는 많이 읽고 많이 만나고 깊이 고민하고 철저히 준비하는 스타일이었다. 내일을 중시하는 삶을 살았기 때문이다. 역사학자들이 역사를 연구하는 주된 목적은 과거의 영광에 감탄하기 위한 것도 아니고 현재의 문제에 대한 해법을 찾으려는 것도 아니다. 그들의 일관된 목적은 과거의 역사를 통해서 미래를 내다보기 위함이다.

둘째, 자신의 생각을 거울에 비춰봐야 한다. 사람들 중에는 한 가지밖에 모르는 사람들이 있다. 폭 넓게 생각할 줄 모르는 시야가 좁은 사람들이다. 하지만 전략적 예지를 갖춘 사람들은 파노라마와 같은 사고를 할 줄 안다. 내일의 일을 예측함에 있어서 한두 가지 지표만을 가지고 판단하는 것이 아니라 다양한 정보와 수많은 의견을 참고하여 예측한다. 이것을 다면적 사고(multi-dimensional thinking)라고 한다.

다면적 사고를 하는 사람들은 자신의 생각을 거울에 비춰본다. 자신의 생각을 거울에 비춰본다는 것은 다른 사람의 마음에 자신의 생각을 비춰본다는 것이다. 자신을 거울에 비춰보는 사람들은 다른 사람들로부터 '피드백을 구하는 행동(feedback seeking behavior)'에 강하다. 자신의 생각을 끊임없이 다른 사람들에게 제시하고 의견을 구하여 비춰보는 것이다. 스스로의 생각을 거울에 비춰보는 것은 오류나 아집의 가능성을 줄여준다.

거울에 비춰보는 것도 두 가지 유형이 있다. 하나는 비춰보면서 자신의 생각을 더욱 공고히 하는 사람이 있다. 이런 유형의 사람들은 다른 사람들의 의견을 듣기는 하지만 오류 중심으로 듣는다. 항상 들어보니 내 생각이 역시 옳더라는 결론으로 끝맺는다. 이것은 좋지 않은 습관이다. 다른 하나는 자신의 생각을 다른 사람들의 마음에 비춰보면서 자신의 부족한 면, 잘못된 생각을 확인하면서 듣는 유형이다. 이런 유형은 자기수정을 전제로 한다. 내가 잘못되지 않았을까, 내 생각이 모자라지 않은가의 원칙을 가지고 의견을 구하는 것이다. 후자가 바람직하다는 것은 쉽게 이해할 수 있을 것이다.

거울에 올바르게 비춰보기 위해서는 주변에 자신의 생각을 비춰볼 수 있는 실력 있는 사람들을 여럿 둬야 한다. 평소에 의견을 허심탄회하게 나눌 수 있는 전문가나 비평가와 친분을 쌓고 있어야 한다. 박태준은 세계적으로 많은 철강전문가들의 의견을 수시로 들었다. 우연히 만날 때마다 의견을 구하고 일부러 찾아가서 듣기도 하였다. 그렇게 세계적 전문가들과 의견을 나누면서 자신의 생각을 수정하고 보완해 나갔다. 이런 바탕 위에서 이뤄진 예측은 그런 바탕이 없는 사람들이 하는 예측보다 훨씬 정확하고 정곡을 찌를 수밖에 없다.

자신의 생각을 많은 사람들의 거울에 비춰보다 보면 때로는 비뚤어진 거울을 만나기도 한다. 거울의 표면이 울퉁불퉁하든가 깨끗하지 못하면 상(像)을 제대로 담아내지 못한다. 틀린 생각, 비뚤어진 사고를 가진 사람들이다. 그렇기 때문에 많은 사람들에 자신의 생각을 비춰보는 노력이 필요하다. 누구의 생각이 옳은가는 많은 의견을 들어야 정확히 판단할 수 있다.

다른 사람들의 말을 듣지 않는 리더만큼 나쁜 리더도 없다. 역사를 망친 리더들을 쭉 분석해보면 대부분 다른 사람들을 멀리한 리더들이다. 진솔한 대화가 없고 자신의 생각만 옳다고 고집부리는 리더들이 역사를 왜곡시켰다. 히틀러가 그랬고 김일성이 그랬고 마르코스가 그랬다. 자신의 마음을 거울에 비춰 무엇이 더럽고 무엇이 숭고한지를 바라보려 하지 않았던 아집의 리더들이었다. 모든 판단과 결정을 자신의 비뚤어진 거울에 비춰 옳고 그름을 판단했다. 자신의 마음의 거울이 더러워졌다는 것을 인정하려 하지 않았던 파괴자들이었다. 이런 사람들을 나르시시스트(narcissist)라고도 하고 마키아벨리안(Machiavellian)이라고도 한다.

셋째, 박태준 스탠더드의 예지는 '덕'(德)에 바탕을 둔다. 무슨 목적으로 미래를 예측하는지가 중요하다. 많은 사람들은 내일의 주가(株價)

를 예측하여 개인적 이득을 노린다. 하지만 박태준은 자신의 이익을 위해서 전략적 예지를 발휘한 적이 없다. 회사와 국가를 위한 예측이었다. 공익을 위한 예지여야 한다. 공동체를 위하고 숭고한 목적을 달성하기 위한 예측이어야 한다.

나의 운명이 어떻게 될 것인가에 매달리지 말라! 이런 사람들은 자신의 영달을 위해서 점쟁이를 찾고 심지어 조상의 묘소를 명당이라는 곳으로 옮기기도 한다. 한심한 일이다. 오래 전 일이지만 대통령이 되겠다는 사람이 당선되기 위해서 조상묘소를 옮겼다는 뉴스를 접한 적이 있다. 극히 개인주의적인 발상이다. 이런 사람들이 나라 잘 되기를 위해서 얼마나 노심초사했는지 모르겠다. 이런 부류가 대통령에 당선되지 않은 것이 얼마나 다행스러운 일인지 모르겠다.

덕으로 미래를 봐야 미래가 더 크게 보인다. 내가 이익을 얻겠다는 선입관을 가지고 미래를 바라다보면 자신의 영역을 벗어날 수 없기 때문에 작게 보일 수밖에 없다. 자신을 버리고 사회를 이롭게 하겠다는 생각을 가지고 미래를 보면 바라봄의 지평이 넓어져 크게 보인다. 이것은 기업을 하든, 정치를 하든, 아니면 사회사업을 하든 똑같다. 덕으로 미래를 보는 사람만이 큰 내일을 만날 수 있고 결국은 큰 리더가 될 수 있다. 박태준은 항상 자신을 버리고 국가와 사회를 먼저 생각하는 덕을 가지고 미래를 바라보았다. 이것이 박태준의 전략적 예지이다.

덕은 갖는 것보다 지키는 것이 더 힘들다. 살다 보면 배신을 당하고 예측이 빗나가고 끝없는 질곡에 빠질 때가 있다. 해도 안 되는 좌절의 늪에서 헤어나지 못하는 역경을 당할 수도 있다. 아니, 평범한 일상 속에서도 당장 급한 일에서 빠져 나가지 못하고 묻히는 것이 일반적이다. 예측하지 못했던 일이 터지고 윗사람은 이런저런 지시를 마구 던져 대고 가족 돌보랴 효자 노릇하랴 눈코 뜰 새가 없다. 내일을 생각할 심리적인 여유도 없고 시간도 없다. 남의 이익보다, 조직의 미래보다 내가 당하게 생겼고, 내 앞 가름하기도 힘들고, 무엇보다도 나의 내일을 내 스스로 결정할 수 없는 것이 현실이다. 그래도 덕을 지켜야 한다는 것이 너무나 현실과 동떨어질 수도 있고 꼭 그렇게 해야 하는지 회의가 들기도 한다. 그러므로 덕을 지키는 것은 많은 용기와 남다른 노력이 요구된다. 그 차이는 10년, 20년 후에 나타난다. 오늘만 살고 그만둘 인생이 아니라면 '덕으로 품은 내일'을 힘들어도 만들어가야 하는 것이다.

이렇게 보면 예지란 단순히 미래를 예측하는 능력이 아님을 알 수 있다. 그보다는 미래에 대한 지혜를 키우는 과정이라고 하는 것이 더 정확할 것이다. 또한 예지란 미래를 맞이하는 지혜이다. 미래와 친해가는 과정이며, 우리의 내일에 원하는 옷을 입히는 노력이기도 하다.

넷째, 인간의 예지는 사용할수록 발달한다. 왼발을 써보지 않은 축구 선수는 볼이 어느 위치에 있든 오른발로만 슛을 해야 하기 때문에 그만큼 선수로서의 기량이 제한적일 수밖에 없다. 이승엽 선수가 돋보이는 것은 양쪽 타자박스에서 다 홈런을 날릴 수 있기 때문이다. 인간이 갖고 있는 예지라는 것도 이와 같다. 연습을 많이 하고 자주 쓰면 발달하게 되어 있다. 그러므로 미래를 내다보는 습관을 일상화하는 것이 중요하다.

사람의 기량은 많이 쓰는 쪽으로 발달하게 되어 있다. 사기를 치는 사람은 날이 갈수록 사기 치는 기량이 발달하고 악플을 다는 사람은 시간이 갈수록 빈도가 많아지고 내용이 더욱 악해진다. 맹자의 성선설이든 순자의 성악설이든 사람들이 본래 그런 것이 아니라 많이 쓰는 쪽으로 발달한 결과이다.

역사가들은 인류 역사에 처음 등장한 인간을 '최초의 인간'이라고 부른다. 이 최초의 인간은 타고난 욕망을 아무런 사회적 제약 없이 자기 멋대로 발산하며 사는 사람이라고 정의된다(알베르 카뮈의 유작소설 'The First Man'이 아니다). 생존만이 목적이며 자신의 욕구를 채우기 위해서 닥치는 대로 죽이고 파괴하고 취하고 버린다. 최초의 인간에게는 내일이 없다. 오직 오늘의 생존만이 있을 따름이다. 이들에게 내일을 내다보는 예지는 불필요한 사치였다. 그러나 인간이 사회를 이뤄 살기 시작하면서 질서가 필요하게 되어 최초 인간의 욕망과 거침없는 행동은 규제를 받기 시작했다. 사회계약이라는 말이 나오고 계몽주의라는 표현도 그래서 등장하게 된 것이다. 이제는 자신을 위해서뿐만 아니라 공동체 전체를 위해서도 앞을 내다봐야 하고 미래를 위해서 대비해야 하는 시대가 도래한 것이다. 수천 년 인류 역사의 경험이 미래에 대한 예지가 없이는 이 많은 인간이 지구상에서 생존하기 힘들다는 것을 알게 했다. 따라서 지구상에 존재하는 70억 인류의 미래를 품을 줄 아는 예지를 갖춘 인간만이 리더의 자격을 갖췄다고 할 수 있다.

니체는 '최후의 인간'(The Last Man)을 묘사하고 있다. 우리에게도 잘 알려진 '초인'(over-human; Ubermensch)의 반대 개념이다. 최후의 인간은 욕망이 없는, 무기력하고 일상의 편안함과 안전만을 추구하는, 미래에 상관하지 않는 인간을 의미한다. 어쩌면 오늘날 풍요로운 문명을 향유하며 사는 선진국 젊은이들의 모습을 그리고 있는지도 모르겠다. 이들에게는 오늘의 편안함과 향락은 중요하지만 내일의 일은 자신들의 책임이 아니다. 미래에 대한 예지는 고사하고 내일이라는 존재 자체에 관심이 없는 무책임한 인간들이다. 자라면서 고통을 받아본 적이 없고 부족함을 느껴본 적이 없는 세대이다. 성장과정에서 예지를 발휘할 기회도 없었고 훈련도 안 되어 있다.

박태준 스탠더드가 요구하는 리더는 최초의 인간도 최후의 인간도 아니다. 이들을 뛰어넘는 예지를 갖춘 인간이다. 그러므로 예지를 갖추기 위해서 많은 훈련과 경험이 필요하다.

박태준 예지 테스트

[Guideline]

앞서 제시한 초급, 중급, 고급수준의 예지기준을 제시하면 아래와 같다. 이를 기준으로 리더의 예지수준을 검증할 수 있는 표준행동을 제시하려는 것이 본 테스트의 목적이다.

초급	중급	상급
- 자신에게 주어진 임무에만 몰입 - 단기성과 위주	- 조직 내부의 논리와 타부서 영향 중시 - 일처리의 중기적 결과 고려	- 외부환경과의 거시적 역학관계 통찰 - 장기적 추세 중시

[수준별 표준행동]

| 초급예지수준 |

나의 현재가 가장 중요하다. 사람들이 단기성과에만 매달리지 말라고 하지만, 현실을 모르고 하는 말이다. 단기성과를 못 내면 내일이 없다. 그리고 미래만 생각하다 보면 오늘 해야 하는 일을 소홀히 하는 수가 있다. 내일을 생각하지 않았다는 것은 미래의 죄지만, 할 일을 제대로 못하면 현재의 죄다.

| 중급예지수준 |

그래도 어느 정도는 미래를 생각하면서 일을 해야 한다. 너무 현재에만 매달리다 보면 오늘의 해법이 내일의 문제로 떠오를 수 있다. 먼 미래를 내다보는 것은 의미가 없지만, 그래도 다음에 할 일, 내년에 주어질 임무, 내 다음에 이 일을 맡을 사람, 또는 직접 관련된 부서의 입장쯤은 생각하면서 일하는 것이 바람직하다.

| 고급예지수준 |

조직생활 하루 이틀 할 것도 아닌데 멀리 보지 않고 오늘만 보면서

일한다는 것은 리더의 자세가 아니다. 자신의 경력도 생각해야 하고 인생의 의미도 가끔은 떠올리면서 일해야 한다. 거시적 변화와 내일을 생각하면서 일해야 크게 이룰 수 있고 어려운 난관을 극복할 수 있다고 믿는다.

VI. 박태준 스탠더드의 완성

이상에서 우리는 박태준 리더십 스탠더드의 다섯 계단을 다 올라 왔다. 제1계단인 윤리적 엄격성을 시발점으로, 명쾌한 완결성, 아름다운 도전의식, 초월적 융합정신, 그리고 전략적 예지에 이르기까지 제 2~5계단을 달려왔다. 어느 한 계단도 건너뛰지 않고 다 밟아 올라야 한다는 점은 이미 밝힌 바 있다. 이처럼 다섯 계단을 다 오르고 나면 어떤 상황, 어떤 추종자들이더라도 효과적으로 이끌 수 있다고 확신 한다.

박태준 스탠더드는 한국인들에게만 적용되는 모델이 아니다. 세계의 어느 나라, 어느 민족에게도 적용될 수 있는 범용성이 있는 모델이라 고 믿는다. 왜냐하면 윤리, 완결, 도전, 융합 그리고 예지의 리더십 5요 인의 예는 세계 모든 국가의 리더들에게서 발견되는 보편적 선(善)이기 때문이다. 그러나 어느 한 리더에게서 이 다섯 가지 요인들이 다 발견 되는 예는 찾아보기 힘들다. 우리가 박태준에게서 이 다섯 요인들을 다 발견할 수 있었다는 것은 커다란 행운이다. 그러므로 앞으로 세계의 많 은 사람들이 박태준 스탠더드를 익히고 연습하여 나라를 이롭게 하고 사회를 발전시키는 기회로 삼기를 바란다.

인류의 역사는 리더를 빼놓고서는 논할 수 없다. 플라톤이나 크세노 폰, 플루타르크나 칼라일 그리고 데카르트나 마키아벨리가 얘기하고 있듯이 인류 역사는 리더에 의해서 창조되기도 하고 때로는 발전 또는 쇠퇴하기도 했으며, 커다란 변곡점이 만들어지기도 하였다. 프랑스의 루이 14세나 나폴레옹, 영국의 리차드 1세나 엘리자베스1세, 중국의 진시황과 측천무후, 러시아의 피터 대제나 알렉산더 대제 등은 강한 리더십(strong leadership)으로 역사를 바꿨다. 이들 강한 리더들은 지구상의 모든 국가에서 발견된다. 강한 리더들을 현 시대에서 찾는 것도 어려운 일이 아니다. 우리가 익히 잘 아는 한국의 박정희를 비롯하여 싱가포르의 리관유, 중국의 모택동, 영국의 대처, 베트남의 호지민 등 20세기까지도 강한 리더들은 역사를 주도해 왔다.

하지만, 이들 강한 리더들은 어느 한두 가지 측면에서 출중한 리더십 역량을 발휘했을지는 몰라도 오늘날의 리더들에게 필요한 다양한 리더십 요인들을 골고루 갖춘 예는 찾아보기 힘들다. 오늘날의 리더는 강하기만 해서는 안 된다. 강하면서도 부드러운 융합의 혼을 갖고 있어야 하고, 현실의 문제에 도전하면서도 미래를 보는 탁월한 예지를 갖춰야 한다. 특히 21세기의 'all-connected' 환경에서는 강한 리더보다는 균형 잡힌 리더(versatile leader)가 더 효과적이다. 그러므로 우리는 자라나는 후대에게 균형 잡힌 리더십을 가르쳐야 하며, 그 모델을 보여줄 필요가 있다. 박태준 스탠더드가 그 모델에 해당한다.

박태준 스탠더드에 부합하는 리더십을 발휘하면 여러 가지 긍정적인 성과를 낳는다. 아래에 이들 중 몇 가지를 정리하였다. 물론 박태준 스탠더드는 이들 이외에도 개인적, 집단적, 조직적 차원에서 다양한 성과를 기대할 수 있다. 하지만 여기에서는 대표적인 성과 위주로 다섯 가지를 선정하였다.

　첫째, 리더십브랜드의 평가기준을 제공한다. 박태준 스탠더드를 갖춘 리더는 프로리더로 널리 인정받는다. 리더도 브랜드 가치를 갖는다. 조직이나 정부가 곤경에 처할 때, 또는 커다란 비전을 가지고 발전하려고 할 때 프로리더를 찾는다. 오늘날 이들의 수요는 세계적으로 급팽창하고 있다. 유권자들이 대통령을 뽑을 때, 총리나 장관감을 찾을 때, 또 특정인이 CEO로 적합한가를 평가할 때, 좀 더 미시적 차원에서는 기업에서 팀장 승진자를 결정할 때, 박태준 스탠더드는 비교할 수 있는 절대표준이 될 수 있다.

　둘째, 조직의 성과가 높아진다. 조직의 리더들이 박태준 스탠더드를 발휘하면 리더 개인의 성과향상도 기대되지만 조직 전체의 성과도 크게 향상된다. 리더십연구에 따르면 리더십이 성과에 미치는 영향은 대략 60%가 넘는 것으로 나타나고 있다. 특히 조직의 책임자들이 균형 이룬 리더십을 발휘할 때 조직의 성과는 더 커진다고 한다. 조직경영자와 관리자들이 균형 잡힌 리더십을 발휘할 수 있도록 진단과 평가, 피드백, 교육훈련, 경험관리, 코칭, 제도적 지원, 경력관리 등의 노력을 조직 차원에서 체계적으로 실시해야 할 것이다.

　셋째, 부하들에게 리더십의 모델을 제공한다. 리더십을 추상적, 개념적으로 배우는 것보다 출중한 모델을 정해놓고 관찰하면서 학습하는 것이 보다 효과적이다. 리더의 모델을 갖는 것은 매우 자연스러운 현상이다. 누구나 의식적, 무의식적으로 존경하는 사람을 마음에 둔다. 감동의 실상을 마음에 새겨두고 두고두고 되새김하는 것이 인간의 속성이다. 그런데 우리는 너무나 먼 사람, 저 높은 영웅들을 마음에 두는 성향이 강하다. 이렇게 되면 존경의 마음이 행동으로 연결되지 않는다. 바라는 보지만 따라하기 힘들다. 하지만 균형 잡힌 박태준 리더십을 모델로 하면 구체적으로 무엇을 어떻게 할 수 있는지를 알 수 있기 때문에 행동의 지침으로 활용하기에 매우 적절하다.

넷째, 리더십 디스카운트(discount)를 예방해준다. 기업의 투자자들은 특히 누가 CEO가 되는가에 촉각을 곤두세운다. 잘못된 CEO가 선임되면 기업의 성과가 줄어들어 투자손실로 이어지기 때문이다. 기업경영에 있어 CEO의 역할을 결정적인 것으로 보는 것이다. 따라서 기업의 성과가 기대에 못 미치든가 추구하는 비전이나 전략이 옳지 않다고 판단되면 CEO교체를 요구하든가 투자했던 자금을 회수해가게 된다. 즉 CEO의 리더십이 투자자들의 투자판단의 기준이 된다. 기업투자자들이 CEO가 약하다고 판단될 때 기업의 가치를 그만큼 낮게 평가하는 현상을 리더십 디스카운트(leadership discount)라고 한다. CEO는 기업의 성과를 높여 투자자들에게 더 많은 혜택이 돌아가도록 하는 임무를 수행하는데 CEO 자체가 문제가 되어 기업가치에 손상을 준다고 평가되면 문제가 심각해진다. 박태준스탠더드를 잘 갖춘 CEO라면 리더십 디스카운트(Leadership Discount)의 함정에 빠지지 않는다. 리더십 디스카운트는 흔히 CEO가 어느 한 측면에서 흠이 있을 때 발생한다. 윤리적으로 완벽하지 못하든가, 도전정신이 약하든가, 아니면 미래를 보는 예지가 부족하다는 흠이 있을 때 투자자들은 기업의 값을 깎으려(discount) 든다.

다섯째, 많은 사람들에게 행복감을 준다. 박태준 스태더드는 합리성을 근간으로 한다. 무조건 몰아붙이는 비인간적 처사나 하급자를 노예 취급 하는 비윤리적 행동, 겉과 속이 다른 배신적 스타일은 박태준 스탠더드 안에서는 설 자리가 없다. 즉 리더십탈락(derailment)의 가능성이 매우 낮다. 박태준 리더십의 표준은 누구나 머릿속에 상식적으로 갖고 있는 리더십에 대한 스키마에 부합하는 모델이다. 그러므로 박태준 스탠더드가 옳은가 그른가를 가지고 특별히 고민할 필요도 없고, 무슨 의미인지를 가지고 논란을 벌일 필요도 없다. 이러한 박태준스탠더드의 보편성은 리더십을 발휘하는 사람이나 추종하는 사람들 모두가 부담 없이 받아들이게 되므로 리더와 추종자들 모두가 행복감을 느끼면서 헌신하게 된다.

지금까지 우리는 박태준 스탠더드의 5요인에 대해서 살펴보고 그러한 표준이 어떤 유익을 주는지를 적시하였다. 이 다섯 가지 요인들을 일상생활에 적용하여 보다 큰 리더로 거듭나는 기회로 삼아야 하겠다.

청암 박태준의 경영철학과 리더십에 관한 연구

김창호

김창호

학력
영남대학교 경영학 학사
아주대학교 경영학 석사
한양대학교 경영학 박사

주요 경력
포스코 감사실장
포스코 인재개발원장
포스코경영연구소 선임연구원
현 숙명여자대학교 초빙교수

주요 저서 / 논문
『GE와 도요타를 뛰어넘는다』(2006)
『위기극복의 길 포스코에서 찾는다』(2009)
「청암 박태준의 경영철학과 리더십에 관한 연구」(2009)
「플러스알파 리더십 실천모델과 적용방안」(2008)
「청암 박태준의 리더십모델」(2009)
「CEO 리더십과 작업장 혁신:포스코 자주관리, QSS사례」(2011)
「리더의 진실성이 부하의 장인적 직무수행에 미치는 영향과 그 과정에 대한 연구」(2012)
「진실리더십이 부하의 장인적 직무수행에 미치는 영향과 그 과정에 대한 연구」(2012)

Ⅰ. 서론

1. 연구 배경 및 목적

우리는 한 국가나 조직의 흥망성쇠가 리더와 리더십에 달려 있음을 역사를 통해 알고 있다. 세종대왕, 이순신 등의 역사적 인물들은 성공한 리더로 추앙을 받고 있다. 박태준, 이병철, 정주영 등 과거 한국의 시대적 상황에 맞는 독특한 리더십 발휘로 한국 경제의 고속성장을 견인해 온 창업자들도 있다. 이처럼 우리는 극한의 위기 상황을 극복하고 무에서 유를 창출한 한국기업 창업자들의 좋은 경영철학과 리더십을 갖고 있으나 이를 발굴·발전시켜 21세기 글로벌 기업 경영시대에 적용해 보려는 노력을 게을리 해오지 않았나 하는 반성을 해 본다.

우리 민족은 창조의 유전인자를 갖고 있으며 이를 신바람(열정)으로 연결시켜 큰 성과를 거둔 많은 사례를 갖고 있다. 이제는 창조경영시대이다. 창조경영이란 사람을 통한 생산성 향상에 중심축을 두는 것이다. 산업 경제는 지식과 정보에 바탕을 둔 창조성 경제에 자리를 내어 주는 변화의 갈림길에 놓여 있다. 이에 따라 경영자의 역할에도 극적인 변화를 요구 받고 있다(Business Week, 2000.8).

21세기의 글로벌·디지털 환경이 지식·기술의 격차를 빠르게 좁히면서 정보와 전략의 동질화 현상을 초래하고 있다. 장기적 생존과 경쟁 우위 확보의 관건은 창의적인 아이디어를 통해 더 높은 가치를 창출할 수 있는 사람에 있다. 오늘날 무엇이 인간이 가지고 있는 창조의 원형질을 억누르면서 파괴하고 있는지를 리더십 측면에서 재조명하여 되돌려 놓아야 한다고 생각한다.

그 동안 우리 한국기업들은 6시그마, TPS, BSC, ABM, MBO, KMS 등 많은 선진 혁신기법들과 7Habits, 카네기 리더십, 아벤져 리더십 등 많은 서구의 리더십 교육 프로그램들의 도입·적용에 관심을 두었다. 리더십 이론에 대한 연구도 외국의 이론을 한국적 상황에 적용하여, 이론을 검증해 보는 정도가 대부분이었다(백기복, 정동일, 2004). 이러한 리더십에 대한 연구 결과들은 이론적 연구에 그치고 있어서 기업 실무에 적용하는데 한계가 있다는 것이 기업 실무자들의 한결 같은 불만이다.

청암 박태준을 비롯한 한국 기업의 창업자에 대한 연구들도 경영철학 및 이념 중심의 연구에 머물러 있어 조직 구성원들을 신바람 나게 하는 리더십에 대한 포괄적이고 심층적인 이해에 한계가 있는 것으로 보인다. 창업자들의 경영 행태를 포괄적이고 심층적으로 이해하기 위해서는 창업자의 경영철학과 이념(창업정신)을 리더십의 개념적 틀 속에서 분석·평가해 보는 노력이 필요하다. 즉, 리더십의 통합적 관점(특성 → 행동 → 성과)에서 창업자의 경영철학과 경영 과정에서의 실천 사례를 분석해 봄으로써 세계로 수출할 수 있는 고유의 경영모델을 도출할 수 있을 것으로 기대되기 때문이다.

리더십의 상황조건(문화, 국민의식, 관습, 경제적 수준 등)은 다르더라도 인간의 마음과 행동을 움직이게 하는 리더십의 본질은 다르지 않다. 어떤 문화든지 조직목표 지향성과 사람간의 가치교환을 통한 직무에너지의 창출이라는 리더십의 본질은 동일하다(박유진, 2007, p. 197).

이러한 관점에서 보면, 서구학자들의 현대적 리더십 이론을 한국의 창업자와 기업조직에 적용·검증하여 성공한 리더들의 독특한 리더십 모델을 개발하는 연구는 의미가 크다. 그러면 왜 이 시점에서 청암 박태준의 경영철학과 리더십을 먼저 들여다 볼 필요가 있는 것인가?

포스코의 창업자, 청암 박태준은 전후에 만연한 부정부패와 절대적 빈곤이라는 최악의 국가적 위기 상황을 극복하고, 철을 통해 국가 경제를 일으켜 세운 포스코 성공 신화의 주역이다. 과거 수 차례 시도했으나 실패를 거듭한 일관 제철소 건설, 당시 세계 모두가 절대 불가능한 것으로 판정 내렸던 한국에서의 제철 사업을 그는 성공시켰다. 세계 철강 역사상 가장 짧은 기간에 최고의 경쟁력을 가진 일관제철소를 건설한 것이었다. 국내외 연구기관에서는 이러한 성공 역사를 기적이라고 평가했다(미쓰비시 종합연구소, 1999; 스탠포드대학교, 1992; 서울대학교, 1992). 이들은 공기단축과 자금 확보, 원료 확보 및 효율적인 설비 구매, 기술

개발 등 여러 가지 요인 중 청암 박태준의 탁월한 경영철학과 리더십을 핵심 성공 요소로 꼽고 있다.

이러한 청암 박태준과 포스코 성장 역사의 관계는 최고 경영자의 경영철학과 리더십이 국가 경제와 회사 성장 발전에 어떻게 지대한 영향을 미쳤는가를 학습할 수 있는 대표적인 사례라고 할 수 있다.

따라서 본 연구의 기본적인 목적은 제철보국의 창업정신을 기업문화로까지 뿌리내리게 한 청암 박태준의 독특한 리더십 모델을 발굴하여 글로벌 경영시대에서의 적용 가능성을 모색해 보고자 하는데 있다.

2. 연구 방법

본 연구의 목적을 달성하기 위해 이론적 연구 방법과 실증적 연구 방법을 병행하였다. 이론적 연구는 기존의 리더십 및 조직 행동 이론의 관점에서 청암 박태준의 리더적 특성과 리더십 발휘내용 및 과정에 대한 이론적 정합성을 규명하기 위한 것이며, 실증적 연구는 청암 박태준 리더십의 실체를 입증하기 위한 것이다. 실증적 연구는 당시의 각종 자료들을 가능한 한 광범위하게 수집하여, 청암 박태준의 리더십 특성의 생성, 발휘, 성과의 전 과정을 분석하고 평가하는 문헌사적 고찰방법을 채택하였다.

첫째, 리더십 특성 생성 과정에 대한 분석을 위하여 관련 자료를 수집했다. 이를 위하여 청암의 생애주기를 소년기의 일본 학창생활(1933~1945), 사선을 넘나드는 청년 장교생활(1945~1953), 부정 부패와 싸운 젊은 엘리트 장교생활(1953~1961), 경영 수업활동(1961~1965), 크게 4기간으로 나누어 자서전, 회고록 등의 자료를 이용하여 특성관련 사례들을 발췌·정리하였다.

둘째, 리더십 발휘과정과 효과성에 대한 분석을 위하여 관련 자료를 수집하였다. 자료 수집과 분석은 회사 성장역사를 5단계(창업 전기, 회사 창립 → 포항1기 착공, 포항1기 착공 → 준공, 포항 확장기, 광양 건설기)로 구분하고, 각 단계별로 청암의 독특한 리더십 발휘관련 사례들을 발굴하여 분석하는 데 초점을 두었다. 그리고 리더십 성과에 대한 객관성을 보증하기 위하여 사사지, OB들의 증언, 외부기관의 평가자료 등을 활용하였다.

셋째, 조사 분석 결과를 바탕으로 유사내용을 유형화하고 관련 주제별 연관성을 검토하였다. 조사 분석 대상이 된 사례에 내포되어 있는 리더십 인자들을 내용별로 묶어서 유형화함으로써 리더십의 특성을 찾아내고 또 리더십 실천 원칙 및 모델과의 연계성을 분석하였다. 그리고 경영 철학의 메시지가 담겨있는 임원회의록, 연설문, 기고문 등의 자료를 리더십 및 조직행동 이론 측면에서 분석, 평가하여 리더십 원칙 및 모델을 개발한 후, 수집한 시계열별 사례들을 연계시킴으로써 연구의 객관성을 제고하였다. 또한, 리더십 실천 모델 및 원칙들의 효과성을 객관성있게 증명하는 관련 사례들을 유사 내용별로 재분류한 후, 청암 박태준의 리더적 특성 → 리더십 발휘 → 리더십 성과와의 상호 관련성을 찾아내고자 했다.

본 연구는 크게 6장으로 구성되어 있다. 제1장 서론에 이어 제2장에서는 청암을 비롯한 한국 창업자 리더십에 대한 선행 연구를 고찰하여, 기존 연구의 문제를 규명하고 이의 해결을 위한 연구 모형을 설계하였다. 제2장에서 설계한 연구모형에 따라 제3장에서는 청암의 큰 리더적 특성을 분석하고, 제4장에서는 청암의 리더십 실천 원칙과 모델을 제시한다. 제5장에서는 청암의 리더십 효과성에 대한 검증을 통해 그 적용 방안을 제시한 다음, 제6장에서 연구의 결과를 요약하고, 시사점, 제언을 하는 것으로 결론을 맺고자 한다.

II. 한국 창업자 리더십의 선행 연구 고찰

1. 대기업 창업자들의 경영철학 및 리더십 연구

(1) 한국 대기업 소유 경영자의 리더십에 관한 연구

정재희(2004)는 현대 그룹과 삼성 그룹의 창업자 정주영, 이병철 회장의 경영 이념이 그룹의 경영전략, 경영조직, 인력관리, 기업문화에 미친 영향을 분석한 후 이를 토대로 두 소유 경영자의 리더십 특성의 공통점과 차이점을 비교하고, 결론으로 디지털 시대에 적합한 소유 경영자 모델을 제시하려고 노력했다. 연구 결과는 (표2-1)에서 보는 바와 같이 요약된다.

표 2-1 정재희의 주요 연구 내용

구분	내용
연구 목적 및 방법	• 리더십 및 경영 전략에 관한 이론을 기초로 창업자의 경영철학 및 리더십이 그룹 발전에 미친 영향을 분석
연구 결과	**아산 정주영 회장 리더십이 현대그룹 발전에 미친 영향** • 아산의 경영이념 : 창조적 예지, 적극 의지, 강인한 추진력에 대한 개념 및 간단한 관련 사례 분석 • 현대에 미친 영향 : 아산의 경영이념이 현대 구성원의 행동 지침으로 승계, 실천되도록 함으로써 기업문화로 정착 **호암 이병철 회장 리더십이 삼성그룹 발전에 미친 영향** • 호암의 경영이념 : 사업보국, 인재제일, 합리추구에 대한 개념 및 관련 사례 분석 • 삼성에 미친 영향: 경영이념과 기업성장 역사와의 관련성을 시계열 분석 **아산과 호암 리더십의 비교 평가** • 관련 기업 활동 사례를 중심으로 하드웨어와 소프트웨어, 억센 일꾼과 가냘픈 선비, 외향성과 내실성으로 비교 평가

(2) 아산 정주영의 생애와 경영이념 연구

김성수(1999)는 아산 정주영의 생애와 경영이념을 체계적으로 조명하고 경영사학적 방법으로 분석하였다.

분석 결과, 아산 정주영은 현재 그룹을 창업한 우리나라의 대표적인 자수성가형 기업가로, 불굴의 개척정신과 창의적인 노력, 진취적인 기상으로 도전과 창조의 반세기를 온갖 어려움을 극복하고 사업보국 사상과 민간주도형 경제론, 신념주의 경영이념으로 경영활동을 해온 리더십이 뛰어난 기업가라는 결론을 내리고 있다.

아산의 창업정신은 오늘의 현대정신으로 계승 발전되고 있으며, 그 정신을 첫째는 미래지향적인 사고로 새롭고 신선함을 추구하는 창조적 예지, 둘째는 투철한 주인의식과 능동적으로 대응하는 적극 의지, 셋째는 목표를 달성하기 위하여 온 힘을 기울이는 자세와 강인한 추진력 등으로 집약하고, 이러한 창업정신의 바탕위에 아산 정주영의 경영이념이 생성되었다는 것이다. 세가지 현대의 기업정신이 오늘날 현대그룹 발전과 한국경제 근대화의 원천이 되었다고 분석하고 있다.

그러나 김성수(1999)는 아산 정주영의 경영이념이 현대 구성원들의 행동지침으로 정착되고, 더 나아가 세계적 경쟁력이 있는 경영이념 모델로 정립될 수 있는가에 대하여 생각해 볼 문제라고 지적하고 있다.

주요 연구 결과는 (표2-2)에서 보는 바와 같이 요약된다.

표 2-2 김성수의 주요 연구내용

구분		내용
연구방법		• 문헌, 고증, 자료, 회고, 구술등과 아산 전주영의 저서, 현대그룹 35년사, 현대 50년사 등을 이용한 문헌사적 연구 방법
연구결과	아산의 생애와 경영활동	• 출생기와 시대적 배경에서부터 시작하여 소년기와 교육 과정, 청년기 생애 최초의 상업활동, 청장년기의 현대건설 창업, 장년기의 현대재벌 형성, 노년기의 대선 참여로 나누어 리더십 인자의 생성과정을 사례를 중심으로 분석
	경영이념	• 근검절약정신, 인간존중사상, 신용제일주의, 고객만족주의, 창의와 기술우선주의, 신념주의(Can-Doism), 산업평화주의, 도전과 개척주의, 사업보국주의 라는 9가지 이념을 아산의 평소 강조한 경영메시지와 사례중심으로 분석
	경영이념 승계의 문제점과 재정립	• 아산의 경영이념을 승계한 정몽구 회장의 신경영이념인 가치경영의 개념과 방향을 제시하면서 현대기업 윤리강령 내용을 소개

(3) 한국의 대표적 기업가 호암 이병철 연구

황명수(1988)는 호암을 한국 재계의 거성, 특히 재벌을 대표하는 기업가로 평가하고, 그의 생애와 삼성그룹의 성장역사를 크게 일제시대, 8·15해방에서 5·16, 5·16 이후 서거까지 3단계로 구분하여, 생애 각 단계별로 주요사업의 창안 및 성장 과정을 분석하고 있다.

그는 오늘의 삼성그룹은 호암의 미래 통찰력과 창조적인 개척정신에 의해서 형성되었다고 해도 과언이 아니며 고비 때마다 국가적으로 가장 도움이 되고 이익이 많은 유망 사업을 찾아 성공으로 이끌어 내었다고 평가하고 있다. 호암의 경영이념은 사업보국, 인재제일, 합리추구이며, 기업을 키워서 고용증대 및 생산증진을 꾀함으로써 국력을 배양하여 나라에 보답하자는 사업보국의 정신이 삼성의 정신이며 긍지라고 강조하고 있다.

또한 호암의 독특한 경영스타일로 비서실과 사장단 회의를 들고 있다. 우리나라 재벌 중 가장 먼저 비서실을 설치한 호암은 실질적으로 비서실을 통하여 그룹 산하의 모든 회사를 직 간접적으로 관리해 왔는데 이것이 '삼성의 모든 것'으로 평가할 만큼 그 위상과 권위는 크다고 분석하고 있다.

연구 결과는 〈표2-3〉에서 보는 바와 같이 요약되었다.

표 2-3 황명수의 주요 연구내용

구분		내용
연구방법		• 회고록, 저서, 사사지 등의 문헌사적 연구 방법
연구결과	호암의 생애와 삼성그룹	• 일제시대, 8·15해방에서 5·16, 5·16 이후 시대의 3단계로 구분하여 사업활동 역사를 사례를 이용하여 분석하고, 호암의 기업가 정신을 강조
	호암의 경영관리 스타일	• 삼성그룹의 기획조정업무를 담당하고 있는 비서실의 설치배경 및 기능과 역할에 대해 분석 • 삼성그룹을 관리하는 사장단회의 운영실태와 호암의 경영철학의 관계를 분석
	경영이념 승계의 문제점과 재정립	• 삼성그룹 3大 경영이념인 사업보국, 인재제일, 합리추구 실현을 위한 호암의 실천의지 및 사례 분석

2. 청암 박태준의 경영철학 및 리더십 연구

(1) 곽상경 등의 연구

곽상경 등(1992)은 창업자 박태준 회장의 경영철학과 리더십의 특성이 포스코의 경영성과에 미친 영향을 체계적으로 분석한 바 있다. 이 연구는 제철보국, 소명의식, 책임정신, 합리주의 등, 청암의 창업철학이 구성원들의 일상생활에 내재화된 과정을 사례를 이용하여 분석하고 있다.

한편, 리더십을 사람들이 집단목표를 달성하기 위하여 자진하여 노력하도록 집단 구성원들에게 영향을 주는 활동으로 정의하고, 박태준 리더십의 특성으로 정확한 의사결정능력, 탁월한 위기관리능력, 효과적인 동기부여를 들고 있다. 또한 박태준의 리더십은 기술투자, 경영혁신 등 기업의 과업 목표 달성뿐 만 아니라 복리후생 극대화, 인사의 공정성, 연공서열 등 인간에 대한 관심도 높아 불레이크와 무튼의 관리적 그리드 상에서 E점에 가까운 것으로 평가하고 있다.

그들은 연구 결과를 종합하여 박태준의 독특한 리더십이 포스코 조직의 유효성을 높이는 데 중추적인 역할을 한 것으로 평가하면서 청암의 리더십 스타일을 종업원들에 대한 신뢰감과 화합으로 조직을 운영함으로써 결과적으로 종업원들의 긍정적이고 적극적인 행위를 이끌어 내는 민주적이고 참여적인 리더십으로 정의하고 있다. 곽상경 등의 연구 결과는 〈표2-4〉에서 보는 바와 같이 요약된다.

표 2-4 곽상경 등의 주요 연구 내용

구분		내용
연구방법		• 경영철학의 4단계 이전과정(경영철학-리더십-조직구성원-조직효율성)을 설정하여 사례중심으로 분석하는 문헌사적 연구 방법
연구결과	창업자의 역할 • 경영철학 • 리더십	- 창업 당시부터 강조, 언급해 온 핵심 경영메시지를 중심으로 4가지 경영철학으로 요약하고, 이를 관련 사례를 이용하여 경영철학의 이전 과정을 분석 - 국부증대, 복지사회건설에 이바지코자 하는 제철보국 - 무에서 유를 창조코자 하는 소명의식 - 부여 받은 책무를 다하지 못하면 역사의 죄인임을 면치 못한다는 책임정신 - 기술혁신, 기업체질강화 등의 합리적 경영 방침 - 의사결정능력, 위기관리능력, 동기부여능력 등 리더십 역량을 3가지로 구분하고, 관련 사례를 중심으로 리더십 발휘의 특성을 분석
	포스코 경영관리 특성	- 공장건설의 경제성, 생산의 효율성, 원료조달의 안정성 및 경제성, 연구개발능력, 인적자원의 활용, 마케팅 관리 특성, 정보처리시스템 구축의 7가지 특성을 자료를 이용하여 구체적으로 분석하고 평가
	기업문화	- 포스코 성장역사를 창업, 도약, 발전, 성숙기로 나누어 기업이념의 변천과정을 조사, 분석하고 경영철학을 반영한 기업이념의 체계와 기업문화 관련 활동 사례의 의미를 평가

(2) 윤석만의 연구

윤석만(2000)은 「포항제철의 기관형성 전략에 관한 연구」에서 포스코 창업에서 글로벌 기업으로 성장 발전해 온 기관형성과정에서 적용된 체제발전 전략의 내용, 특징 및 그 효과성을 체계적 분석하고 이를 바탕으로 조직의 미래 발전 전략을 모색하였다.

이 연구에서 윤석만은 포항제철의 창업기에 청암 박태준은 포항제철 신화의 주역으로서 당시 대내외에 제기된 무수한 도전을 극복해 내면서 조직 구성원들의 무한한 잠재력을 발휘시킨 성취지향적 리더십의 소유자로 평가하고 있다. 특히, 박정희 대통령과의 정치적 관계와 능력을 리더십의 중요한 요소로 설명하고 있으며, 제철보국의 창업정신을 기반으로 ①위기에 대한 적시적 대응 능력, ②기본지침으로서의 완벽주의, ③인간존중 경영, ④미래지향적 경영 등 4가지의 리더십 특성과 능력을 청암 고유의 리더십 특성으로 들고 있다. 윤석만의 주요 연구 결과는 (표 2-5)에서 보는 바와 같이 요약된다.

표2-5 윤석만의 주요 연구 내용

구분		내용
연구방법		• 기관형성의 이론적 모형에 따라 포스코의 성장 발전 과정을 분석, 평가 (율곡의 시무론 보완 모형 원용)
연구결과	정치적 능력 (박정희 대통령과의 관계)	• 청암의 생애를 일본에서의 학창시절, 해방 후 군인생활, 예편 후 기업경영 활동으로 나누어 시계열별로 리더십 인자의 생성과정에 대해 분석 특히 박정희 대통령과의 정치적 및 인간적 관계에 초점을 두고, 그와의 관계를 통해 가치관 성숙 과정을 분석
	포스코 경영관리 특성	- 공장건설의 경제성, 생산의 효율성, 원료조달의 안정성 및 경제성, 연구개발능력, 인적자원의 활용, 마케팅 관리 특성, 정보처리시스템 구축의 7가지 특성을 자료를 이용하여 구체적으로 분석하고 평가

연구결과	창업자로서의 기본철학과 역량	• 위기에 대한 적시적 대응 능력 (하와이구상 사례), 기본지침으로서의 완벽주의 (부실공사 폭파사례), 인간존중경영 (복리후생정책 실천사례), 미래지향적인 경영 (공해방지 시설투자 사례), 4가지로 나누어 각각 상징적인 핵심 사례를 중심으로 리더십 발휘의 효과성과 객관성을 분석, 평가

(3) 기타 기관의 연구

여러 연구들은(미쓰비시 종합연구소, 1991; 스탠포드대학교, 1992; 하버드대학교 및 서울대학교, 1992; 산업연구원, 1997) 공통적으로 포스코의 핵심 성공 요인을 박태준의 리더십으로 분석하고 있다.

산업연구원(1997)은 (표2-6)에서 보는 바와 같이, 한 기업의 생성과 활동과정을 설립 및 건설과정, 조업 및 기술개발과정 등 5가지의 영역으로 구분하고, 여러 연구기관에서 조사 분석한 포스코의 성공요인들을 요약하고 있다.

표 2-6 포항제철의 성공 요인 (자료:산업연구원(1997, p. 71))

	건설/설비	조업/기술	원료구입/ 제품판매	기업문화/제도	리더십/ 경영전략
미쓰비시 (91.11.)	공기단축 및 자금확보	기술개발		내부승진제(인 본주의) ; 청결 의식	리더십
스탠포드 (92.7.)	자본유치 및 공기단축	공장 직선 배치, 기술 혁신	국제화 및 해외판매망	근로자의 기강	리더십
하바드/ 서울대 (92.5.)	공기단축 및 차관유지			인사관리 방식 원만한 사관계	국가관 및 리더십

공통요인 (연구기 관의 수)	공기단축(5) 자본유치(5) (내부자금/ 흑자경영)	완전가동(2) 기술개발(3)	원료확보(1) 판매망(2)	인사제도(3);노 사관계 (인본주의) (3); 근로자의 기강(2) (청결의식)	리더십(4)

연구 결과에 의하면, 포스코 설립 및 설비 확장과정에서의 성공적인 자본유치와 흑자경영을 통한 내부자금의 활용 그리고 공사기간의 단축이 결정적으로 중요한 영향을 미쳤고, 조업에 있어서의 완전 가동을 통한 원가 경쟁력 확보, 지속적인 기술개발 투자, 장기 계약을 통한 저렴한 원료 확보, 해외 판매조직의 원활한 활용, 건전한 기업문화, 인본주의에 입각한 공정한 인사제도와 원만한 노사관계가 포스코 성공의 핵심 요인이라는 것이다.

이러한 모든 연구에서 공통적으로 들고 있는 핵심 성공 요인의 하나는 청암 박태준의 리더십이다. 최고 경영자의 리더십은 기업 경영 전반에 걸쳐 광범위한 영향을 미친다는 관점에서 본다면, 포스코 성공의 핵심 요인은 다름 아닌 청암 박태준의 리더십에 있다고 평가할 수 있다.

3. 연구모형 설계

(1) 한국 창업자 리더십 연구의 기본 과제

청암 박태준을 비롯한 한국의 대표적 기업가의 경영철학과 리더십에 대한 연구는 한국 산업화 과정에서 그들이 미친 영향, 특유의 기업가

정신 그리고 그들의 정신 세계를 잘 설명해 주고 있다.

그러나 대부분의 연구에서는 성공한 기업가에 초점을 두고, 그들이 가진 경영철학과 창업정신의 내용에 대한 연구를 핵심 과제로 다루어져 왔고, 성공한 리더에 초점을 두고 리더십 전 과정에 대한 연구는 관심 주제로부터 벗어나 있다. 창업자의 정신 세계에 대한 연구도 오늘날 경영에 중요한 시사점을 제공해준다. 나아가 그러한 정신 세계가 조직 상황에서 구체적으로 어떻게 발현되어 왔는가를 살펴 보는 것은 기업 경영에 주는 실천적 의미가 더욱 확대될 수 있다. 따라서 본 연구에서는 성공한 기업가적 측면 보다는 성공한 리더적 측면에 초점을 두고 연구 과제를 도출하고자 한다. 성공한 리더에 초점을 둔 리더십 연구가 실천적 시사점을 가지기 위해서는 리더십 특성, 독특한 실천 모델, 창출된 성과에 대한 체계적인 분석과 리더십 전 과정에 대한 통합적인 접근이 이루어져야 한다. 구체적으로 본 연구에서 해결하고자 하는 연구 과제는 다음 세 가지로 요약할 수 있다.

첫째, 창업자들이 가지고 있는 리더 특성과 그 생성 과정에 대한 체계적인 분석이 필요하다. 리더십은 특성이다. 어떤 상황에서도 조직을 성공적으로 만들 수 있는 보통 사람과는 다른 비범한 점을 발굴하고자 하는 것이다. 이는 튼튼한 리더십 특성이 훌륭한 성과를 창출해 내는 리더, 즉 성공한 리더가 되는데 매우 효과적일 것이라는 가정에 바탕을 두고 있다. 성공한 리더는 모두가 큰 리더적 특성을 가지고 있다.

둘째, 창업자들의 경영철학 및 가치관이 경영과정에 구체적으로 어떻게 실천되었는가에 대한 보다 체계적인 연구가 필요하다. 창업자의 경영철학과 그 결과에 대한 단순한 연구에서 벗어나 구성원들의 마음과 행동, 그리고 조직문화 변화에 영향을 미친 리더십 원칙들을 발굴하고 정립할 필요가 있다. 리더십은 변화 관리다. 좋은 리더십은 추종자들을 변화시켜 리더의 숭고한 비전에 몰입하게 함으로써 리더의 가치관에 동화시키는 것이다. 성공한 리더는 자신의 특성들(카리스마)을 잘 자라게 하여 꽃 피운 독특한 모델을 갖고 있다. 성공한 리더는 이것으로 평가되어야 할 것이다.

셋째, 리더십의 성과에 대한 보다 객관적인 분석이 필요하다. 리더십 성과에 대한 분석을 통하여 리더십 특성과 실천 원칙에 대한 효과성은 리더십 성과에 대한 분석을 통해서만 검증될 수 있기 때문이다. 리더십은 추종자의 잠재역량을 이끌어 내어 열정적·헌신적으로 비전에 몰입하게 함으로써 성과를 내는 기술이다. 우리가 추앙하는 성공하는 리더들은 모두가 평범한 리더와는 다른 훌륭한 성과를 창출했다. 자신의 리더십 모델이 아주 가치 있는 성과창출로 연결되어 있고 앞으로도 지속될 것이라는 확신을 가지게 한다. 성공한 리더는 또한 이것으로 평가되어야 할 것이다.

따라서 청암 박태준은 어떠한 큰 리더적 특성을 가지고 있고 또 그것이 어떠한 흡인력 강한 리더십 실천모델로 발휘되어 얼마나 가치 있는 성과창출로 이어졌는지가 설명되어야 할 것이다. 한마디로 어떠한 리더십 모델이며 어떠한 논리구조인가가 설명될 수 있을 때 성공한 리더로서 그의 가치관과 경영철학의 위대성을 인정할 수 있을 것이기 때문이다.

(2) 본 연구의 모형

본 연구의 목적은 포스코 창업자 청암 박태준의 '큰 리더'로서의 특성 발굴, 독특한 리더십 실천 원칙과 모델개발, 리더십 실천 모델의 효과성을 체계적으로 분석하여, 글로벌 경영 시대에서 적용가능성을 검토해 본 후, 그 실행력을 높이고자 하는 데 있다. 활용되지 않은 리더십 연구는 아무런 의미가 없을 것이기 때문이다. 따라서 이러한 연구 목적을 달성하기 위해서 다음과 같은 통합적인 리더십 이론 관점에서 연구 모형을 설계하고 분석하였다.

첫째, 청암 박태준의 큰 리더적 특성을 분석하고자 한다. 큰 리더적 특성 분석에는 전문지식이나 기술 보다 그가 추구한 가치관적 요소에 초점을 둔다. 개인 행동이나 성과의 차이에 영향을 미치는 요소는 개인의 성격과 능력, 주어진 환경 조건 등 여러 가지를 들 수 있다.

가치관적 요소를 큰 리더 조건에서 중요하게 다루는 이유는 가치관의 핵심적 속성이 안정성과 항구성이기 때문이다. 가치관은 오랜 시간에 걸쳐 형성된 리더십의 원형질로서 쉽게 변하지 않는 영구성을 지니고 있다. 따라서 본 연구에서는 청암 박태준의 전 생애에 걸쳐 지속되고 있는 가치관에 대하여 분석해 보고자 한다. 이러한 과정을 통해서 분석된 결과는 미래의 리더들이 가지고 있어야 할 가치 기준 정립에 활용될 수 있을 것이다.

둘째, 청암 박태준의 리더십이 구체적으로 어떤 경영상황에서 어떻게 발휘되고 실천되었는가를 분석해 보고자 한다. 포스코 창업 과정은 무에서 유를 창조하는 과정이다. 자본도, 기술도, 자원도 없는 극한의 위기 상황에서 포스코라는 세계적인 걸작품을 완성한 과정에서 청암이 발휘한 리더십은 창조경영 시대에 적합한 실천적 리더십의 시사점 도출에 유용한 정보를 제공해줄 것으로 기대되기 때문이다. 변화 단계별로 적용한 실천 원칙에 대한 분석을 통해서 청암 박태준 고유의 독특한 리더십 실천 모델을 도출하고, 이를 기업 경영에 유용한 리더십 실천 지침으로 활용할 수 있게 될 것이다.

셋째, 청암 박태준 리더십의 효과성을 검증해 보고자 한다. 어떤 방식으로 리더십이 발휘되든지 성과가 좋지 않으면 그것은 실패한 리더십이기 때문이다. 리더십이란 본질적으로 구성원들을 움직이는 것이기 때문에 구성원들이 헌신적으로 자기 역량을 발휘하고 있는가는 중요한 효과성 검증 기준이 될 수 있다. 무엇보다 그가 창출한 최종 결과물이 가지는 공동의 선을 추구하는 가치 있는 산물인가 하는 점에 효과성 검증의 초점을 두어야 할 것이다.

그림 2-1 통합적 연구 모형

III. 청암 박태준의 리더적 특성

성공적인 리더의 특성에 관한 연구는 리더십 연구의 역사 그 자체라고 할 수 있다. 최근 들어 특성 연구의 중요성이 새롭게 인식되고 있는 이유는 다음과 같다(백기복, 2000, p. 165).

첫째, 리더의 몇 가지 특성들은 조직 효과성을 높이는데 중요한 역할을할 수 있다는 실증적 연구가 나타나고 있다. 둘째, 카리스마적 리더십 이론이 활발히 연구되면서 카리스마와 관련된 리더의 특성에 관심이 쏠리고 있고, 셋째, 리더의 특성에 기초한 리더십 교육 프로그램의 실무적 가치가 증대하고 있기 때문이다.

리더의 특성에 대한 연구는 일반적으로 체력(body), 심력(mind), 지력(brain)의 관점에서 리더의 특성과 자질을 분석한다(박유진, 2007, p. 83). 그러나 리더의 의식구조나 가치관은 리더의 행동에 결정적인 영향을 미치는 중요한 특성 인자임에도 불구하고, 이를 중요하게 다루지 않고 있는 것으로 보인다.

Bennis(1989)는 관리자와 리더를 구분하고, 리더는 중요한 일, 올바른 일을 장기적인 관점에서 추진하고, 신뢰와 창의를 중시하며 잘못된 현상에 도전하여 바로 잡아 가는 사람으로 정의한다. World Executive Digest(1992.1)도 리더를 단기적이고 현실에 안주하는 태도를 버리고 장기적·미래 지향적 태도를 견지하는 사람으로 정의한다. 가치 지향점을 가지고 있는지 여부에 따라 리더를 정의하는 기준으로 삼고 있는 것이다.

최고 경영자의 리더십 연구에 초점을 두고 있는 전략적 리더십 이론은 리더들이 전략 상황에서 얻어지는 정보를 어떻게 선택적으로 지각하고 해석하며, 그 해석된 결과를 가지고 어떻게 인식의 세계를 구축해 가는가에 대하여 관심을 가지고 있다(백기복과 김용민, 1999). 최고 경영자가 가지고 있는 가치관, 인지구조, 그리고 성격 등의 변수들이 최고 경영자의 인식 세계에 영향을 미치고, 그 결과로 전략 선택이나 성과가 달라질 수 있다는 것이다.

성격이나 심리 변수들도 리더의 행동을 이해하는 데 중요하다. Cannella와 Monroe(1997)은 전략적 리더십을 이해하는 데 '성격 5요인 모델'의 효용성을 적극 주장하고 있다. 성격 유형에 따라 성과와 직무 행동이 달라진다는 것이다. 예컨대 경험 개방형의 최고 경영자는 위험의 감수 성향이 높은 전략 행동을 택하는 것으로 추론되고 있다.

최근에는 리더 개인의 특성을 보다 포괄적으로 접근하여 소위 역량 모델에 기초한 리더 특성에 대한 연구도 관심이 높다. Parry(1996, p. 50)에 의하면 역량이란 "개인이 수행하는 업무의 주요한 부분들에 영향을 주고 업무 성과와 관련이 높고, 조직에서 널리 받아 들여 지는 성과 기준에 대비하여 측정될 수 있으며, 교육 훈련과 개발을 통하여 개선될 수 있는 지식과 기술, 태도의 집합체"로 정의된다.

이상에서 보는 바와 같이 리더의 특성은 다양한 차원에서 파악이 가능하다. 본 연구에서는 이상에서의 논의를 토대로 가치관, 정신(성격 등 심리적 특성), 그리고 능력적 특성을 살펴 보고자 한다. 특히, 가치관적인 특성은 청암의 큰 리더적 특성을 가늠해 볼 수 있는 중요한 잣대가 될 수 있을 것이다.

1. 가치관적 특성

일반적으로 가치관은 개인적으로나 사회적으로 선호하는 어떠한 구체적인 행동양식이나 결과적 상태에 대한 확신 또는 신념으로 정의되고 있다(이학종, 1997, p. 96). 가치관은 개인의 태도, 지각, 성격, 동기 등 개인 행동에 작용하는 중요 요소를 이해하는 데 기초가 되기 때문에 개인의 행동 연구에 매우 중요한 역할을 한다. 가치관은 개인이 오랫동안 학습을 통하여 형성해 온 확신 체계이고 쉽게 변하지 않는 항구성을 지니고 있다.

'짧은 인생을 영원 조국에!' 이는 청암 박태준의 전 생애를 일관되게 관통하고 있는 좌우명이자 가치관이다. 포스코 창업 이래 지금까지 한 번도 '제철보국'이라는 국가적인 공공의 목표를 잠시도 잊은 적이 없었다는 청암 박태준의 리더적 특성을 분석하였다. 특성 분석을 위하여 13개의 관련 사례가 이용되었으며, 관련 사례의 분석 결과는 〈표3-1〉에 요약되어 있다.

일반적으로 가치관은 비교적 안정적이고 고정적이지만 내면적이어서 정확하게 진단하기가 어렵다. 일시적인 현상을 중심으로 한 개인의 가치관을 파악하기는 어렵다. 그러나 개인의 전 생애를 통하여 그가 한 행동이나 그 결과를 지속성과 일관성의 기준으로 보면 개인의 가치관에 대한 진단이 가능해 진다. (표3-1)은 청암 박태준이 일본 학창 시절에 경험한 식민지 국민으로서의 서러움, 목숨을 건 참전 경험, 미국, 유럽 등 선진국의 산업 현장 견학 경험, 박정희 대통령과의 국가 비전 및 가치관 공유 경험 등 포스코 창업 오래 전부터 그의 애국적 사명감이 일관된 핵심 가치관으로 형성, 발전시켜 왔음을 잘 보여 주고 있다.

관련 사례의 분석 결과, 애국적 사명감이 생성된 뿌리는 지배자의 땅 일본에서 받은 국가적 굴욕을 극복해 가는 과정에 있다. 이야마 중학교 일학년 재학 중 교내 수영대회에서 우승했지만, 조선인 학생이라는 이유로 준우승에 만족했던 사건이 대표적인 사례이다. 일본인 학생과의 경쟁에서는 실력대로 평가되는 것이 아니었다. 그러나 지배자의 땅 일본에서 받은 억울함, 서러움을 스스로 참아야만 했다. 국가적 굴욕에서 벗어나는 길은 누구도 따라 올 수 없을 정도로 완전한 힘을 축적하는 길 밖에 없었다. 그의 가슴 깊은 곳에서는 날이 갈수록 조국애 의식이 튼튼하게 자리 잡아 가기 시작한 것이다.

청암 박태준은 건국 이후 건군의 사명의식을 가지고 헌신한 군인 생활, 국가를 위하여 목숨을 바친 참전과정, 이후 국가 경영 및 기업 경영 과정은 애국적 사명감의 가치관이 일관되게 유지되어 왔다.

작가 이대환(2004)은 그의 숭고한 애국적 사명감의 가치관에 대해 '순수한 처녀지처럼 간직한 민족의식'이라고 평가했다. 식민지 시대, 절대적 빈곤과 부패의 시대를 겪어 나오면서 일관되게 지속해 왔는데, 이는 후일 제철보국의 사명감과 창업정신의 근원적 가치 특성으로 승화하고 발전한 것으로 보인다. 박태준의 '애국적 사명감'은 국내외 성공한 기업인들과도 차별될 수 있는 가치특성으로서 성격, 기질, 욕구, 기술 등의 제반 리더십 인자 형성에 근원적인 영향을 미친 핵심 요소로 보인다.

백기복(2005, p. 49)은 리더의 성과 목표는 공공의 이익과 공동선을 추구해야 한다고 주장한다. 자신의 부를 축적하거나 개인적인 이해에 얽혀 공동선에 어긋나는 결과를 가져오는 것은 리더의 성과나 성공이라고 할 수 없다는 것이다. 이러한 관점에서 본다면 애국적 사명감이라는 공동선을 추구하는 청암의 가치관은 리더의 참 모습을 보여 주는 사례가 될 수 있다.

표 3-1 청암의 가치관적 특성 (자료 : 서갑경(1997), 이대환(2004))

주요관련 사례	리더십 인자 분석
① 민족애 의식이 싹트기 시작하다 ② 조선인 우승자를 2등으로 끌어내렸다. (7) 너는 육군사관학교에 들어가라! (8) 대피하러 올 때도 꼭 책을 들고 와야지! (10) 나라가 있어야 우리 개인도 있다.	• 완전한 힘을 축적하는 길밖에 없다 (민족애 의식 발아) • 해군사관학교에 가겠다고 하면 허락하실 겁니다 (민족애 의식의 행동 표출) • 해방된 조국의 발전에 기여해야 한다 (조국 발전에 대한 의무감) • 등골이 오싹했다. 무서운 민족같았다 (사회공동체 번영의식)
② 목숨 건 애국적 사명감을 체험하다 (11) 아버지! 군인이 되기로 했습니다. (13) 미아리가 떨어지면 수도가 빼앗긴다. (14) 일선 지휘관을 자청하자 사단장은 반대했다.	• 무슨 일이든 조국에서 뜻깊은 일을 하고 싶습니다 (조국을 위한 매력적인 선택) • 초연히 죽음을 받아 들일 자세를 가다듬었다 (조국을 위한 결사 항전의 자세) • 곧장 최전선으로 나갔다 (조국을 위한 희생적 책임감)

③ 국가경영 경험을 폭넓게 쌓아가기 시작하다 (25) 미국은 그야말로 별천지 같았다. (26) 빈곤으로부터 국민을 구하는 일이라네! (27) 유럽선진 국산업 현장을 견학할 좋은 기회였다. (30) 무연탄 개발 사업 예산 확대를 건의했다.	• 조국 근대화 시킬 수 있다고 믿었다 (조국 근대화 비전과 자신감) • 대통령의 국가 비전에 절대적으로 동조했다 (조국 근대화 비전 공유) • 우리는 언제 과학시대가 열릴까? (조국 근대화를 위한 각오) • 나무를 대신할 연료 정책이 확보되어야 한다 (국민 삶의 질 향상)
④ 애국적 사명감을 기업경영에 적용하다 (34) 대한중석을 맡아 줘야겠어! (37) 복지부동의 관료주의 풍토가 만연해 있었다.	• 감사하면서 가슴 뿌듯함을 느꼈다 (조국을 위한 희생적 사명감) • 일에 대한 자부심을 갖고 최선을 다해야 합니다 (애국적 사명감의 실천)

2. 정신적 특성

(1) 강한 집념과 열정

'애국적 사명감'의 가치관은 청암의 성격형성에 강한 영향을 미친 것으로 보인다. 청암 박태준의 심리적 또는 성격적 특성은 집념과 열정으로 요약된다. 소년기 일본 학창생활부터 형성된 민족애 의식을 바탕으로 한 강한 문제의식과 목표달성을 위한 열정적인 생활자세가 갖추어지기 시작했다. 군참모 및 지휘관, 국가재건 최고회의 상공담당 최고위원, 대한중석 사장을 거치면서 전후 부패와 혼란한 사회로부터 탈출시키기 위한 실천경험에서 보인 '애국적 사명감'에 대한 강한 집념은 직업적 사명감으로 승화 발전된다.

일단 주어진 임무는 강한 신념과 집념을 가지고 어떤 위험도 감수하면서 철저히 확인 점검하며 완벽하게 수행해 냄으로써 강한 자기 권능감이 형성되었다. 성격 5요인 모형으로 볼 때, 높은 호기심과 신중한 성격의 소유자로서 일에 대한 헌신과 몰입도, 성취욕이 높은 성격이라고 할 수 있을 것이다.

'절대적 절망은 없다'는 박태준의 또 하나의 좌우명이다. 이는 삶에 대한 그의 집념과 열정을 보여 준다.

〈표 3-2〉에서 보는 바와 같이, 강한 집념과 열정은 그의 삶과 일에 대한 일관된 태도라는 것이 잘 드러난다. 특히, 첫딸을 잃은 슬픔을 뒤로 하고 다시 군복을 차려 입고 출근한 사례는, 일에 대한 그의 헌신과 몰입도를 잘 읽을 수 있으며, 5사단 병력의 지리산 이동 계획을 10일만에 완벽하게 수립한 것은 일에 대한 집념과 열정을 잘 보여 주는 대표적인 사례이다. 박태준의 일에 대한 집념과 열정은 주위 사람 모두를 감탄하게 했고 그가 이룬 성과들은 사회에 큰 긍정적 파장을 일으켰다. 이는 온갖 시련과 좌절을 딛고 일관제철소 건설과 조업을 성공적으로 이루게 한 주된 기업정신이었고 오늘날 포스코의 '되게 하는' 문화의 근원이 된 것으로 보인다.

일에 대한 집념과 열정은 리더십 특성 이론가들이 중요하게 언급하고 있는 리더의 정신적 특성이다. Stogdill(1948, 1974)은 책임감, 주도력, 집념, 자신감, 인내심을, Kirkpatrick과 Locke(1991)은 추진력, 성실성, 자신감을 각 리더의 중요한 특성으로 언급하고 있다. 요컨대, 청암 박태준은 성공한 리더들이 보이는 정신적 특성 즉, 성격 특성인 집념과 열정을 수단으로 애국적 사명감을 지속적이고 일관되게 발전시켜온 것으로 보인다.

표 3-2 청암의 성격적 특성 (자료:서갑경(1997), 이대환(2004))

주요관련 사례	리더십 인자 분석
① 강한 문제의식과 열정적 생활 자세가 형성되다 (5) 근로봉사에 동원되었다. (6) 기어코 탈출의 구멍을 뚫어야 했다.	• 소결로 작업은 흥미로웠다. (강한 문제 의식) • 반드시 와세다 공대에 들어가야 한다. (명확한 목표 의식과 집념)
② 강한 집념과 직업적 사명감을 발휘하다 (15) 지리산 이동 계획을 세워라! 기간은 10일이다. (18) 학위 수여 결정을 하루라도 앞당겨야 했다. (19) 셋방 문간방에서 첫 딸을 잃고…… (22) 일거에 일등 연대로 발전시킬 해법을 찾았다. (23) "박태준 뻔께 만들기"의 비밀 특명이 있었다.	• 밤이 깊어도 불이 꺼질줄 몰랐다. (일에 대한 강한 집착력과 추진력) • 참 끈질긴 사람이오! (강한 설득력과 추진력) • 꼬박 하루를 지키고 다시 군복을 차려입었다. (일의 몰입과 헌신) • 연대는 거듭났다. 그러나 나라는 여전히 엉망이었다. (성취욕과 자신감) • 아침 8시! 보고서를 끼고 사령관실로 들어섰다. (임무완수 책임감)
③ 조국근대화에 맞추어진 혹독한 경영수업을 하다 (28) 직접 현장을 찾아 전국을 누볐다. (29) 그것만으로는 턱없이 부족했다. (38) 사택에 빈대약 좀 쳐 주시오!. (39) 상동광산에 가본적 있고, 없소? (40) 일에 대한 긍지와 열정이 절대 필요합니다.	• 도장이나 찍고 회의나 주재하는 최고위원이 아니었다. (직업적 사명감) • 경제전문가들을 찾아 다니며 조언을 얻었다. (강한 집착력과 학구열) • 직원사택 지을 계획을 시작하겠소, 사표를 쓰겠소! (종업원 관심과 사랑) • 현장에 나가서 눈으로 직접 확인해 보시오! (현장 중심 경영) • 100% 이상의 노력을 촉구했다 (강한 열정과 추진력).

(2) 정직과 청렴

Burns(1978)는 리더십 유형을 거래적 리더십과 변혁적 리더십으로
구분하고, 변혁적 리더십은 리더와 추종자들간에 서로 높은 동기부여
와 도덕성을 지향할 때 발생하는 리더십으로, 서로 깊은 욕구와 감정적
열망을 바탕으로 이루어 지는 관계로 정의하고 있다.

조직에 신뢰가 없으면 조직의 효과성을 심각하게 저해할 수 있다. 특
히, 리더에 대한 신뢰감은 구성원들의 감정적 일체감을 불러 일으키고,
충성심과 공동의 연대감을 지니게 하는 원천이다. 만연된 부정 부패 상
황에서 청암이 가지고 있는 정직과 청렴은 구성원들에 대한 신뢰뿐만
아니라 구성원들의 행동, 사고, 가치관, 태도를 변화시키는 동력으로
작용하였다.

청암의 애국적 사명감은 정직하고 청렴한 생활관 형성에 영향을 미
쳤으며, 애국적 사명감의 가치 실현을 위한 집념과 열정에 진정성을 부
여하고 또한 조직구성원과의 신뢰 형성에 핵심적 요소가 된 것으로 보
인다. (표3-3)에서 보는 바와 같이, 청암의 정직과 청렴한 인격적 특성
은 가정적 생활환경에서부터 체화된 것일 뿐만 아니라 와세다 공대 입
학 후, 야스오카 선생의 "지도자의 중요한 덕목은 사욕을 비우는 것
이다" 라는 강연이 큰 영향을 준 것으로 보인다. 정직과 청렴의 기준점
을 사익 추구 여부에 둔 것이다.

정직과 청렴은 결코 불의에 결탁하지 않았고 부패한 사회 유혹에 단
한 번의 곁눈질도 하지 않고 일생 동안 소중하게 지켜온 정신적 가치
였다. '조국 근대화' 비전 실현을 위한 활동에는 각고의 자기통제력과

인내심, 이를 근간으로 한 생활자세가 당시 절대적으로 요구되었고, 몸과 마음 깊숙이 자리잡게 되었다. 부패한 군대 조직사회와 싸우고 정경유착의 대한중석 경영을 정상화하는 과정에 닥쳐왔던 수많은 유혹과 난관을 스스로 극복해 내었다. 정직과 청렴성을 바탕으로 한 도덕성이 뒷받침 되지 않았다면 집념과 열정의 정신은 리더적 특성이 될 수 없었을 것이다.

카리스마는 가치중립적이다(Weber, 1968). 카리스마적 리더가 공동의 비전을 달성하는 데 힘을 사용하지 않고, 윤리적 기준을 넘어서게 되면 조직에 부정적인 결과를 가져 오게 된다(백기복, 2005, p. 184). 특히, 리더의 이타적 희생이 필수적인 요소로 간주되고 있는 한국적 상황에서(최연, 2001), 리더가 가지고 있는 정직과 청렴의 생활관은 구성원들의 마음의 뿌리를 움직이게 하는 리더십의 요체로 작용한다.

박태준은 온갖 부당한 압력과 청탁에도 굴하지 않고 자신이 먼저 헌신적인 희생의 수범을 보였고, 깊이 패인 부정과 부패의 골을 메우고자 노력했다. (표 3-3)에서 보는 바와 같이, 군대, 정부, 기업 등 청암이 가는 곳마다 깨끗해졌으며 큰 변화의 물결이 일어났다. 그리고 모두가 그를 진심으로 따랐다. 정직과 청렴의 정신적 특성은 향후 포스코의 윤리 및 정도 경영의 근원이 된 것으로 보인다.

표 3-3 청암의 인격적 특성 (자료: 서갑경(1997), 이대환(2004))

주요관련 사례	리더십 인자 분석
① 정직과 청렴의 인자가 생성 되다 (3) 주운 이 돈지갑, 파출소에 갖다 주자! (9) 리더십의 제 일덕목은 사욕을 비우는 것입니다.	• 조금도 머뭇거리지 않았다 (정직과 규율 준수) • 굉장히 큰 깨우침을 얻은 기분이었다 (공동선 추구와 희생정신)
② 부패한 군대조직 사회와 싸우다 (20) 온갖 청탁이 드나드는 출입구나 다름 없었다. (21) 취사반에 있는 김치는 맵지가 않습니다. (24) 이런데가 좋은 자리입니까? (33) 자네는 여태 집도 없었구먼!	• 하루 빨리 벗어나고 싶었다 (자기통제력) • 그 더러운 돈 당장 가지고 나가시오! (청렴성과 직업의식) • 갈 수만 있다면 당장 내려 가겠습니다 (자기 통제력) • 15번의 셋방살이를 전전해 왔다 (청렴한 일상생활)
③ 대한중석의 조직 풍토를 변화시키다 (35) 외부 청탁인사는 절대로 용납하지 않을 것입니다. (36) 정직하게 일하는 직원들의 사기가 떨어졌다.	• 기업이 왜 망하는지 아시오? (원칙 중심의 정도 경영) • 공정한 인사 관리가 중요합니다 (신뢰와 공정성 유지)

3. 능력적 특성

전문 직무 지식과 기술 즉, 지력은 리더에게 필수적인 자질이다. 체력은 육체적 고통을 이겨내면서 과업 수행을 지속시킬 수 있는 신체적 능력이다. 성공적인 리더들의 공통된 특성으로 높은 지능과 넓은 식견을 든다(서재현 등, 2007, p. 293).

청암 박태준의 지력과 체력은 '애국적 사명감'의 가치관을 구현하는 수단이다. '애국적 사명감'의 숭고한 가치관이 도전적이고 성취지향적인 정신을 갖게 했고, 이것이 뛰어난 지력과 튼튼한 체력을 연마하게 만들었다. 배워 익힌 지식을 온통 국가발전에! 모든 배움과 경험축적의 목적을 조국을 빈곤과 부패의 늪으로부터 한시라도 빨리 탈출시키는 데 두었다. 소년기의 일본 학창시절 때부터 자신의 모든 행동과 활동들은 조국 근대화의 비전 실현에 정확히 맞춰져 왔던 것이다. 한눈 팔지 않고 자신의 잠재력을 키워 나갔다. 그가 있었던 곳에서는 큰 성과를 창출했고 모두가 그를 놓치지 않으려고 했다.

(표 3-4)에서 보는 바와 같이 청암의 타고난 수학적 재능과 높은 지적 탐구력은 기계공학적 전문 지식과 어우러져 치밀하고 완벽한 문제 해결 능력의 기초가 된 것으로 보인다. 그의 높은 지적 탐구력은 중요한 보직을 그만 두고 육군대학에 진학하여 수석으로 졸업했고, 정치권력으로의 유혹을 뿌리치고, 미국 유학을 3번이나 고집한 사례에서 잘 드러난다.

애국적 사명감은 장기적인 안목과 전략적인 관점에서 문제를 인식하게 만들었고, 여기에 체계적인 문제 분석 및 해결 능력이 작용하여 치밀하고 완벽한 업무처리 스타일을 갖추게 된 것으로 보인다. 청암의 '애국적 사명감'은 큰 리더가 가지는 핵심 특성이다. 숭고한 가치관을 실현하기 위하여 집념과 열정을 불태웠고, 그 가치관 실현에 필요한 역량을 끊임없이 연마하고 배양해 왔던 것이다. 또한 관련 사례 분석 결과, 청암의 이러한 리더적 특성은 적용 상황이 다를 뿐 그의 전 생애를 걸쳐 일관되고 지속적으로 성장 발전해 온 것임을 알 수 있다.

표 3-4 청암의 능력적 특성 (자료: 이대환(2004))

주요관련 사례	리더십 인자 분석

① 기초 지력과 체력을 기른다
(1) 하쓰시마 원영대회에 참가했다.
(4) 총명한 아이로 주목을 받았다.
(12) 어느 생도가 나와서 풀어보겠나?
	• 일본인 학생들을 이겨야 한다.
	  (성취욕과 기초체력)
	• 게임을 하듯 수학은 흥미로웠다.
	  (지적 탐구성)
	• 문제를 술술 풀어 내자 교관은 미소를
	  지었다. (논리적 사고와 분석능력)

② 기획 및 전략적 사고력을 기른다
(16) 지휘관으로 나갈 기회가 열렸다.
(17) 육사 태능 이전계획 수립에 돌입했다.
	• 육군대학에 가겠습니다. 공부 할 수 있게
	  도와주세요. (학구열과 전문역량)
	• 완벽하구먼, 과연 자네는 작전통이고,
	  기획통이야!
	  (기획 및 전략적 사고력)

③ 높은 학구열을 견지하다
(31) 나와 함께 정치에 뛰어 들기로 해!
(32) 당신은 정말 특이합니다.
	• 열심히 도와드리고, 유학 떠나겠습니다.
	  (결단력과 학구열)
	• 미국을 제대로 알아야 하지 않겠어요?
	  (국제적 안목과 야망)

4. 리더적 특성에 대한 평가

(1) 리더적 특성

Stogdill, Kirkpatrick 등 전통적 리더십 학자들이 제시한 중심되는 특성들은 자신감, 결단력, 성실성, 사교성, 지적 능력 등으로 요약된다. House, Conger & Kanungo 등 카리스마 리더십 학자들은 강한 자신감, 자신의 이상에 대한 믿음과 열정 등의 심리적 특성, 이상적 비전제시, 위험 감수와 모험 등의 행동적 특성, 강렬한 외모, 눈빛, 위용 있는 태도 등 외형적 특성들을 제시하고 있다. 청암의 4가지 특성들은 전통적 리더십 이론이나 카리스마적 리더십 이론에서 언급하고 있는 리더 특성과 대부분 일치한다(표 3-5참조). 단지 당시의 시대적 상황에서 절실히 필요했던 특성들로 집약되어 나타내었을 뿐이다.

특히, 애국적 사명감은 조국근대화의 비전 실현을 통해 절대적 빈곤으로부터 반드시 탈피시켜야만 하는 당시 리더들에게 가장 요구되었던 특성이었다. 그리고 정직과 청렴한 전후 당시의 부정부패와 혼란한 사회구조 하에서 절대적으로 요구되던 리더 특성이었다. 이 두 가지 특성은 국내외 성공한 기업인들과 차별될 수 있는 특성으로서 그의 큰 리더(Great leader)적 특성이라고 할 수 있다.

또한 청암의 전 생애에 걸쳐 일관되게 이어지고 있는 사상 및 가치관은 '애국적 사명감'의 국가관, 정직하고 청렴한 성품의 윤리관, 자립과 도전 정신의 세계관, 자율과 창조 정신의 인간관으로 집약할 수도 있다.

표 3-5 리더십 특성 연구 결과와 청암의 리더적 특성 비교

청암의 큰 리더적 특성	리더십 특성 연구 결과			
	Stogdill	Kirkpatrick	House	Conger & Kanungo
① 애국적 사명감	-	-	• 명확한 비전 제시 • 높은 기대 설정	• 변화 의지 • 이상적 비전 제시

② 강인한 집념과 열정	• 자신감 • 책임감 • 지속성 • 성취욕 • 참을성	• 추진력 • 성실성 • 자신감	• 강한 자신감 • 신념에 대한 확신 • 강한 권력 욕구	• 혁신 능력 • 부하들의 칭송에 기초한 힘 (Power)
③ 정직하고 청렴한 성품	• 협동성 • 영향력 • 사교성		• 모범 보이기	• 존경스러움
④ 남다른 지력과 체력	• 지능 • 통찰력 • 진취성	• 사업지식 • 인지적 능력	• 인상관리	• 전문가로 인정 • 환경에 대한 민감성 • 엘리트 모델

(2) 리더적 특성 생성과정

리더십 특성들은 타고난 것인가 아니면 길러진 것인가는 리더십 학자들의 주요한 연구 이슈 중의 하나이다. Stogdill(1974) 등 전통적 리더십 학자들이 제시하고 있는 특성들은 유전적 요소가 강한 특성들이다. 반면에, 리더 육성론을 강조하는 학자들은 리더의 특성은 사회적 학습 과정에서 길러질 수 있다는 주장이다. 이 두 주장을 결합해 보면, 리더의 특성은 타고난 부분도 있지만, 육성되는 부분도 있다는 것이 옳을 것 같다. 실제로 세계의 성공한 CEO 대부분이 길러진 리더들이었다.

청암의 리더적 특성도 유전적 요소도 있겠지만, 대부분은 가정 및 사회적 경험과정에서 스스로의 노력으로 대부분 후천적으로 길러진 것으로 보여 진다. 특히, 학창시절 및 청년시절에서의 그의 독특한 경험이 큰 리더적 특성 형성에 지대한 영향을 미친 것으로 분석된다. 지배자의 땅, 일본에서 겪은 식민 국가의 서러움, 전후 빈곤과 부패의 한국 사회 환경은 큰 리더적 카리스마로 단련 시킨 좋은 환경적 요소로 작용되었다. 청암은 많은 부정적인 환경요소들을 긍정적으로 승화시킨 것이다.

한편, 타고난 리더적 특성도 있다고 본다. 어려운 환경에도 굴복하지 않고 끈질기게 4가지 특성을 지켜낸 것은 타고난 그의 정신적 요소가 작용한 것으로 보인다.

따라서 청암의 큰 리더적 특성은 타고난 정신적 요소가 최악의 외적 환경을 스스로 극복해 내는 경험 과정을 통해 더욱 튼튼하게 형성된 것이라 할 수 있다. 즉, 청암은 '애국적 사명감'이라는 가치를 실현하기 위하여 필요한 역량을 스스로 배양해 온 리더로 정의할 수 있다(그림 3-1참조). 그러나 이 특성들이 어떻게 흡인력 강한 리더십 발휘로 연결되어 얼마나 훌륭한 성과를 창출해 내었는지가 입증될 때, 비로소 큰 리더적 특성이라고 할 수 있을 것이다.

그림 3-1 청암의 리더적 특성 생성

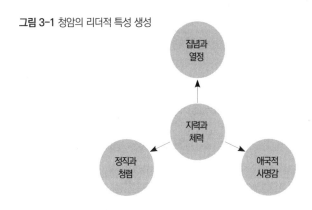

Ⅳ. 청암 박태준의 플러스 알파 리더십 모델

1. 포스코 창업 정신과 플러스 알파(+a) 리더십

(1) 포스코의 창업정신, +a

정신(혼)이 살아 있는 국가나 기업조직은 존속·번창하고 정신이 죽어 있으면 쇠퇴·멸망한다는 것은 동서고금의 진리이다. 해가 지지 않는 대영제국은 신사도 정신에서 비롯되었고, 금세기 세계 최강인 미국의 저력은 청교도 정신이 그 바탕이었다. 기업 조직도 같은 시각으로 성공 요소를 파악할 수 있다. '70년대 우리 나라 경제성장의 주역이었던 포스코의 탄생과 그 성장 발전의 기저에는 불가능을 가능으로 바꾸어 놓은 투철한 제철보국의 창업정신이 있었다.

포스코의 창업정신의 근원은 청암의 큰 리더적 특성인 애국적 사명감이다. 청암 박태준은 포스코인 모두를 주위의 어떤 유혹에도 흔들리지 않고 꿋꿋하게 주어진 직분을 다하는 사명인의 모델로 만들었다. 1977년 연수원 특강에서 "내가 창업 초기부터 신입 사원을 선발할 때, 가장 중요시한 것은 플러스 알파(+a)를 가진 사람이냐 아니냐 하는 점이었다. 현재 우리 포항제철 직원들은 입사시부터 생활욕구충족 이외에 플러스 알파(+a)가 있었다고 믿는데 그것은 바로 사명감이다"라고 강조한 바 있다.

'자신의 일을 사랑하지 않는 사람이 어떻게 좋은 성과를 창출할 수 있겠는가?' 하는 것이 일에 대한 그의 기본적인 철학이다. 그는 모든 구성원들에게 직무에 대하여 무한한 사랑과 애착(천직의식)을 가져야 함을 기회있을 때마다 강조했다. 포항 4기 종합 준공 기념 인터뷰에서 (1981.2.18.), "나는 철에 대하여 무한한 사랑과 애착을 가지고 있다. 나는 유별난 철학을 가지고 있는 것이 아니고, 오로지 철을 신앙으로 생각하며, 세계 최고의 제철소를 만들어 가는 꿈을 가졌을 뿐이다"라고 자신의 일에 대한 철학을 밝힌 바 있다.

그리고 그는 일에 대한 무한한 사랑은 애사심에서 나올 수 있다고 보았다. '회사를 사랑하지 않는 사람이 어떻게 자신에게 주어진 책무를 다할 수 있겠는가?' 하는 것이 그의 일에 대한 두 번째 기본 철학이다. 그는 "일이라고 하는 것은 경험이나 체력, 능력만으로 되는 것이 아니고, 플러스 알파로 애사심이 들어 가야 하는 것이며, 그 애사심의 정도는 창업정신(제철보국의 사명감)이 얼마나 투철한 가로 가늠할 수 있다"(1975. 1. 20, 임원간담회)라고 하여 애사심이야말로 조직의 한 구성원으로서 가져야 할 기본 자세임을 강조했다.

청암의 리더십은 모든 구성원들로 하여금 자신에게 주어진 일과 회사를 사랑하는 마음을 가지도록 하는 사명 리더십이었다고 할 수 있다.

제철보국의 사명감(+a)은 다시 책임, 협동, 도전의 포스코 3대 창업정신으로 구체화되어 나타나게 된 것이다. 제1의 창업정신은 주어진 임무와 책임을 완벽하게 수행하는 무한 책임 정신이다. 누가 시켜서가 아니라 스스로 책임을 떠 맡게 했으며, 사사로운 일에 얽매이지 않고 조직에 주어진 사명 완수에만 몰입하는 정신 자세를 가지게 했다.

제2의 창업정신은 협력하여 조직 전체의 효율을 높이는 헌신적인 협동정신이다. 힘들다고 중도에 포기하지 않으며, 모두가 혼연일체가 되어 진정으로 혼신의 노력을 다하는 정신 자세를 가지게 했다.

제3의 창업정신은 항상 새로운 것을 탐구하고 더 높은 것을 실현해 내는 불퇴전의 개척자 정신이다. 남들이 하지 않는 새로운 영역에 끊임없이 도전함으로써 일하는 재미와 보람을 스스로 찾게 한 것이다.

청암은 제철보국의 사명감(+a)이 전이된 3대 창업정신을 모든 구성원들의 생활 속에 체화시킴으로써 '세계 최고의 일관제철소'라는 멋진 창조물을 최단 기간 내 만들 수 있었다.

따라서 +a란 사명감이며, 회사와 일을 사랑하는 마음을 토대로 발현되는 무한 책임, 헌신적인 협동, 불퇴전의 개척자 정신이라고 그 개념을 정의할 수 있다.

(2) +a와 리더십의 관계

일반적으로 a는 그리스 자모의 첫 글자, 영어 알파벳의 A로 어떤 것의 시작, 첫 번째를 가리킨다. 천문학에서 가장 밝은 별, 동물집단에서 가장 힘세고 영향력 있는 리더를 말하며, 알파형 인간은 '자신의 사회적, 직업적 환경에서 지배적 역할을 하려는 성향을 지닌 사람, 혹은 리더의 자질과 그에 대한 자신감을 지닌 것으로 보이는 사람'으로 그 개념이 설명되고 있다(안지환 옮김, 2007, p. 22-23).

이러한 일반적인 a의 개념과 청암 박태준이 강조한 +a의 개념을 리더십의 동기 이론과 관련 지어 본다면, 다음과 같이 설명될 수 있다. 첫째, 효과적인 리더십 발휘는 기본적으로 일에 대한 구성원들의 투입 행위(a)를 크게 하는데 초점을 두어야 한다. 투입 행위(a)가 약하면 성과창출(W)이 클 수가 없다는 논리이다. 이런 맥락에서 볼 때, 투입 행위 중심 리더십은 인간관계 지향성 리더, 성과창출 중심의 리더십은 과업 지향성 리더로 분류할 수 있을 것이다.

둘째, 투입 행위(a)를 크게 하기 위해서는 일에 대한 태도와 정신을 강하게 하는 리더십이 되어야 할 것이다. 시간, 몰입도(노력), 지식, 경험 등 일에 대한 투입 행위 변수 중에 가장 큰 영향을 미치는 것은 몰입도이다. 일본 교세라의 이나모리 회장은 능력, 노력, 태도 중에서 가장 중요한 것은 태도이며, 그 다음이 노력, 능력이 맨 마지막으로 중요하다고 보았다(백기복, 2006). 청암 박태준도 조직에 앞서 사람이 중요하고, 사람 문제는 그의 사고방식과 태도에서 결정되며, 두뇌가 결코 정신에 우선할 수 없다고 강조했다(1970.7.1. 임원간담회).

셋째, 구성원들의 태도나 정신(의욕)을 크게 하기 위해서는 일에 대한 사명감과 보람(+a)의 강도를 높이는 리더십이 근본이 되어야 할 것이다. 청암은 확고한 가치관이나 투철한 사명감 없이 의욕이 생길 수 없고, 하고자 하는 의지가 없이 행동이 온전할 수 없다고 했다(78.1.30. 임원회의). 이 메시지에서 투철한 사명감 -> 강한 의욕 -> 온전한 행동이라는 동기유발 리더십 프로세스를 이끌어 낼 수 있다.

그리고 그는 일에 대한 사명감과 보람의 강도를 일의 성과와 보상의 균형점에서 찾고자 했다. 각자가 맡은 일(직분)의 성취를 통하여 얻는 제반 내재적 가치와 물질적 보상의 가치가 조화를 이룰 때 +a가 더욱 크게 될 수 있다고 보았다. 특히, 조직 성장이 지속되기 위해서는 Maslow의 자아 실현 욕구, Alderfer의 성장 욕구 단계에 초점을 둔 리더십, 즉 +a를 크고 강하게 하는 리더십이 필요한 것으로 믿었다.

결국, 리더십이 구성원들의 마음의 뿌리를 움직여 자발적인 참여를 이끌어 내어(동기유발), 훌륭한 성과를 창출해 내는 기술이라고 볼 때, +a가 리더십의 핵심이요, 조직 성과의 모든 것을 좌우한다고 할 수 있다. +a는 정신이요 마음이다. 모든 것을 좌우하는 조직 발전의 긍정적 유전인자요, 리더십의 토양으로서 이것을 작동시키지 않고는 그 어떤 비전이나 목표도 실질적으로 이룰 수 없다고 본 것이다.

따라서 플러스 알파 리더십이란 모든 구성원들로 하여금 플러스 알파(사명감)를 가지게 하고 또 이를 더욱 크게 하고 지속되게 함으로써 무에서 유를 창조하게 하는 사명리더십으로 정의할 수 있다. 이러한 +a 리더십은 (그림 1)에서 보는 바와 같이 내재적 가치와 외재적 가치의 균형에 의하여 리더십 성과를 극대화할 수 있다는 동기이론에 근거하고 있는 리더십 이론이다.

그림 4-1 플러스 알파 리더십의 동기 이론

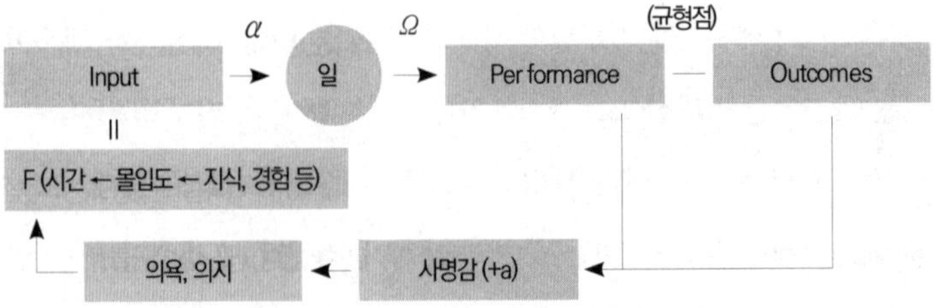

(3) 플러스 알파 리더십 모델 도출의 개요

리더십 이론의 숫자는 많으나, 조직이나 집단의 성과와 최고 경영자의 리더십과의 관계를 분명하게 설명하는 이론은 흔하지 않다. 특히, 리더십 특성연구들은 리더 특성과 리더십 효과성 간의 상관관계만을 제시하고 있을 뿐, 그 과정을 명쾌하게 설명하지 못하는 한계를 지니고 있다(박유진, 2007, p. 87).

카리스마적 리더십 이론, 변혁적 리더십 이론, 전략적 리더십 이론이 최고 경영자와 리더십 성과에 대한 설명력이 상대적으로 높은 이론들이다. 이러한 최고 경영자 리더십 이론들은 공통적으로 조직의 변화 및 혁신과 관련되어 있다(백기복, 2005, p. 163). Trice와 Beyer(1990)는 카리스마적 리더와 변혁적 리더를 구분해서 보는 관점을 가지고 있다. 즉, 카리스마적 리더는 일반적으로 새로운 조직을 창조하고 새로운 문화를 만들어 가는 데 초점을 두는 반면, 변혁적 리더는 현존하는 조직과 조직 문화의 변화에 초점을 둔다.

Conger와 Kanungo(1987)는 카리스마 리더십 모델을 상황 평가, 비전 구축, 실천의 3단계로 제시하고 있고, Tichy와 Devanna(1986)는 12명의 성공적인 CEO들과 면담 결과를 토대로 혁신의 3단계를 자각의 장, 비전 창조의 장, 변화를 실천하는 단계로 구분하고 있다. Baum, Locke와 Kirkpetrick(1998)은 비전의 선포, 카리스마적 성격 스타일 보유, 비전 실천 조치 취하기 등을 카리스마 리더십의 핵심 요소로 설명하고 있다. 한편, Bass(1988)는 추종자들의 작은 일상적 행동이 아니라 근본적인 가치관 변화에 초점을 두어야 하며, 바라고 추구하는 욕구와 비전이 한 차원이 높아져야 높은 성과 향상이 가능하다고 보고 있다. House(1976)는 카리스마를 리더와 추종자들의 특수한 관계에서 발생하는 것으로, 추종자들이 리더의 사상이 옳다고 생각하고 조직의 사명에 감성적으로 몰입을 하게 되면 리더는 카리스마를 가지게 된다는 관점이다.

리더십은 변화관리이다. 구성원 모두의 마음을 움직여 자발적인 참여를 이끌어 내는 관리기술이요, 진정으로 일하는 재미와 보람을 찾을 수 있도록 하는 능력이라고 할 수 있다. 여기에도 변화의 프로세스와 규칙이 존재한다.

청암 박태준의 애국적 사명감에 기초한 제철보국의 창업정신(+a 정신)이 어떤 독특한 리더십 실천모델로 전이되어 제철보국의 비전이 실현된 것인가를 살펴 보고자 한다.

앞에서 큰 리더적 특성의 핵심인 애국적 사명감의 유전인자는 조직을 사랑하는 마음, 주어진 일을 사랑하는 마음으로 정의 내린 바 있다. 그리고 이는 제철보국의 3대 창업정신과 플러스 알파 리더십 모델로 전이되어 조국근대화를 통한 민족중흥의 중추적 역할을 완벽하게 수행하게 만든 고유의 정신문화로 뿌리 내리게 된 것이다.

재임기간 동안 언급한 수 많은 경영 관련 메시지(회의, 지시, 교육, 기고, 인터뷰 등)를 발췌하여 이와 관련된 56개의 리더십 실천 사례를 조사 분석한 후, 9대 리더십 실천원칙들을 개발하였다. 또 이를 마음의 변화를 이끌어 낸 신념 관련 원칙, 행동을 변화시킨 실행 관련 원칙, 조직 문화를 변화시킨 창조 관련 원칙의 3부문으로 묶을 수 있었다.

이러한 분석 결과는 마음, 행동, 문화의 3단계 변화 관리 프로세스를 유지하고 있었다. 즉, 일에 목숨을 걸게 했으며(해야만 한다), 불철주야 일에만 열정을 쏟게 했고(하면 된다), 일을 통한 창조와 보람의 끈을 놓지 않게 만든 것이다(더 하고 싶다). 이러한 변화 관리 과정은 〈그림 4-2〉와 같이 요약할 수 있다.

그림 4-2 청암의 리더십 실천 원칙의 개념적 틀

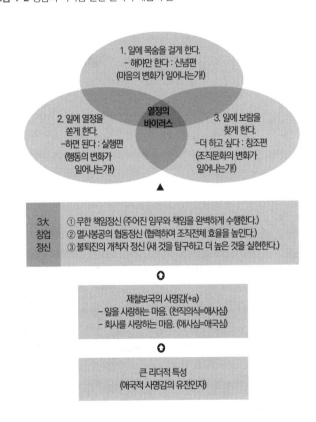

1. 일에 목숨을 걸게 한다.
– 해야만 한다 : 신념편
(마음의 변화가 일어나는 개)

열정의 바이러스

2. 일에 열정을 쏟게 한다.
–하면 된다 : 실행편
(행동의 변화가 일어나는 개)

3. 일에 보람을 찾게 한다.
–더 하고 싶다 : 창조편
(조직문화의 변화가 일어나는 개)

▲

3大 창업 정신
① 무한 책임정신 (주어진 임무와 책임을 완벽하게 수행한다.)
② 멸사봉공의 협동정신 (협력하여 조직전체 효율을 높인다.)
③ 불퇴진의 개척자 정신 (새 것을 탐구하고 더 높은 것을 실현한다.)

◐

제철보국의 사명감(+a)
– 일을 사랑하는 마음. (천직의식=애사심)
– 회사를 사랑하는 마음. (애사심=애국심)

◐

큰 리더적 특성
(애국적 사명감의 유전인자)

2. 일에 목숨을 걸게 한다(마음의 변화)

House(1977)는 카리스마적 리더인지 여부를 판단할 수 있는 기준으로 리더의 신념이 옳다는 구성원의 신뢰, 리더와 구성원간의 신념의 유사성, 리더에 대한 구성원들의 애정, 리더에 대한 구성원들의 추종 의지, 조직 사명에 대한 구성원들의 감정적 몰입, 구성원들의 상향적 성과 목표, 조직 사명에 기여할 수 있는 구성원들의 신념을 제시하고 있다.

한편, Bass(1988)는 리더는 추종자들의 작은 일상적 행동이 아니라 근본적인 가치관 변화에 초점을 두어야 하며, 바라고 추구하는 욕구와 비전이 한 차원이 높아져야 높은 성과 향상이 가능하다고 본다. Tichy와 Devanna(1986)는 조직 혁신이 성공하기 위해서는 조직 구성원들의 변화 필요성에 대한 인식이 전제되지 않고는 혁신이 성공하기 어렵다고 주장한다. 리더는 현상에 대하여 구성원들이 불만을 가지고 보다 바람직한 상태에 대하여 절박성을 인식하도록 하는 것이 성공적인 변화의 출발점이라는 것이다.

변화의 필요성, 창조의 당위성을 먼저 절박하게 느끼게 하여 구성원들의 마음의 뿌리를 움직이게 해야 한다. 이것이 되지 않고는 그 어떤 것도 실질적으로 이루어 낼 수가 없을 것이기 때문이다. 비전에 대한 확고한 신념에 기초한 헌신적인 열정을 끌어내는 일은 플러스 알파 리더십의 제 1영역이다.

직원들의 마음의 뿌리를 움직이게 하여 일에 목숨을 걸게 한 리더십이었다. 이는 주어진 임무를 완벽히 수행한다는 무한 책임 정신이 전이된 리더십 형태로서 비전경영, 책임경영, 몰입경영의 3大 실천원칙으로 모든 직원들의 헌신적인 열정을 끌어 내는 데 성공했다.

청암은 리더십 발휘의 시작과 끝을 '제철보국의 사명의식'에 초점을 두었다. 이것은 이루어 지면 좋겠다는 희망적 과업이 아니라 실패해서는 안 되는 절대적 사명감임을 줄곧 강조했다. 언제 어디서나 누구와의 대화나 교육에서도 일관되게 사명의식을 강조하였다. 포스코가 어떤 회사가 되어야 하는지에 대해 깊이 깨닫게 했고 제철보국의 역사적 소명의식을 잊지 말기를 당부했다. 누가 시켜서가 아니라 스스로 어려운 사명의 길에 동참하기를 원했다.

높은 지위나 많은 보수를 바라게 하는 것이 아니라 일 자체에 매력을 느끼게 만들었다. 자신들의 일을 통해 국부가 증대되고 국민들이 행복해지는 데 보람을 갖도록 했으며(비전 경영), 이러한 숭고한 가치에 삶의 목적을 둔 포스코 요원들을 '제철보국의 거함'에 승선시켰다. 절대 절명의 위기 선상에 서서 수시로 부여된 책무 수행을 위한 각오와 결의를 하게 했고(책임 경영), 한편으로는 오로지 일에만 전념할 수 있는 환경을 갖추는데 심혈을 기울였다(몰입 경영). 날이 갈수록 반드시 '해야만 하는' 제철보국을 향한 집념과 의욕은 더욱 강렬해 졌고 포스코 가족 모두 '포스코'라는 회사가 자신들의 일생을 바칠만한 충분한 가치가 있다는 생각을 하게 되었다. 진정한 열정이 마음으로부터 일어나게 만든 것이다.

그림4-3 마음변화과정의 3大 실천원칙

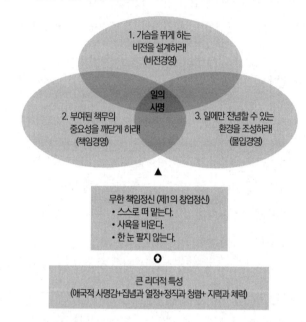

(1) 가슴을 뛰게 하는 비전을 설계하라! (비전 경영의 원칙)

Conger와 Kanungo(1987)의 카리스마적 리더십 이론의 핵심은 비전을 구축하고 실천하는 내용이다. Bass(1988)는 카리스마적 리더의 매력은 바로 추종자의 마음을 끌어 당길 수 있는 리더의 비전이라고 본다. 요컨대, 카리스마적 리더십 이론 및 변혁적 리더십 이론에서는 명확하고 호소력 있는 비전이 조직에서 변화를 이끌어 내는 데 매우 유용하다고 본다.

특히, 창업자가 일관된 비전을 제시하지 못하거나 실행하지 않으면 그 조직에는 역기능적인 문화가 발생하게 된다. 조직 구성원들이 급격한 변화를 지지하기 위해서는 현재의 희생과 변화가 요구하는 역경을 정당화할 만큼 충분히 매력적인 비전을 가질 필요가 있다(이상욱, p. 343).

세계적으로 인정 받고 있는 우수 기업들은 크고, 어렵고, 대담한 목표(Big, Hairy, and Audacious Goal: BHAG)를 설정하고 이를 강력히 추진한다. 우수 기업들의 BHAG는 대체로 핵심 경영이념과 일치하는 목표로서 BHAG를 추구하는 과정에서 기업의 발전을 자극시키고, 핵심 경영 이념과 조직 문화를 강화한다(Collins와 Porras, 1994).

비전다운 비전, 호소력 있는 비전은 모든 사람의 마음의 뿌리를 움직이게 한다. 누가 시켜서가 아니라 스스로 나서게 만든다. 철은 산업의 쌀이다(鐵爲産本). 우리에게 쌀이 생명과 성장의 근원이듯이 철은 모든 산업의 기초 소재이다. 따라서 하루 속히 양질의 철을 값싸게 대량으로 생산하여(제철), 국부를 증대시키고 국민생활을 윤택하게 하며 사회복지건설에 이바지해야겠다(보국). 이것이 청암의 애국적 사명감이 제출보국의 비전과 사명으로 전이된 당위성이다. 이 제철보국이야말로 모두의 가슴을 뛰게 하는 좋은 비전임을 확신했다. 그리고 당시 세상 모든 사람들이 불가능한 것으로 판정 내린 한국에서의 일관제철소 건설을 실현 가능한 비전으로 만들어가기 시작했다. 제철보국의 큰 비전 그림 속에 창조경영 환경을 구체적으로 만들어 놓기 시작한 것이다. 비전은 이상적인 내용이어야 하고, 또 실현 가능해야 한다. 그러나 이상적일수록 그 실현성은 낮다. 쉽게 실현되는 비전은 비전다운 비전이 아니란 뜻이다. 따라서 특별한 노력(열정)이 요구되는 가치 있는 비전이 되게 하는 일이야말로 리더십의 출발점이라 할 수 있다. 창조는 이상적인 비전설정에서부터 시작된다. 그리고 출발선상에서의 리더의 비전에 대한 신념과 확신이 모든 것의 승패를 좌우한다고 할 수 있을 것이다.

일관 제철소 건설은 우리 민족의 오랜 염원이었다 (좋은 비전 만들기)

"예로부터 철을 사용할 줄 알았던 민족은 풍요한 문명생활을 누려왔다. 따라서 일관제철소 건설은 우리민족의 염원이었으며, 정부의 오랜 포부요, 설계였다"(1973. 7.11 포항1기 준공기념 표창식)

일관제철소 건설은 민족생존의 국가적 과업이었다. 제철소야말로 국력의 상징이었기 때문이다. 2차 대전 후 식민지로부터 해방된 신생독립국들은 제철소 건설을 시도했다. 그러나 대부분의 개도국들은 실패했으며 우리나라도 역시 여러 번 시도했으나 성공하지 못하고 있었다. 더구나 5·16혁명 이후 정부의 강력한 산업화 정책추진으로 철강수요가 급증되고 있는 상황에서 제철소건설은 국가경제의 승패가 걸린 온 국민의 숙원 사업이었다. 그러나 좀처럼 그 가능성이 보이지 않고 있었다. 또 한번의 일관제철소 건설 시도가 실패로 돌아가자 박대통령은 깊은 실의와 고민 속으로 빠져들어가고 있었다. 절박한 국가적 위기 상황에서 1965년 초 대한중석 업무보고 석상에서 박 대통령과의 일관제철소 건설 계획과 관련된 대화가 제철 보국 비전 설정의 시발점이 되었다.

청암은 전후 일본의 철강산업 부흥모델에서 자신감을 얻고, 실의에 빠져 있는 대통령을 위로하면서 확신을 가지게 만들었다. 당시 자주 불렀던 포스코의 사가 속에서 숭고한 그의 가치관을 기초로 한 제철보국의 비전의 가치를 읽을 수 있다.

우리는 남이 불가능한 일을 이루었을 때 그것을 '신화창조'라고 부른다. 국가든, 기업이든, 개인이든 이러한 성공 신화창조를 원한다면 위대한 꿈, 좋은 비전을 만들어 간직하게 만들어야 한다. 어떻게 가슴에 와 닿는 좋은 비전을 만들 것인가? 비전의 생명력은 공감성이다. 직원들의 생각과 행동을 한 방향으로 모을 수 있게 하고, 변화과정에 따르는 어려움들을 스스로 이겨내게 한다. 제철보국! 국가발전의 핵심산업으로서 모든 이의 마음 가운데 큰 의미(가치부여)를 느끼게 했다. 통일과 중흥의 원동력이 될 수 있는 가치 있는 비전이었다. 자신의 애국적 사명감의 가치관과 일치되는 매력적인 비전이었다. 그러나 비전은 실현 될 때 비로소 그 가치가 인정된다. 공감 자체로 끝나버리게 해서는 안 된다. 그리고 그것은 리더가 먼저 비전 실현에 대한 강한 자신감과 신념을 가질 때만이 가능하다. 그리고 비전은 '우리 손으로' 만들었을 때 신화창조라고 부를 수 있게 된다. 청암을 비롯한 38명의 창업 요원들은 애국적 사명감에서 나온 제철보국의 비전실현에 대한 확신을 갖고 이를 간절히 염원한 것이다.

표 4-1 비전 경영 관련 메시지 및 사례

관련 경영 Key 메시지	리더십 발휘 사례
• 민족생존의 국가적 과업이다. • 민족 진운을 바꿀 수 있는 대역사이다. • 철강은 기간산업의 모체이다. • 국가 경제 성패가 걸린 숙원사업이다. • 국민 생활 윤택 및 복지건설에 공헌해야 한다. • 양질의 철을 싸게 대량 생산 해야 한다.	(1) 철강이 부족하면 경제개발계획이 제대로 굴러가지 않아! 이것 참 큰 일이지 않은가? (1965) → 꼭 우리 손으로 철강을 만들어야 합니다. (2) 국운이라는 것이 따로 있는 모양이지! 전후 일본에서 제철소를 가장 잘 지은 사람이 누군지 알고 있나?(1965) → 기름이야 어쩔 수 없다지만 철은 우리 손으로 만들어 낼 수 있을 것 같습니다. 가와사키의 니시야 마야타로 사장입니다.

표 4-2 사가 속에 담긴 비전과 창업정신

① 끓어라 용광로여 조국 근대화, 줄기차게 밀어가는 장엄한 심장,

겨레의 슬기와 의지를 모아, 통일과 중흥의 원동력 되자,

내일의 풍요한 조국건설의, 내일의 풍요한 조국건설의,

기적을 이룩하는 포항종합제철.

② 녹아라 쇳물이여 조국산업의, 성장을 다짐하는 뜨거운 동맥,

고도로 닦아 낸 기술과 역량, 우리의 자랑을 세계에 심자,

예지의 굳센 날개 힘차게 펴고, 예지의 굳센 날개 힘차게 펴고,

육대주로 비약하는 포항종합제철.

③ 보아라 해돋이를 푸를 영일만, 쇠와 땀의 성지에 소망의 태양,

철강인의 긍지와 사명감으로, 불타는 정열을 함께 사루자,

국민의 신뢰와 축복을 받아, 국민의 신뢰와 축복을 받아,

무궁하게 발전하는 포항종합제철.

부정의 논리를 긍정의 논리로 바꾸어 놓아야 한다(긍정적 사고 갖기)

"우리 회사 설립 당시에도 실패의 논리만 무성하였다. 한국에서 수 천
억 원이 소요되는 제철소건설은 시기 상조다. 자본도 없고, 철광석도
없다. 석탄도 없고, 기술도 없다는 정연한 실패의 논리만 존재하였다."
(1978.3.28. 연수원 특강)

아무것도 없는 3無(자본, 기술, 자원)의 빈손이었다. 그래서 대내외적
으로 실패의 논리만 무성하였다. 무엇보다 일관제철소 건설의 실패 주
요인은 외국차관 조달문제였다. 온통 남의 나라 돈을 빌려오지 않고는
제철소 건설이 전혀 불가능한 것이 당시의 형편이었다. 그러니 선진국
에 기댈 수 밖에 없었다. 한편, 철강기술도 일본 철강회사들로부터 배
우지 않으면 안 되는 상황이었다. 우리보다 유리한 입장에 있는 일본을
움직인다는 것은 결코 쉽지 않은 일이었다. 그러나 그 길밖에 없었다.
또한 앞으로 소요될 막대한 원연료를 안정적으로 그리고 저렴하게 확
보하는 것도 해결해야 할 큰 과제였다. 그러나 일관제철소 건설은 반드
시 실현 시켜야 할 사명이요, 비전다운 비전임을 확신하고 그 가능성을
찾아가기 시작한 것이다. 문제의 핵심을 찾아 그 해결방안을 집중적으
로 모색하기 시작했다.

좋은 비전(비전다운 비전)은 누구나 도전 해볼만한 매력을 가지고
있다. 그것은 쉽게 달성 될 수 있는 비전이 아니다. 특별한 노력(지혜와
열정)을 쏟아야만 하는(실천력)비전인 것이다. 따라서 무수한 역경을

견뎌 내어야 하는 속성을 갖게 된다. 지금까지의 방식과 현재 갖고 있는 자체역량으로는 극복하기 어려운 난관들이 많다고 보아야 한다. 그리고 이들은 비전설정과 동시에 나타나게 되는 난제들이다.

창조는 현재 없거나 불가능한 환경요소들을 자신의 것으로 만들어 내는 것에서 출발한다. 청암은 당시 우리에게 없는 자본과 기술을 '우리 손으로' 만들어 낼 수 있는 창조경영 환경을 만들기 시작한 것이다. 모두가 무모한 장난이요, 100% 실패할 것으로 여기는 사업에 뛰어든 것이다. 그것은 누가 뭐래도 반드시 이루어야만 하는 국가적 사업이었기 때문이다. 민족의 자존심까지 버리면서 일본철강기술을 배워야 했고, '무슨 짓'을 해서라도 선진국으로부터 제철소 건설의 돈을 마련해야만 했다.

그는 우선 "없다. 못한다. 무리다." 하는 부정적인 생각, 실패의 논리에서 완전히 벗어나 버렸다. 창조경영 환경을 조성하기 위한 본격적인 활동을 시작한 것이다. 창업 초기에 부딪치는 난관을 해결하여 좋은 창조경영의 환경을 구축하는 것이 비전 성공의 관건이다. 나라의 장래를 보아 남이 가지 않은 어려운 길을 스스로 선택했기에 닥쳐오는 고난도 기꺼이 극복해야 한다는 신념에 차 있었다. 지금 당장은 어렵겠지만 나라의 장래를 보아 대규모로 건설하는 것이 절대 필요하며, 이것이 결국은 훨씬 경제적임을 대통령께 조언했다. 리더의 강한 신념과 확신, 이것은 비전의 실현성을 높이는 가장 중요한 요소일 것이다.

표 4-3 비전 경영 관련 메시지 및 사례

관련 경영 Key 메시지	리더십 발휘 사례
• 아무것도 없는 빈 손이었다. • 기술, 자본, 부존 자원도 없는 無의 상태였다. • 맨손, 맨주먹으로 시작한 사업이었다. • 일관제철소 건설은 시기상조요, 무리다. • 실패의 논리만 무성하였다. • 국내외적으로 부정적 시각이 난무했다.	(3) 일본 니시야마 사장을 불러올 수 없겠나? (1965) → 어렵지만 반드시 해야만 할 것입니다. (4) 항상 돈이 많이 들어서 문제가 되었지! (1965) → 선진국에 기댈 수 밖에 없습니다. 하지만 먼 장래를 볼 때 대규모로 건설하는 것이 절대 필요합니다

(2) 부여된 책무의 중요성을 깨닫게 하라(책임 경영의 원칙)

한국에서의 일관제철소 건설은 반드시 갖고 있어야 할 자본, 기술, 자원 모두가 없는 無의 상태에서 오직 제철보국의 사명감(+a) 하나로 시작한 대역사였다. 세계 모든 나라가 모험이며 도박이라고 했다. 그러나 '제철보국의 거함'에 승선한 선장 박태준 사장과 38명의 창업요원들은 강한 신념과 확신을 가졌다. 기회 있을 때마다 박태준 사장의 화두는 일관제철소 건설을 통한 국가발전이었고, 위기 때마다 주어진 과업완수를 위한 비장한 각오를 하게 했다. 일관제철소 건설사업을 회피할 수 없는 생의 사명으로 깊이 받아들이면서 각자에 주어진 책무완수를 위한 굳은 결의에 차 있었다. 일관제철소 건설사업에 모두가 목숨을 걸기로 했다. 어떻게 회사 비전에 대한 시대적 사명감을 갖게 하고, 각자에 주어진 책임과 역할을 깊이 인식하게 할 것인가? 리더십의 핵심 과제가 아닐 수 없다.

"이러한 시대적 상황하에서 일관제철소를 건설한다는 국가적 과업이 맡겨 졌을 때 이것은 나에게 참으로 큰 인연이요 회피할 수 없는 생의 사명이라고 느끼고 경건한 마음으로 사업에 착수하였다."(1983.4.27 사보기자와의 대담)

1967년 9월 5일 런던 메탈 마켓센타에서 대한중석 판매 협상을 진행하고 있던 중, 종합제철 건설 추진위원장으로 내정되었으니 즉시 귀국하라는 전문을 접한 박태준 사장은 맡겨진 직분을 기꺼이 받아들이면서 당시의 복잡한 국내 상황을 생각하며 목숨 걸고 성사시키겠다는 굳은 다짐을 하게 된다. 일관제철소 건설사업에의 참여를 큰 인연이요 무한한 영광으로 생각했다. 국가와 민족으로부터 받은 소명이기에 고난과 형극의 길을 스스로 기쁜 마음으로 선택했고, 결국 이 시대적 사명감이 철에 모든 것을 바치게 했다. 청암은 기회가 있을 때마다 각자에 주어진 책무가 곧 국가경제 자립의 초석을 놓는 중요한 일임을 깨닫게 했고, 자신들의 인생을 걸만한 가치 있는 비전이요, 과업임을 강조했다. 그들은 모두가 '제철보국' 의 비전을 가슴 깊이 간직하면서 그 실현을 간절히 염원하게 된 것이다. 어떻게 진심으로 "하고 싶어서 하는" 변화와 혁신이 되게 할 것인가? 누군가에 이끌려서 마지못해 형식적으로 하는 창조와 혁신이 되어서는 어떤 조직이든 성공하기 어렵다.
　'일관제철소 건설'이라는 창조의 대역사에 임하는 청암의 마음자세는 오늘날도, 앞으로도 혁신을 하는 모든 조직인에게 필요하다. 왜 큰 인연이요 영광으로 받아들인 것인가? 결정적인 중대한 순간에서 그의 선택의 기준은 조국근대화를 향한 애국적 사명감이었다. 박대통령의 종합제철 건설 추진위원장 임명의 기준도 청암의 애국적 사명감이었다. 국가와 민족을 위해 한몸 바쳐 희생할 수 있는 큰 리더로 평가했던 것이다. 그는 국가와 민족의 번영을 위한 일이라면 무엇이든 자신에 주어진 기회를 무한한 영광으로 생각하며 기꺼이 맡았다. 그리고 경건한 마음으로 앞으로 닥칠 문제들을 직시하면서 사업을 시작했다. "하고 싶어서 하는" 변화와 혁신은 이러한 마음자세에서 생긴다. 이는 당시 박태준 사장을 정점으로 한 포스코인 모두가 한결같이 가졌던 마음자세였다. 제철보국의 비전 실현을 가능케 한 원동력이요 포스코를 성공시킨 핵심요소였다.

표 4-4 책임 경영 관련 메시지 및 사례

관련 경영 Key 메시지	리더십 발휘 사례
• 국가와 민족의 부름을 받고… • 민족으로부터 소명을 받았다. • 참으로 큰 인연이요, 영광이다. • 경건한 마음으로 사업에 착수했다. • 대임을 부여 받았다. • 고난과 형극의 길을 스스로 선택했다. • 시대적 사명감이 철에 모든 것을 바치게 했다. • 철강자립만이 경제자립을 이룰수 있다.	(5) 종합제철건설추진위원장으로 내정되었음(1976.9). → 그 일을 맡겠음. 목숨 걸고 성사시키겠다. (6) 임자가 해서 안되면 누가 해도 안돼! (1967) → 저의 능력에는 당치않습니다.

책무를 다하지 못하면 역사의 죄인임을 면치 못한다

(우향우 정신 갖기)

"국민의 열망과 오랜 산고 끝에 갓 태어난 포항제철이 어떻게 되느냐 하는 기로에서 '나는 나에게 부여된 책임을 다하지 못하면 역사의 죄인임을 면치 못한다'는 각오로 새로운 돌파구를 모색하였다. 이때 실패하면 차라리 포항 영일만에 빠져 죽자는 「우향우정신」이 생겨났는데 이것은 책임정신의 극한이 응축된 것이다."(1983.4.27 사보 기자와의 대담)

"우리는 단순히 봉급만을 위한 회사의 고용인이 아니다. 포항제철 직원이 되는 순간부터 국민에게 봉사해야 하는 공인이 된 것이다." (1976.7.3 임원간담회)

어떻게 회사 비전에 대한 시대적 사명감을 갖게 하고, 각자에 주어진 책임과 역할을 깊이 인식하게 할 것인가? 리더십의 핵심과제가 아닐 수 없다. 제철보국의 거함에 승선한 38인의 포스코 창설 요원들은 모두가 일관 제철소 건설 사업에 목숨을 걸기로 했다. 일관제철소 건설사업을 회피할 수 없는 생의 사명으로 깊이 받아들이면서 각자에 주어진 책무완수를 위한 굳은 결의에 차 있었다.

만약에 일관제철소 건설사업이 실패로 돌아간다면 역사의 죄인으로 죽음을 각오해야 한다. 그리고 죽는다고 해서 그 죄가 없어지는 것도 아니니 실패할 수도, 실패해서도 안 된다고 규정했다. 이는 절대적 사명감을 의미한다. 따라서 멸사봉공의 희생정신으로 국민의 열망에 보답해야 하며, 불퇴전의 개척정신으로 무에서 유를 창조해야 한다고 강조해 나갔다. 이것은 청암 박태준의 제철보국의 사명감에 기초한 창업정신의 핵심사상이다. 이후 어려움에 처할 때마다 제철보국의 비전 실현을 위해 신명을 다하겠다는 굳은 결의를 다지게 만들었다.

리더로서의 진정한 힘은 솔선수범에 있다. 리더 자신이 움직이지 않고, 부하들의 진실된 행동을 유발할 수는 없다. 청암은 리더는 지시나 하고 보고만 받는 자리가 아님을 보여주었다. 조직의 한 구성원으로서 비전과 목표 달성을 위해 직원과 같이 뛰어야 하는 자리이다. 여유를 가지고 앉아서 쉴 틈도 없다. 24시간 열정적으로 일에 몰두해야만 하는 자리이다. 그리고 어떤 어려운 일도 처리할 수 있어야 하는 자리이다.

청암 박태준은 직원들에게 위기 상황을 얘기하거나 일에 대한 열정(혼)을 요구하기 전에 자신이 먼저 솔선수범을 보였다. 그의 생각과 행동을 실제로 보여 주었다. 바로 일관제철소 건설사업에 목숨을 건 모습이었다. 1968년 11월 12일 박대통령이 포항 건설현장을 다녀간 그날 이후 모든 취미 생활까지 끊는 각오를 직접 보여 주었다. 그리고 직원들과 함께 건설현장에서 동고동락했다.

1969년 1월 KISA의 자금지원 포기선언으로 인한 절대 절명의 위기 상황에서 '하와이 구상'이라는 돌파구를 모색하였다. 이와 같이 그가 보여 준 각오와 돌파력 등은 이후 포스코 정신 문화 형성의 기초가 된 것이다. 모두가 '우향우' 정신으로 오늘날의 포스코를 만들어 내었다. 성공한 조직은 항상 정신이 살아 움직인다. 혼이 살아있는 민족이나 단체는 성장과 발전을 거듭할 수 있었다. 기업의 존속과 발전은 그 구성원들의 생각과 행동의 구심점이 되는 숭고한 창업정신이 살아있다는 전제 하에서만 가능함을 깨닫게 하는 대목이다.

표 4-5 책임 경영 관련 메시지 및 사례

관련 경영 Key 메시지	리더십 발휘 사례
• 실패하면 영일만에 빠져 죽자! • 역사의 죄인임을 면치 못한다. • 신명을 다하겠다. • 견디다 쓰러져도 상관없다. • 국민에게 봉사하는 공인이다. • 멸사봉공의 정신을 발휘해야 한다. • 국민여망에 보답해야 한다. • 회사가 부실하면 국가사회에 죄인이 된다.	(11) 포항에 그토록 붙박혀 있을 필요있어? (1968) → 제가 어찌 혼자 제 집에 다닐 수 있겠습니까? (14) 이거 남의 집 다 털어 놓고, 제철소가 되기는 되는거야?(1968) → 목숨을 걸자! 만약 실패하면 동해 바다에 몸을 던지는 거다. (17) 세계은행 의견을 무시할 수 없습니다(1969). → 이렇게 끝 낼 수는 없다. (18) 제철소 건설 프로젝트가 곧 없어질 위기에 놓이게 되었다(1969) → 일본에서 돈을? 바로 그거야!

(3) 일에만 전념할 수 있는 환경을 조성하라! (몰입경영의 원칙)

몰입은 리더가 성과를 내고 조직의 목표와 전략을 수행하는 데 있어 가장 기본적인 필수조건이 된다. 몰입은 구성원들의 조직이나 일, 혹은 리더에 대한 심리적 투자이다. 큰 성과를 낳는 리더들은 한결 같이 구성원들의 사전적 몰입을 확보하고 있다(백기복, 2005, p. 53). 나인표 등

(2004)에 의하면, 몰입은 가장 높은 수준의 상호의존성이 나타나는 단계로 교환당사자가 관계의 지속성에 대한 묵시적 또는 명시적 약속을 의미하며 고도의 신뢰와 의무감을 바탕으로 한다. 몰입은 조직과 구성원 모두에게 긍정적인 결과를 산출해 낼 수 있는 매우 효과적인 관계가 되며, 자신 보다 집단의 이익을 더 중요시하는 경지에 이르게 된다.

회사가 성공하려면 직원들부터 보살펴라! 청암 박태준 회장의 기본 경영사상이다. 제철보국의 사명감(+a)만을 강조하지 않았다. 한평생을 바쳐 신명 나게 일하고 싶은 마음이 일어나도록 하는 몰입 환경을 경영의 최우선 과제로 삼아 함께 조성해 나갔다. 일관제철소 건설은 직원들 한 사람, 한 사람의 성공적인 책무 완수를 통해 이루어질 수 있는 것이다. 또 그것은 호소력 있는 비전과 매력적인 몰입 환경이 동시에 주어질 때 성공 확률이 높다고 할 수 있을 것이다.

청암은 생애 직장의 모델을 설계하고 생애 직업의 확고한 기틀을 마련하는 데 온 심혈을 기울였다. 관련 기초 시스템과 조직 문화의 골격을 공장 건설마저 불확실한 실로 어려운 여건 속에서 만들어 나갔던 것이다. 가정, 직원, 회사의 한울림 3박자 호흡을 절묘하게 맞출 수 있는 기반을 잡아가기 시작한 것이다. 소위 한국적 신바람 경영(몰입 경영)체제를 구축해 나갔던 것이다. 내재적 동기(일의 가치)와 외재적 동기(일과 관련된 조건, 환경요소들)를 동시에 균형되게 관리해 나갔으며, Herzberg의 위생요인(불만족 요인)들도 중요한 작업동기 요소로 고려했던 것이다. 모두가 일할 맛 나는 행복한 직장이 되도록 하는 일이야말로 리더의 궁극적인 목표이자 해야 할 가장 중요한 과제일 것이다.

가정이 안정되어야 회사 일도 창의적이다 (행복한 직장 만들기)

> "창업 초기부터 직원과 가족들의 생활에 기본이 되는 의식주, 의료, 교육문제에 각별한 관심을 가지고 과감한 투자를 해 왔다. 가정이 안정되지 않고서는 회사 일이 창의적이고 능동적으로 이루어질 수 없다는 생각 때문이었다."(1987.8.23 광양건설회의)

유능한 인력을 채용하여 정착시키는 일은 당시 포항이라는 지역 여건을 고려할 때 매우 어렵고, 중요한 정책 과제였다. 그것도 공장 건설 자금확보 문제가 미궁으로 빠져 들어간 상황에서 제철보국의 비전을 바라보고 입사하겠다는 사명감 있는 젊은 인재들은 없었다. 따라서 대부분의 한국인들이 평생 관심을 갖고 걱정하는 주택, 자녀교육 등 가정 생활문제가 해결 될 수 있게끔 만드는 일이 급선무였다. 1968년 5월, 회사는 월급 줄 돈이 없어서 큰 곤경에 빠지게 되자, 사장이 직접 서울 주요 은행을 찾아 다니며 신용대출을 간청했고, 사업 자금이 확보되지 않은 상황에서 직원 주택을 건설한다는 비난에도 불구하고 직원주택 사업을 강행했다. 1971년 말에는 보험회사가 주는 리베이트로 직원장학재단을 설립한다. 이처럼 청암은 국가적 사업에 참여한 직원들의 일생을 책임지겠다는 신념으로, 그리고 안정된 생활터전 마련이 곧 생산성 증대로 이어져 제철보국의 비전 실현을 앞당기는 핵심 요소가 된다는 정책적 판단 하에 직원 생활 안정을 위한 과감한 투자를 실행한 것이다. 그리고 노조가 없이도 고용인의 권리와 이익이 더 많이 보장되는 한국적 노사관계 문화의 기틀을 조성해 나갔다. 가정 안정을 통한 회사경영 안정이 곧 직원들의 일에 대한 몰입으로 이어지는 선순환 열정 사이클의 기반을 만들어 나갔던 것이다.

리더십은 부하를 잘 동기화 시키는 능력이라고 할 수 있다. 부하의 기대 욕구와 능력 수준, 자세 등 조직이 처한 상황을 정확히 파악하여 이에 적합한 리더십을 발휘해야만 최고의 동기 유발이 가능하다. House나 Blanchard는 상황 변수인 부하의 성숙도에 맞추어 적합한 리더십을 연계해야만 리더십의 효과성이 높아질 수 있다고 보았다. 청암이 가장 먼저 고려한 상황 변수는 가정과 생활 안정이었다. 직원들에게 사명감(플러스 알파)만을 강요하지 않았다. 한국 직장인이 기대하는 내 집 마련과 자녀 교육을 통한 행복한 가정에 직원 동기 유발 전략의 첫 단추를 끼우기 시작했던 것이다.

또한, 호·불황에 영향 받지 않는 안정된 사회생활을 영위하도록 했다. 고향과 가족이 어디에 있든 포항 지방 근무에 불편함이 없도록 함으로써 직원들의 직무 동기를 극대화시켰다. 그 기저에는 노사공존 공영의 철학을 두고 있었다. 직원들을 비전 및 과업 달성을 위한 도구로 생각지 않았다. 회사가 성공하려면 직원들부터 보살펴야 한다는 직원 중심 경영철학을 깊이 갖고 있었던 것이다.

자신보다 가정과 자식을 소중히 여기는 희생정신, 사람과 하늘을 별개로 생각지 않고 너와 나의 구분이 없는 인내천 및 자타일여(自他一

如)사상, 위기시 정의의 편에 뭉치는 강한 힘 등 한국인 고유의 정서를
십분 활용한 것으로 보인다.

제철소건설 사업에 대한 지식, 경험이 전무했고 그리고 몸바쳐 일해
보겠다고 하는 직업의식도 허약한 부하의 성숙도를 정확히 읽고 당시
상황에 적합한 리더십을 발휘했다고 본다.

표 4-6 몰입경영 관련 메시지 및 사례

관련 경영 Key 메시지	리더십 발휘 사례
• 안정된 생활 터전 마련이 곧 생산성 증대의 지름길이다. • 신종 이산가족을 줄이려고… • 일생을 책임지겠다는 신념으로… • 성실한 직원과 그의 가족 행복을 책임진다. • 주택은 마음과 영혼의 휴식처이다. 주택단지를 완전 공원화해야 한다. • 알뜰한 보살핌이 은연 중에 전달되게 해야 한다.	(12) 월급 줄 돈도 없어서 회사는 큰 곤경에 빠지게 되었다 (1968). → 담보가 없기 때문에 규정상 대출할 수가 없습니다. (13) 박사장은 나랏돈 갖고 땅투기 하는 것 아니오?(1968) → 이곳은 명당 자리가 틀림없어! (28) 이 돈을 도로 가져가서 임자 마음대로 쓰게나(1971). → 장학재단을 설립하는 게 어떨까? (30) 노조 없는 회사를 꼭 만들어 운영해 보고 싶다(1972). → 노와사 모두가 회사 주인이다. (32) 불황시 감원, 임금 삭감정책은 사용해선 안 된다(1980). → 항상 안정된 급여 제도가 유지되게 해야 한다.

능력과 연공서열이 조화된 한국적 관리 체제여야 한다

(천직의식 갖게 하기)

"인사문제는 모든 일의 근원이다. 지연, 학연, 등 일체의 정실관계를
배척하고 능력 위주의 연공서열제로 운영해 온 전통은 하나의 인사철

학이며 기본원칙이다."(1983.2.12. 운영회의)

"보다 성실하고 창의적으로 근무함으로써 직원들의 경험과 기술수준
이 높아져 경영성과가 개선될수록 많은 급여를 받을 수 있도록 급여
제도를 꾸준히 개선해 나갈 것이다."(1985.2.2. 회장특별담화)

창업 당시부터 인사관리의 기본철학을 내부승진원칙, 소수정예주
의, 능력주의, 생활안정화에 두고 일관되게 유지해 왔다. 제3자의 외부
인사청탁은 철저히 배제했고, 기본적으로 사명감을 가지고 같이 일해
보겠다는 사람만 뽑았다. 국영기업체에 흔히 볼 수 있는 낙하산 인사
가 없었다. 대한중석 경영 당시부터 일관되게 납품이나 인사와 관련하
여 어떤 청탁도 받아 들이지 않았다. 이는 자격도 없는 사람이나 납품
업체가 회사에 발을 붙이게 되면 그것이 결국 부실기업의 원인이 되고
만다는 그의 경영철학 때문이다. 반면에 기존 인력의 인위적 감축이 아
닌 충원의 최소화 전략으로 정예화시켜 나갔으며, 연공서열을 바탕으
로 실적과 능력을 고려한 공정무사한 인사관리로 일에 대한 사명의식
이 약화되지 않게 하였다.

몇 번의 불황을 겪으면서 직원 감원의 대안을 택하지 않을 수 없는
위기상황에서도 기존 인력의 감원이 없는 안정된 경영을 유지하였다.
여기에서 지나친 개인능력 위주의 서구식 인사관리는 제도 자체가 지
닌 장점에도 불구하고 한국적 조직관리상 많은 문제점들을 야기할 수
있다는 청암의 기본 인사 철학을 엿볼 수 있다. 서열이 무시되고, 원로

가 존재하지 않는 사회, 외면적 능력만으로 사람을 평가하는 사회는 참된 의미의 전문가가 존재하지 않는 사회로 보았다. 요컨대, 능력과 연공서열의 어느 한 쪽에 치우치지 않고, 조화를 유지하는 한국적 인사관리체제를 정착시켜 왔던 것이다.

누구나 비전 있는 회사, 비전 있는 부서에서 일하기를 원한다. 내가 왜 이 회사에서, 이 부서에서 일하고 있는 것인가? 여기에서 혼신의 노력을 다한다면 어떤 희망이 있는 것인가? 이 물음에 대한 답이 자신 있게 나오게 해야 한다. 이는 부하를 동기화시킬 수 있는 근본적인 요소가 된다.

청암은 직원들에게 꿈을 심어 주는 일에 심혈을 기울였다. 내부 승진 질서를 지킴으로써 직원들의 마음의 뿌리가 흔들리지 않게 만들었다. 국영기업체로 출발한 포항제철, 당시의 사회적 여건으로 보아 외부청탁의 배척은 갖은 모함과 질시를 견디어내야 하는 힘든 시련이었다.

포스코 성공 신화의 핵심요소는 포스코인들의 제철보국의 사명감을 바탕으로 한 고유의 포스코 정신문화이다. 이는 그들 각자가 맡은 직무에 대한 꿈과 희망에서 나오는 충천된 동기 유발력이다. 천직의식을 갖고 맡은 분야에 최고의 전문가가 될 수 있는 생애 직업의 모델을 만든 것이다. 현장 생산직 직원들의 동기를 유발한 단일 직급체계 및 기성제도, 승진고사와 발탁제도 구분 운영, 한국 최초의 근무평정제도 도입 등은 국내 타 조직의 모델이 되었다.

선배, 원로에 대한 신뢰와 존경의식, 너와 나 구분 짓지 않는 동료 및 우리의식을 능력위주의 서구식 인사제도와 조화를 이루어나간 한국적 인사관리체제는 앞으로도 더욱 발전시켜 나가야 할 우리의 것으로 여겨진다.

글로벌 경쟁시대에 선진기업, 선진한국으로 도약하기 위해서는 구성원들이 주어진 곳에서 꿈과 희망을 갖고 열정적으로 일할 수 있는 몰입 환경을 만드는 것이 가장 시급하고 중요하다. 즉 도전적인 조직풍토가 되어야만 조직구성원들의 잠재된 성취동기가 분출될 수 있다. 플러스 알파(사명감)만 강조해서도 그들의 마음의 뿌리가 움직이지 않을 것이기 때문이다.

표 4-7 몰입경영 관련 메시지 및 사례

관련 경영 Key 메시지	리더십 발휘 사례
• 단 한 건의 청탁도 들어 준 적이 없다. • 무능하고 무사안일적 사람은 도태되어야 한다. • 인사관리는 공정무사 해야 한다. • 적재적소의 배치가 이루어져야 한다. • 적정한 보직관리와 공정한 승진제도를 확립 해야한다. • 경영능률극대화는 바로 의욕극대화에 달려 있다. • 개인적 발전과 사회적 공헌 정도가 정착의 결정요소이다.	(23) 인사 및 납품청탁전화로 업무가 마비될 정도랍니다 (1969). → 어떤 외부청탁도 절대 안 된다. (32) 공정한 인사관리가 근무의욕의 원천이다 (1973). → 인사공정성을 확보하고 직원 사기를 진작시켰다.

3. 일에 열정을 쏟게 한다(행동의 변화)

획기적 성공을 거둔 최고 경영자들에게는 남다른 결정과 선택, 그리고 집념의 실천이 있음을 발견할 수 있다. 실패한 카리스마적 리더들은 비전 실현과 관련된 세세한 부분에 대해서는 관심을 기울이지 않음으로써 실패를 초래하게 된다. 항상 큰 그림만을 중시하며 일상적인 사안에 대해서는 관심을 가지지 않는 리더들은 실패하는 리더가 되기 쉽다. 반면에, 성공적인 리더들은 자신이 몰입하여 추구하는 비전이나 이념을 조직문화나 구조 속에 일상화하여 시스템적으로 실천되도록 한다. 또한 선택된 조직의 전략 방향에 대해서 조직원들이 믿고 몰입할 수 있는 모범을 보여준다(Conger, 1989).

성공한 리더는 전략적 비전의 구체화 및 자신의 솔선수범을 통하여 구성원들의 비전 실현을 향한 끊임없는 집념과 열정을 불태우게 함으로써 비전의 실행력을 높인다. 가치관의 변화, 마음의 변화를 통한 신념과 의욕의 긍정적 인자를 열정의 바이러스로 확대시키는 일, 즉 행동의 변화로 이어지도록 하는 것은 플러스 알파 리더십의 제 2 영역이다.

청암은 직원 모두가 일심동체가 되어 일에 열정을 쏟게 하는 리더십을 발휘했다. 이는 모두가 협력하여 조직 전체의 효율을 높인다는 헌신적인 협동 정신이 전이된 리더십 형태로서 미래경영, 시너지경영, 정도경영의 실천원칙으로 '제철보국'의 비전 실현을 위한 집념과 열정을 불태우게 만드는데 성공했다.

청암은 백년대계를 위해서는 어떤 어려운 일도 마다하지 않고 나서게 했으며(미래경영), 어려움이 닥칠수록 일에 대한 집념과 열정이 더욱 일어나게 했고(시너지경영), 한치의 헛점도 없이 운영되는 튼튼한 조직이 되게 만든 것이다(정도경영)(그림 4-4 참조).

그림 4-4 행동 변화과정의 3대 실천원칙

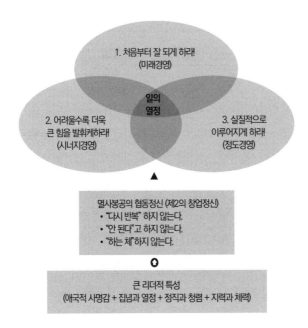

(1) 처음부터 잘 되게 하라! (미래 경영의 원칙)

의사결정은 조직의 성과와 효율성을 결정하는 가장 근본적인 요소이다. 조직은 조직의 목표 달성 과정과 구성원들이 자기의 역할을 수행하는 과정에서 여러 가지 문제에 봉착하게 된다. 이러한 문제를 어떻게 해결하느냐에 따라 조직의 효율성과 성과가 결정된다(이학종, 1997, p. 266).

어떤 의사결정이든 장기적, 단기적 관점이 있기 마련이다. 단기적 관점에서 빠르게 내린 미봉책은 예기지 않은 결과를 유발하여 문제를 더욱 악화시키는 상황이 발생한다.

청암은 모든 문제의 해결을 장기적이고, 근원적으로 접근한다. 처음부터 잘 되도록 하여 다시 반복하는 일들이 원초적으로 생기지 않도록 하였다.

철강산업은 자본집약적인 정치산업이다. 쉽게 고쳐서 바로 다시 가동할 수 있는 설비들이 아니다. 수십 개의 공장이 하나로 연결되어 가동되는 일관제철소이다. 하나라도 나쁜 설비가 도입되거나 허술하게 건설되어 운영된다면 전체 설비의 조업에 영향을 준다. 이는 회사나 국가에 엄청난 손해를 끼치게 된다. 따라서 한 부문의 조그마한 실수도 간과 할 수 없고 기초부터 완벽하게 하지 않으면 안 된다. 단 한번의 시행착오도 허용될 수 없었다. 따라서 일을 함에 있어 처음부터 잘 되도록 하여 후일 다시 반복하는 경영 손실이 발생하지 않도록 하는 데 열정을 쏟게 만들어야 하는 것이다.

미래를 내다보는 통찰력을 갖고 회사 백년대계의 기틀을 구축하는 힘들고 어려운 길을 택하게 했고, 항상 미래지향적인 시각에서 스스로 문제를 찾아 사전에 해결해 나가는 능력을 높여 나갔다. 모든 일에는 항상 반성과 개선의 여지가 있다는 생각을 일상 생활에 체화시켜 같은 실수를 반복하거나 같은 업무를 중복 처리하는 요소를 원천적으로 제거하는 노력을 끊임없이 하게 만들었다.

후대에 물려 줄 백년대계의 기틀이 되어야 한다

(백년대계 기틀 만들기)

"우리는 단순히 공장의 건설이나 철의 생산이라고 하는 유형적 사실을 초월하여 후손에게 물려 줄 위대한 자산의 축적자가 되어야 한다."
(1974.4.1. 창립 6주년 기념식)

"각종 공사의 시공감독과 검수 준공과정에 어떠한 형태의 부정이나 비리도 있어서는 안 된다. 오늘의 작은 부실공사는 내일의 엄청난 재난을 초래한다는 사실을 상기할 때 이것은 결코 용납될 수 없는 일이며 만에 하나 이를 방관, 묵인하는 잘못이 있어서도 안 된다."
(1981.1.5. 사장 특별지시)

긴 안목을 갖고 튼튼한 회사 경쟁력의 기초를 하나씩 놓아가기 시작했다. 일관제철소는 민족자산의 정수요, 후손에게 물려 줄 위대한 자산의 축적자라는 생각으로 세계에서 가장 싼 제철 공장을 지어 다음 세대에 인계해 주어야 하는 책임감을 갖게 했으며, 또 이를 위해 경비가 더 들어가더라도 처음에 완벽하게 경쟁력을 갖춘 공장이 되게 만들었다. 1967년 12월 종합건설추진위원회 첫 실무회의에서 제철소의 미래를 내다보면서 25만톤급 항만시설 건설을 관철시킨 점, 정치적 영향 및 관료들의 간섭을 배제하고 효율경영이 가능한 상법상 주식회사 형태로 결정한 점 등은 오늘날 포스코 경쟁력의 중요한 토대가 되는 미래경영의 대표적인 사례들이다. 특히, 부실공사가 전혀 없는 조직문화를 만듦으로써 모두가 위대한 자산의 축적자라는 자긍심을 갖게 했다. 1977년 8월 2일 공사 진도가 80% 이상 진척된 포항 3기 제강공장 발전송풍 설비 폭파한 것은 부실 공사에 대한 최고 경영자의 태도를 보여주는 상징적인 사례이다. 한번 부실공사가 발을 붙이게 되면 또 그런 일이 발생할 수 있기 때문에 단호한 조치를 취한 것이었다. 이처럼 청암은 창업 당시부터 장기적 안목에서 세계 최강의 경쟁력 있는 제철소가 될 수 있는 기본 토대를 구축하는데 심혈을 기울였다.

리더 한 사람이 모든 것을 바꾼다. 리더라는 막중한 책임과 역할을 강조한 말이다. 우리는 그 동안 수 많은 혁신과제를 수행했으나 그 효과를 확연히 느낄 수 없는 경우가 많다. 그것은 리더 본연의 자세와 역할 수행에 문제가 있다고 보아야 할 것이다.

박태준 회장은 매사를 항상 장기적인 안목을 갖고 나라와 회사의 미래를 생각했다. 앞을 내다보는 통찰력을 끊임없이 학습해 나갔으며 단 한번도 흐트러지는 의사결정을 하지 않았다. 오늘날의 포스코 경쟁력도 나라 미래를 생각하면서 일찍이 잡아놓은 회사 백년대계의 기틀에서 비롯된 것이라 할 수 있다.

또한 매사를 탐구적 자세로 관찰하면서 숨겨진 근원적인 문제를 들춰내 그 해결에 집중했다. 겉으로 쉽게 알 수 있는 문제가 아닌 오래되어 곪아가고 있는 문제, 즉 고질적이고 복합적인 문제를 찾아내 해결하는데 심혈을 기울였다. 뿐만 아니라 앞으로 나타날 예상문제까지도 찾아내 사전에 해결함으로써 후일의 더 큰 손실을 방지했다.

많은 말이나 지시보다 즉시 행동으로 보여주는 고도의 Self-controlled 학습 유도 방법을 사용했다. 부실공사 폭파식은 '포스코에는 절대 부실공사 없다'라는 기업문화를 갖게 한 좋은 학습사례였다. 근본문제를 발굴, 해결하기 위한 그의 프로세스 중심적 사고와 통찰력, 우선순위적 사고는 지금 활발히 추진하고 있는 6시그마 혁신 활동의 기본사상과 맥을 같이 하는 것이었다.

표 4-8 미래 경영관련 메시지 및 사례

관련 경영 Key 메시지	리더십 발휘 사례
• 후손에게 물려 줄 위대한 자산 축적자다. • 긴 안목을 갖고 나라의 미래를 봐야 한다. • 미래지향적인 자세가 필요하다. • 수출 없이는 생존, 번영할 수 없다. • 생색만 내고 명예를 얻으려는 관리자는 곤란하다. • 부실공사는 절대 용납 안한다. • 공사는 경비가 더 들더라도 처음에 완벽하게…	(9) 그렇게 큰 항만 시설은 필요치 않아요!(1967.12) ⇒ 항만규모는 확장을 대비해 크게 잡아야 합니다 (10) 민영기업으로 가서 어떻게 하겠다는 거야?(1967.12) ⇒ 상법상 민간기업형태가 되어야합니다. (39) 한국 시공사와 일본 감독자의 공모사실이 밝혀졌다(1977.8.2). ⇒ 부실시공된 기초공사를 모두 폭파했다.

잘 되고 있을 때 잘못 될 수 있는 경우에 대비한다

(진정한 위기의식 갖게 하기)

"잘 되고 있을 때 항상 잘못될 수 있는 경우를 미리 생각하고 이에 대비해야 한다. 조직의 추진력과 제반 요소를 구비하여 우리의 행동반경이 확대 될수록 더욱 자기반성을 할 줄 아는 조직인이 되어야 할 것이다."(1974.4.1 창립 6주년 기념식)

"어려울 때 주춤하면 더 어려워진다. 증산으로 원가를 내리고 거기서 생긴 경쟁력으로 판로개척에 더욱 노력해야 한다. 불황일 때는 감산이 상식적인 방법이지만 우리는 증산이란 역치유의 방법으로 이에 대처해야 한다."(1979.6.29 임원간담회)

포항제철소 1기 준공 이후 자칫 스스로 이룩해 놓은 성과에 대한 자부심과 자신감으로 인해 안이한 조직 풍토가 조성될 수도 있었다. 청암은 세계를 놀라게 한 포항 1기 준공 순간부터 다가 올 위기를 부르짖고 직원들의 일에 대한 사명 의식을 더욱 강화 시켰다. 1979년부터 기업체질 강화운동이 일상화되게 함으로써 현상유지 의식이 생기지 않게 하고, 끊임없는 반성과 개선 노력을 주문했다. 장래에 발생할 문제들을 미리 점검, 조치하고 숨겨져 보이지 않은 근원적인 문제들을 들춰내 해결토록 했다. 특히, 1981년 10월 전사종합검토회의를 거쳐 마련한 중장기 투자사업은 오늘날 포스코의 고부가가치 생산구조, 설비신예화 및 공해 없는 제철소 조업의 기초가 된 것으로 보인다.

어떠한 경영 상황에도 절박한 위기의식을 지속적으로 가지도록 하는 것은 변화관리의 핵심 요소이다. '현상 유지는 퇴보다.' 이것은 청암의 위기관리 기본 철학이다. 경영이 잘되고 있을 때가 위기라는 뜻이다. 따라서 다가오지 않은 경영 위기 상황을 절박하게 느끼도록 만드는 리더십을 발휘했다. 선진 철강사와의 격차를 파악하게 하여 위기에 둔감한 조직 문화가 되지 않게 했다. 매주 2번의 임원회의는 항상 선진 철강사와의 분야별 격차에 대한 토론과 대화가 대부분이었다. 임직원들 모두가 다가오지 않은 경영위기 상황을 잘 되고 있는 평상시에 인식하도록 만들었다. 이를 통하여 경기 불황, 유가 인상, 시황 부진 등에도 큰 영향을 받지 않는 건강한 기업 체질을 유지하도록 한 것이다.

한편, 예방 정비 활동을 생활화하여 큰 설비 사고 요인을 사전에 제거하였다. 이것은 창사 이래 단 한번의 적자나 경영의 어려움을 겪지 않게 만든 또 하나의 요인이다. 무엇보다 불황일수록 '증산과 투자확대'라는 역치유 전략을 실천한 것도 포스코를 흑자 경영의 선순환 사이클에 계속 머물게 한큰 요소였다.

청암의 위기 의식 고취방법은 첫째, 실수, 실패 사례는 즉시 학습 자원화 하라! 둘째, 문제 발생 소지를 사전에 제거하라! 셋째, 역치유 경영전략 방식을 실천하라!, 크게 세가지로 요약할 수 있다.

표 4-9 미래경영 관련 메시지 및 사례

관련 경영 Key 메시지	리더십 발휘 사례
• 현상유지는 퇴보다. • 어려울 때 주춤하면 더 어려워진다. • 정확한 미래예측과 합리적인 정책 결정이… • 반성과 개선의 여지는 도처에 있다. • 우리나라의 철강산업 미래발전을 주도해야 한다. • 장래 일을 미리 점검하고… • 사전에 완벽한 조치를 해야지… • 어떠한 시행착오도 예방하자. • 사고발생 가능성을 사전에 발본색원해야 한다.	(43) 선진 철강사들과 여전히 격차를 보이고 있다(1979). ⇒ 기업체질 강화운동이 일상화 되어야 한다. (48) 세계철강업계는 질적 전환기를 맞고 있다(1981). ⇒ 설비합리화 투자로 미래를 대비해야 한다. (38) 예비점검제도가 품질관리활동의 본질이다(1977). ⇒ 설비정비 기법들을 계속 선진화 해야 한다.

(2) 어려울수록 더욱 큰 힘을 발휘케 한다(시너지 경영 원칙)

조직은 특정 목표 달성을 위해 두 명 이상이 모여 유기적인 상호작용을 하기 때문에 서로 정보를 나누고 맡은 책임을 완수하도록 돕기도 한다. 이러한 과정에서 조직의 과업들은 시너지 효과 때문에 추가적인 투입이 없어도 더 많은 성과를 창출하게 된다.

시너지 효과는 조직 응집력이 결정한다. 조직 응집력은 조직이 보유하고 있는 힘을 말하며, 구성원들간의 상호작용에 의하여 발생하는 공동 의식 및 공동 목적의 공유 정도를 의미한다. 이러한 응집력은 집단 활동의 결과로 축적되어 다음 단계 활동의 강화 요인으로 작용한다. 이러한 응집력은 조직집단의 규범이 그 기초가 된다. 집단 규범은 집단 구성원들의 행동의 준거 기준으로서 구성원들의 행동을 규율 하는 공유된 태도, 의견 느낌, 행동 등을 망라한다(손태원, 2004, p.178).

집단을 효과적으로 관리하여 시너지 효과를 창출하기 위해서는 집단의 규범이나 역할에 대한 동태적 특성에 대한 이해가 필요하다. 일관제철소 경영은 어느 한 부문이나 공장, 어느 몇 사람들이 잘 한다고 해서 잘 되는 것이 아니다. 모두가 함께 혼신의 노력을 다하지 않으면 성공할 수 없다. 따라서 각 부문 및 개인의 역량이 '제철보국의 비전' 한 곳으로 모아져 유기체적인 단결력, 협동된 집행력으로 나타나게 만듦으로써 그 어떤 도전의 벽도 뛰어 넘을 수 있는 응집력 강한 조직문화를 형성되게 하였다.

청암은 어려운 순간들을 놓치지 않고 Risk Taking 의 학습기회로 활용함으로써 어려움이 닥칠수록 그들의 창업정신은 더욱 강렬해 졌다.

불황 시에 감산이라는 쉬운 길을 택하는 것이 아니라, 증산을 통한 원가 경쟁력 확보라는 전략적 선택(역치유 전략)을 통하여 조직에 긴장감을 조성하고 이를 계기로 조직의 시너지를 창출하고, 응집력 강한 조직문화를 창출하였다. 우리가 학습해야 할 또 하나의 중요한 리더십 실천 원칙이 아닐 수 없다.

오직 이 사업을 성공시키겠다는 소신, 그것만이 유일한 힘이었다
(소신 있는 행동하기)

> "KISA와의 협정이 시련에 부딪혔을 때, 경영상의 결심을 함에 있어 참으로 어렵고도 고독한 입장이었다. 절대 절명의 위기였다. 그러나 직원들의 의지와 성의 있는 노력에 힘입어 대과 없이 유익할 결과를 가져오는 결심을 해왔다고 생각한다. 이는 오직 이 사업을 성공시키겠다는 소신, 그것만이 유일한 힘이었다."(1969.1.4 신년사)

박태준 사장은 '제철보국의 비전' 실현을 위한 험난한 항해에 출사표를 던졌다. 그러나 오랜 산고 끝에 갓 출범한 포항제철 거함의 첫 항해 앞에 곧바로 절대 절명의 위기 상황이 밀어 닥쳤다. 그것은 새로운 추진 방향의 대안도 전혀 보이지 않은, 그야말로 사운이 걸린 결정적인 순간이었다. 온 세상이 한국의 철강 프로젝트를 반대하고 있는, 참으로 어렵고 고독한 경영책임자의 입장에 놓이게 된 것이다.

절대 절명의 위기 상황에서 제철사업을 성공시키겠다는 소신과 책임감으로 밤잠을 못 자가며 백방으로 노력한 끝에 소위 '하와이 구상'을 실현시키는데 성공한다. 확고한 소신과 사업에 대한 무한한 책임감을 몸소 보여준 대표적인 사례이다.

하와이 구상의 첫 번째 고비는 김학렬 경제수석과 박대통령을 설득하는 일이었다. 일차적으로 부총리 설득이 여의치 못하자 직접 대통령 설득에 나서게 된다. 이미 농수산업 발전에 사용하기로 확정된 청구권 자금에 대한 그의 전용 논리는 단순하고 명쾌했다. 철강업은 농기계를 우리 손으로 만들수 있는 농업의 보완 사업이며, 농업 이상으로 경제 발전에 기여할 수 있는 기간 산업이라는 것이었다. 두 번째 고비는 일본 오하라 장관을 설득하는 일이었다. 한국의 일관제철소 건설의 당위성을 과거 일본 철강산업 발전과정에 비추어 설명함으로써 꼼짝 못하게 만들었다.

일심동체 조직의 협동력이 일어나게 하기 위해서는 항상 리더가 소신있고 확신에 찬 행동을 보여주어야 한다. 어떤 위기 상황이 닥쳐도 흔들림 없는 강한 신념과 확신을 가지고 있어야 한다.

청암은 어느 누구와도 자신의 소신을 굽히지 않고 끝까지 관철시켰다. 절대적 권력자인 박대통령까지 설득하는 기개를 가졌다. 제철보국에 대한 자신의 비전에 대한 신념을 믿어 달라는 호소와 애원을 통한 설득으로 자신의 소신을 관철시키기도 한다. 호주 광산업체와의 첫 구매협상에서도 자신이 구상한 일관제철소 건설에 대한 확신을 가지도록 하여 협상을 성공시킨다. '애국적 사명감'의 숭고한 가치관에서 나오는 난관돌파력이 엄청난 결과를 가져 오게 된 것이다.

비전다운 비전(좋은 비전)은 항상 도전적인 것이어서 쉽게 달성되지 않는다. 모든 외부 여건들이 유리하게만 전개되지 않기 때문이다. 그래서 특별한 노력(지혜와 열정)을 구성원들과 함께 기울여야만(실천력)달성 될 수 있다. 비전 실현 과정상에 많은 위기 상황들이 수시로 리더의 능력을 시험하게 된다.

절대 절명의 중대한 고비 상황도 몇 번은 생긴다. 박태준 회장은 크고 작은 어려운 위기 상황에서 진정한 리더의 모습을 보여 주었다. 그는 중대사 안에 대해서는 상대방이 반론을 제기할 수 없게 하는 나름대로의 탄탄한 설득논리를 개발하여 대응했다. 논리구조가 약하면 상대를 설득시킬 수가 없기 때문이다. 누가 언제 물어도 자신 있게 설명할 수 있는 나름의 논리구조를 갖고 있었기에 자신의 '하와이 구상'을 실현시킬 수 있었던 것이다.

비전 실현에 대한 강한 신념과 확신을 조금도 잃지 않았다. 어떤 위기 상황에서도 우왕좌왕 하지 않았다. 지칠 줄 모르는 기개와 인내, 열정으로 상대방의 마음을 사로잡아 신뢰와 확신을 심어준 성공한 리더였다.

그는 어떤 상황에서도 흔들리지 않는 비전에 대한 확신, 일에 대한 열정과 자신감, 우왕좌왕하지 않는 정확한 판단력과 결단력, 그야말로 흡인력이 강한 리더의 모습을 보여준 것이다.

표 4-10 시너지 경영 관련 메시지 및 사례

관련 경영 Key 메시지	리더십 발휘 사례
• 참으로 어렵고도 고독한 경영자의 입장이었다. • 사운이 걸린 결정적인 순간을 맞았다. • 새로운 추진 방향의 대안도 없었다. • 실마리가 풀리지 않았던 힘겹고 쓰라린 역정이었다. • 일에 대한 변함없는 소신과 책임감으로… • 백방으로 노력한 끝에… • 밤잠을 못 자고 교섭한 끝에 이름을 빼고…	(19) 대일청구권 자금전용은 실현 불가능합니다(1969) ⇒ 철강은 농수산업과 보완관계에 있습니다. (20) 제철소를 세우는 일은 그 다음 일이지요(1969) ⇒ 한국의 안보가 튼튼해야만 일본도 안심할 수 있을 것입니다. (21) 서명이 담긴 문서를 받아 오시오.(1969.8) ⇒ 조국이 원한다면 어떤 일도 한다. (22) "일응을 빼고 다시 문서를 가져오시오."(1971) ⇒ 우여곡절 끝에 하루 반만에 일이 끝났다. (29) 귀사가 제철소를 성공적으로 건설할지 누가 압니까? (1971) ⇒ 결코 공기가 지연되지 않을 겁니다.

조직역량을 한 군데로 집중시킬 수 있어야 한다

(일심동체 조직 만들기)

"어떤 어려운 고비를 넘겨야 할 중대한 시기에 직면했을 때 거사적으로 힘을 기울여서 모든 역량을 한 군데로 집중 시키는 능력이 회사에 어느 정도 있느냐에 따라 회사의 기본 능력을 측정해 볼 수 있다 ."

(1978.9.4. 임원간담회)

변화는 일부 부문에서만 일어나는 부문적 변화(incremental change)와 전체적인 조직에 걸쳐 일어나는 전략적 변화(strategic change)로 구분된다. 부문적 변화는 주로 기존의 경영전략을 중심으로 조직의 능률을 향상시키는데 반하여, 전략적 변화는 조직 전체에 걸친 근본적인 변화를 야기한다. 포스코는 조직 응집력이 강한 기업이다. 이는 절대 절명의 위기 상황에서 새로운 활로를 찾은 포스코의 성장 역사와 밀접한 상관이 있다. 어려운 위기 상황에서는 모두가 전사적 연대의식을 갖고 일심동체가 되어 생사고락을 같이 하는 협동적 결속력을 높였다. 협동된 각자의 힘이 발휘되게 하고, 유기체적인 단결력이 나타나게 했다.

청암은 어려운 위기 상황을 조직역량을 결집시킬 수 있는 기회로 활용했고, 결집된 조직 역량을 또 다른 위기 극복의 지렛대로 활용해 왔다. 1971년 3개월 이상 지연된 열연공장건설 공기 단축, 1978년 6월 고로 3기 건설 비상체제 가동 방식에서 중요한 교훈을 얻을 수 있다. 이는 불가능을 가능으로, 위기를 기회로 바꾸어 놓은 좋은 사례로 오늘날 포스코의 '되게 하는' 문화의 근간이 되었다.

조직이 지향해야 할 비전을 설정·제시하고, 도전적인 몰입 환경을 만들어 놓았다고 하여, 개개인의 잠재력이 마음껏 발휘되는 것은 아니다. 리더와 직원간의 강한 유대감을 갖게 하고, 부문·부서간의 유기적인 협력체제가 유지되게 만드는 일이야말로 리더의 중요한 역할이 아닐 수 없다.

청암 박태준은 '일관제철소 건설'의 비전 실현을 어렵게 만드는 중

대한 문제에 봉착해서는 결코 물러서지 않았고, 정면 돌파하여 해결해 내는 흡인력 강한 리더십을 발휘했다. 그리고 상하·부서간 불협화음의 소리를 내지 않는 전원 참여의 비상(혁신)활동체제가 되게 만들었다. 그 중심에는 현장 직원들과 함께 동고동락하는 박태준 회장이 있었다. 비전과 목표만 제시하고 나와 앉아 있지 않았다. 포철이 한다면 하는 권능감 높은 조직문화를 만들어 내었다.

부하는 앉아서 쉬고 리더는 서서 쉬어라! 박태준 회장의 솔선수범의 리더십 철학이다. 그의 눈과 귀는 항상 현장에 있었고, 정직성에 기초 한 리더의 언행 일치가 조직 신뢰관계의 핵심요소임을 보여 주었다. 직 원만이 아니라 원료공급 업체와의 약속도 반드시 지켰다. 각자가 해야 할 책임과 역할을 명확히 했고, 모두가 목표달성을 위한 역량 개발 노 력에 혼신을 다하게 함으로서 Free rider가 없는 역동적인 조직을 유 지할 수 있었던 것이다.

표 4-11 시너지 경영 관련 메시지 및 사례

관련 경영 Key 메시지	리더십 발휘 사례
• 미치광이라는 말을 들을 정도가 아니면 아무것도 이룰 수 없다. • 모두가 생사고락을 같이 했다. • 일심동체가 되어 뛰고 또 뛰었다. • 응집력과 협동적 결속이 중요하다. • 협동 된 각자의 힘이 발휘되어야 한다. • 유기체적 단결력이 구사되어야 한다. • 어떤 경우도 감산이라는 소극적 자세는 안 된다.	(27) 3개월 이상 지연된 공기를 만회할 방법이 없습니다(1971). ⇒ 포철이 한다면 하는 것입니다. (41) 이 상태로는 3기 예정공기 달성이 어렵습니다(1978) ⇒ 건설은 회사 전체가 하는 것입니다.

(3) 실질적으로 이루어지게 하라 (정도경영의 원칙)

오늘날 윤리 및 정도경영이 도전적인 과제가 되고 있는 이유는 진정한 경쟁력을 가진 고성과 기업은 이를 통해서만 이루어 질 수 있기 때문일 것이다. 그러나 외부 청탁에 야합하거나 굴복하지 않고 실력을 키워 최고의 회사가 되려면 장시간이 소요될 뿐만 아니라 이를 극복하기 힘들기 때문에 형식적으로 무늬만 윤리경영을 하는 경우가 많다.

청암은 겉치레 위주의 형식적인 행동들이 절대 나타나지 않게 했다. 왜냐하면 민족진운을 가늠하는 초유의 일관제철소 건설사업은 적당히 타협하면서 대충해서는 이루어 낼 수가 없기 때문이다. 제철소 건설과 조업은 수많은 변수들이 한치의 흐트러짐 없이 효율적으로 운영되지 않으면 정상상태로 유지되기 어렵다. 따라서 어느 한 부분도 형식에 얽매여 겉도는 공간이 생겨서는 안 되며, 어떤 상황에서도 편법으로 건너뛰지 않는 정도 경영의 룰이 반드시 지켜져야 한다.

청암 박태준은 수많은 공장과 시설들을 모두 내실 있게 설계하여 효율적인 운영이 지속되게 했고, 아무리 바빠도 정해진 규율과 지침을 지키게 했으며, 주위의 작은 것 하나부터 스스로 실천케 했다. 각자의 몸과 마음이 항상 청결한 상태로 유지되게 했으며 리더가 먼저 기본과 원칙의 정도를 지키는 솔선수범의 리더십을 구현해 나갔다.

정직과 신뢰 기반의 실질적인 경영 참여 활동이 되게 한 것이다. 즉, 내실있는 직원 복지, 현장 중심의 경영이 되게 했다. 개인이나 소그룹별로 그들의 욕구 수준을 파악하여 관심을 보이고 배려할 때, 정직성을 기반으로 한 자발적인 창조와 혁신활동에의 참여가 가능하다(Bass, 1988).

모든 것이 구색 갖추기식이 되어서는 안 된다

(가치창출조직 만들기).

> "구색을 갖추기 위한 설비계획이 되어서는 안 된다. 선진국에서의 최종 제품에 대한 용도의 변화와 앞으로의 개발 방향 등에 대하여 명확한 조사가 이루어진 토대 위에서 설비계획이 수립되어야 한다. 그리고 건설이 끝나고 나면 우리 힘으로 일관제철소를 설계하여 건설하고 조업할 수 있는 능력을 가져야 한다."(1977.1.7. 임원간담회)

청암은 모든 일을 개념적으로만 이해하지 말고 원리를 중심으로 실질적인 문제해결이 이루어지게 했다. 탁상공론식의 이론 제시나 불필요한 주의 주장 논쟁으로 시간을 소비하지 않게 했다. 전시 행정, 사실에 입각하지 않은 형식적인 보고 행정이 경영부실의 근원적인 요소임을 깨닫게 했다. 공사비 절감효과의 업체 환원, 협력업체와의 공존공영 정신도 중요한 정도 경영의 요소가 되게 했다. 정당한 일에 대한 정당한 평가가 이루어지게 하는 규칙을 만들어 나갔다.

변화와 혁신을 추구하는 기업활동에는 항상 크고 작은 빈틈들이 생기기 마련이다. 그의 리더십은 사실에 입각한 정밀관리방식이었다. 1977년 포항 3기 건설 시공회사들이 실제 작업 인원의 20% 가량을 수개월 동안 속여 허위보고한 사실을 현장조사를 통해 발견, 이를 근원적으로 조치한 사례는 당시 탁상 행정에 빠진 간부들에게 큰 경각심을 불러 일으켰다.

청암은 직원을 움직이게 하는 힘은 직위가 아니라 현장을 아는 능력이라고 보았다. 재임 기간 절반동안 현장에 나가 있었다. 공장 구석구석의 숨은 문제들을 샅샅이 알고 있는 공장장, 직원의 불평, 불만 요구사항까지 잘 이해하고 있는 팀장, 이러한 리더이어야 직원의 마음을 움직여 비전과 목표를 실현할 수 있을 것이다.

진정으로 "하고 싶어서" 하는 마음을 갖고 있는지, 주어진 회사 일에 재미와 보람을 느끼고 있는지를 항상 유심히 관찰했다. 자연히 헛돌고 있는 공간들을 직접 발견하여 개선 조치하는 일들이 수없이 많았다. 차츰 직원들의 사고와 행동이 거짓(쇼)과 형식에서 진심과 실질로 바뀌었다.

직원들이 요구하기 전에 먼저 회사가 그들의 니즈를 파악하여 실질적인 복리후생정책이 되게 함으로써 그들의 삶의 질을 크게 향상시켰다. 모든 문제의 해답은 현장에 있다. 현장상황과 직원의 처지를 알아야 맞춤식 경영이 가능하며 실질적인 직원참여 경영을 이룰 수 있다. 개개인의 니즈에 맞는 맞춤식 교육, 맞춤식 제도 운영 등이 가능하다. 경험이나 주먹구구식 사고 방식으로는 현장 직원들의 진실된 마음과 실질적인 행동을 유발시킬 수가 없을 것이다.

표 4-12 정도경영 관련 메시지 및 사례

관련 경영 Key 메시지	리더십 발휘 사례
• 원리 이해 중심의 실질적인 문제 해결이 되어야 한다. • 탁상공론식의 이론만이 있어서는 안 된다. • 구체적이고 실질적인 해결방안을 정연하게 건의할 줄 알아야 한다. • 사실에 입각하지 않는 보고는 경영부실의 근원이다. • 겉으로만 화려한 체 형식에 얽매인 사람을 제일 싫어한다. • 공사비 절감효과는 업자에게도 환원되어야 한다. • 협력업체와는 공존공영의 정신을 가져야 한다. • 정당한 일에 대한 정당한 평가가 되어야 한다.	(37) 자네가 직접 현장을 점검해봤나? (1977) ⇒ 사실에 근거하지 않은 보고는 경영부실의 근원이 된다. (15) 직원들은 공원 속에서 생활하게 될 것이다.(1968) ⇒ 내실 있는 포스코식 복리후생 모델이 되게 해야 한다.

기본과 원칙을 무시하면 여러 가지 문제가 생기기 쉽다

(기본 실천 생활화 하기)

"어떤 어려운 일에 부딪히더라도 우리가 지켜야 할 최소한의 원칙과 상식이 있는 것이다. 그러한 상식 선을 벗어나지 않도록 최선을 다해야 하고 그것을 지킨 이상은 우리의 소신과 목적을 위해서 전략을 굽힘 없이 밀고 나가는 자세가 필요하다."(1982.7.5 광양제철소 건설회의)

포스코 제1창업정신은 회사 및 일에 대한 무한책임 정신이다. 이는 강한 문제의식을 갖게 만든다. 조기에 문제를 발견하는 역량 즉, 명확하게 문제가 드러나지 않았더라고 향후 발생할 가능성이 있는 문제들을 미리 발견하여 치유하려는 자세가 매우 적극적이다. 그러나 그 문제를 볼 수 있는 눈은 기초가 확실히 되어 있어야 가질 수 있다.

따라서 청암 박태준은 어떤 경우에도 포스코인으로서 최소한의 규범과 질서를 반드시 지키게 했다. 이권청탁, 업무처리지연 및 태만, 기강해이 등 정당성과 공정성을 헤치는 어떠한 행위나 자세도, 일어나지 않도록 했다. 자신이 솔선하여 지켜온 '기본의 실천', '원칙중심'의 정도경영을 뿌리내리게 했다.

1967년 KISA와의 합의 각서에 서명을 종용하는 장기영 부총리와 기공식 참석을 종용하는 박대통령과 나눈 대화 과정에서 그의 기본과 원칙 중심의 정도경영 철학을 엿볼 수 있다. "정식 임명되고 계약서를 검토한 다음 서명하겠습니다. 일은 확실하게 해야 합니다. 위원장 자리는 내용도 보지 않고 서명하고 도장 찍는 자리가 아닙니다. 실질적인 보장 하나 없이 기공식만 성대히 치르는 것은 명백히 잘못된 것입니다. 기공식 참석은 제 원칙을 지키는 것 보다 훨씬 쉬운 일입니다. 첫 출발부터 이렇게 허술하게 되어서야 어떻게 제철소를 제대로 지을 수 있겠습니까?" 등의 내용에서 얼마나 확고한 원칙 중심의 정도경영인가를 알 수 있다.

한편, 공화당 김성곤 당시 재정위원장의 정치자금 모금 명분의 마루베니 설비 구매 청탁을 거절하고, 이로 인한 1974년 가을 고위 권력기관으로부터 서울 가택 수색 등의 수모를 받으면서도 윤리 및 정도경영의 철학을 결코 포기한 적이 없었다.

이처럼 청암은 자신이 먼저 기본과 원칙의 정도를 철저히 실천했다. 사회 곳곳에 부정·부패가 난무하고 정경유착의 고리가 깊이 뿌리내려져 있던 당시의 사회적 환경하에서 윤리경영은 실천하기란 쉽지 않았다는 점을 감안할 때 더욱 돋보이는 리더십이었다. 상대방과 약속한 규범과 규칙을 반드시 지켜나가는 작은 일에 윤리경영의 근간을 두었다. 그리고 자신의 정직하고 청렴한 생활 가치관을 몸소 실천하면서 회사조직에 뿌리 내리게 했다. 이것이야말로 신뢰관계 형성을 통한 기업가치 창출의 근원이 된다고 보았다.

결국 경쟁사들보다 싸게 공장을 건설하여 저가 고품질의 철강제품을 만들어서 높은 이익을 지속적으로 창출할 수 있는 구조를 구축할 수 있었다. 이것이 그가 작동시킨 윤리경영 철학이자 프로세스이다. 직원 능력, 회사 경쟁력 모두가 실력을 쌓아 공정 경쟁하게 했다. "스스로의 노력으로 힘(경쟁력)을 축적해야, 남의 눈을 뜨게 한다"는 자신의 정도경영 철학을 인내를 갖고 포스코의 조직문화로 뿌리내리게 한 것이다.

표 4-13 정도경영 관련 메시지 및 사례

관련 경영 Key 메시지	리더십 발휘 사례
• 기초가 확실해야 문제가 보인다. • 회사존립에 영향을 주는 어떤 외부 압력도 안 된다. • 외부영향력으로 부실기업이 된다면 안 된다. • 정당한 요구 관철에는 기개와 기혼이 필요하다.	7) 건설위원장 자격으로 여기에 서명 하시오(1967.9). ⇒ 일은 확실하게 해야 합니다. (8) 내일 기공식에 참석 해 주시오(1967.9). ⇒ 기공식 참석은 제 원칙을 지키는 것보다 훨씬 쉬운 일입니다. 그러나… (24) 내 생각에 임자에게는 이게 필요할 것 같아!(1970) ⇒ 포철이 득이 되는 일은 국가에도 득이 된다.

• 이권청탁, 비위, 부정 등은 용납지 않는다.	(25) 마루베니로 낙찰 해 주십시오.(1971.) ⇒ 최저 입찰자라면 낙찰 되겠지요.
• 공사구분이 엄격하고, 분명해야 한다.	(26) 당신이 뭐 소통령이라도 된다는 거요? (1971.)
• 업무처리지연, 태만은 용납될 수 없다.	⇒ 정치헌금 내기 시작하면 제철소를 제대로 건설 할 수 없다.
• 작업자가 단정하면 공장이 청결해지고, 제품이 완전무결해진다.	(34) 목욕에도 철학이 있습니까?(1974.) ⇒ 나의 공장관리 원칙 제1호가 목욕론이다.
• 한 개인의 기강 해이가 치명적 영향을 가져온다.	(35) 너의 어머니가 밀수품을 사들였다는 혐의가 포착되었다. (1974.) ⇒ 각하! 이제 물러갈 때라고 생각합니다.
• 재난은 안일한 사고방식으로 일할 때 생긴다.	(40) 무서운 재난이 딱 한번 발생했었지요. (1977.4.24)
• 원인 규명은 동일 사고의 재발방지에 있다.	⇒ 직원들이 피곤하지 않게 일하도록 하고 싶었습니다.
• 안전의 기본은 규율과 질서유지이다.	

4. 일에 보람을 찾게 한다(조직문화의 변화)

조직 경영의 성과는 지속적인 노력과 열정을 필요로 한다. 일에 대한 성취의 기쁨과 보람을 스스로 찾게 하여 열정의 끈을 놓지 않게 만들어야 한다. 리더가 곁에 있으나 없으나 일에 대한 열정의 강도는 차이가 없이 일정하게 유지되도록 해야 한다는 뜻이다. 집념과 열정의 바이러스가 약해지지 않고 조직문화로 자리잡게 하는 일은 플러스 알파 리더십의 제3영역이다. Sashkin 과 Burke(1990)은 비전 추구형 리더십을 제시하면서 조직 문화의 혁신을 리더십의 핵심 조건으로 꼽고 있다.

청암 박태준은 어떻게 구성원들의 그들의 열정의 선순환을 유지되게 만든 것인지를 살펴 보고자 한다. 온 세계를 깜짝 놀라게 한 포항 영일만의 철강신화! 그러나 짧은 기간에 이룩한 자신들의 성과에 도취되어 성장속도를 한시도 멈추지 않게 했다. 목표실현의 매듭마다 오히려 냉철한 자기반성이 뒤따랐다. 세계 최고의 경쟁력을 유지하기 위한 변화와 혁신의 노력을 더욱 가속화 시켰다. 제철보국을 향한 그들의 집념, 창업정신을 조금도 약해지지 않게 했다. 그들은 남들보다 많은 돈을 벌기 위해 포스코를 선택한 것이 아니었다. 1973년 6월 9일 아침 7시 30분, 건국이래 첫 쇳물이 포항 제1고로에서 나오던 날 그들은 모두가 부둥켜안고 눈물을 흘리면서 만세를 불렀다. 자신들에게 부여된 책무완수에 보람을 가졌다. 이렇듯 그들의 일에 대한 가치관은 남들과는 매우 달랐다. 카리스마적 리더들은 외적인 보상 보다는 일과 비전을 성취함으로써 얻게 되는 내적 보상을 중요시한다(Shamir, 1991). 현실적인 외적 보상에 대한 기대를 넘어 원대한 사명을 내면화하도록 유도하는 것이다. 리더의 영향으로 구성원들은 자신이 맡은 임무의 가치와 이념을 완전히 내면화하게 되면 일이 생활이고 생활이 곧 일이 된다.

개개인이 주체적 인간으로서 일하는 보람과 기쁨을 누리는 창의적인 자율학습 조직이 되게 하였고(자율경영), 벤치마킹 대상이 되는 모범적인 모델들을 계속 개발토록 하여 회사 Brand 가치를 높임으로서 포스코 직원임을 자랑스럽게 여기게 했으며(가치경영), 그리고 항상 더 높은 목표를 쉴 틈 없이 제시하여 도전과 창조경영의 문화를 뿌리내리게 한 것이다(도전경영).

그림 4-5 조직문화 변화 과정의 3大 실천원칙

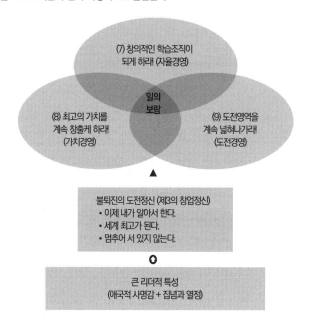

(1) 창의적인 학습조직이 되게 하라!(자율경영의 원칙)

리더에 숭고한 가치관에 기초한 비전과 혁신 열정이 조직문화로 정착되게 해야 한다. 구성원들 개개인의 창의성과 혁신성을 지속적으로 자극함으로써 조직의 신념과 가치관까지도 바꾸어 놓는 리더십이 필요한 것이다(Bass, 1988).

제철보국의 포스코 거함은 완전한 정상궤도에 진입했다. 그러나 앞으로 어떤 어려운 경영환경에 처면 갑자기 선순환 궤도를 벗어날지도 모르는 상태이다. 따라서 선장 없이도 스스로의 힘으로 정상적인 항해 속도를 낼 수 있게 만들어야 한다. 양적 확대와 함께 질적 성장을 통하

여 선진 제철소를 구현해 나갔다. 가속화되는 자원궁핍시대에 직면하여 원료조달을 전적으로 해외수입에 의존해야 하는 포스코는 무한한 창의를 지닌 고도의 인력만이 그 활로를 뚫을 수 있는 유일한 자산이었다.

'자원은 유한, 창의는 무한'이라는 말은 회사설립 시부터 지금까지 줄기차게 실천해 오고 있는 청암 박태준의 인간존중 경영철학이다.

모든 교육 훈련들을 직원 개인의 능력 향상으로 정확히 이어지게 함으로서 일하는 보람과 기쁨을 누리는 즐겁고 신바람 나는 직장이 지속되게 했다. 현장 자주관리운동을 전개하여 일을 통한 보람이 자연스럽게 학습으로 이어지는 선순환 자율학습조직 문화가 정착되게 하는데 온 심혈을 기울였다. "이제 내가 알아서 한다"는 자율조직문화를 뿌리내리게 했다.

무한한 창의를 지닌 고도의 인력만이 유일한 자산이다

(글로벌 전문가 되기)

"우리 모두는 각자의 능력을 최고도로 발휘하여 최소한 자기가 맡은 한가지 분야에서는 국제수준의 안목과 역량을 갖춘 전문가가 되어야 하겠다."(1980.4.1. 창립기념식)

'질의 세계 정상은 사람으로부터'라는 슬로건 아래 직원 개개인이 사계(斯界)의 전문가가 될 때까지 교육하고 훈련시켜 나갔다. 설비가 혁신되듯이 사람 역시 부단한 교육과 자기 노력으로 발전될 수 있다는 신념하에 많은 연수 및 교육프로그램을 개발하여 직원 개개인의 역량을 지속적으로 향상시켰다.

창립 이후 가장 먼저 연수원을 건립하였으며(1968년 10월 24일), 조업 초기에는 외국 전문 기술자와 운영계약을 통하여 공장 관리 및 직원 교육을 위탁하라는 KISA의 제안을 거절하고, 1기 공사 마무리 시점인 1974년까지 600여 명에 달하는 직원들을 일본, 호주, 서독 등으로 해외연수를 보내 철저하게 기술을 습득하도록 하였다.

1968년 11월 일본 기술 연수생들에게 "무슨 수를 쓰든 일본 철강 기술에 대해 하나도 빼놓지 말고 모두 배워 와야 합니다. 포철을 키워 줄 기술들을 머리 속에 듬뿍 담아 오시오."라고 당부한 사실을 보아도 당시 기술 확보의 시급성과 직원 교육의 중요성에 대한 청암의 사상과 철학을 잘 알 수 있다.

해외연수 프로그램이 현장 자율학습 풍토의 큰 매개 역할을 했다. 연수를 끝내고 돌아온 연수생들은 내부 연수 프로그램을 통하여 자신들이 습득한 지식, 기술들을 동료들에게 전파하고, 확산하였다. 학습을 통해 직원 개개인의 역량이 향상되어 이것이 재미로 이어지고 향상된 보유 역량을 마음껏 발휘하게 함으로서 학습을 통한 재미가 일을 통한 보람으로 이어지게 한 것이다. 이것이 청암 박태준의 자율학습 조직문화의 철학이요, 프로세스이다.

한편, 공부하지 않고, 능력이 없으면 퇴보하는 조직풍토가 되도록 인사평가 및 보상제도를 지속적으로 개선해 나갔다. 교육환경개선 및 제도적 지원을 경영의 최우선 과제로 삼았으며, 실질적인 교육훈련을 반복실시함으로써 최소한 맡은 분야에서 국제수준의 안목과 역량을 갖춘 전문가로 육성시켜 나갔다. 무엇보다 OJT 교육을 통한 평생 학습 조직이 되도록 하기 위해 현장 관리자들의 부하 육성책임을 중요시 함으로써 현장이 가장 좋은 교육장이 되게 했다. 그리고 모든 교육 훈련의 목적을 현장에 실질적으로 적용할 수 있도록 하는데 초점을 맞추었다.

표 4-14 자율경영 관련 메시지 및 사례

관련 경영 Key 메시지	리더십 발휘 사례
• 국제수준의 안목과 역량을 갖춘 전문가가 되어야 한다. • 무능하고 무사안일적인 사람은 도태되어야 한다. • 능력과 자질의 부단한 개발이 필요하다. • 기민한 적응성, 고도의 창의력과 기획성을… • 교육은 천하의 공업이다. • 일본기업들의 높은 능률의 원동력은 교육이다. • 교육환경 및 제도적 지원 • 실제적인 훈련의 반복실시(실험, 실습, 견학 등)가… • 부단한 교육과 자기 노력 (평생 교육)이… • 교육은 교육부서에서만 하는 것이 아니다. • 평소의 교육이 중요하다.	(16) 가동초기 몇 년은 외국전문 기술자에 맡겨라! (1968) ⇒ 포철을 키워 줄 기술들을 머리속에 듬뿍 담아 오시오! (33) 직원의 지식, 기술을 하루 속히 세계적 수준에 도달시켜야 한다(1973.9.). ⇒ 실질적인 교육훈련이 반복 실시되어야 한다.

스스로 발견하고 스스로 시정케 해야 한다

(자주관리 조직 만들기)

"자주능력과 자율정신이 결여되면 통제와 규제가 가해지고, 그 결과 조직은 경화되며 경우에 따라서는 악순환이 계속된다. 그러므로 이러한 상황을 궁극적으로 해결하는 길은 자주능력과 자율정신을 함양하고 통제나 규제는 일시 방편으로 사용해야 한다."(1977.5.19. 연수원특강)

제철보국의 사명감(+a)은 자신의 직업에 대한 긍지를 가지고 스스로의 의지로 스스로의 운명을 개척해 나가는 주체적 인간상을 확립하게 한다. 타율에 의하여 일하는 인간을 일을 통하여 자기성장과 자아실현을 해나가는 자율적 인간으로 육성하겠다는 경영철학이 내포되어 있다.

청암 박태준은 회사 창립 초기부터 적정한 시기에 가서 자주관리체제를 도입, 정착시켜야 한다는 계획을 갖고 경영해 오다가 79년에 관리체제의 발전을 도모했던 것이다. 그 동안 통제는 일시적 방편으로 어쩔 수 없이 사용해 왔고, 궁극적인 목표는 자율관리체제 정착이었다. 전사 자주관리운동 강화를 통해 회사발전과 자아실현을 추구하는 인간존중관리체제를 정착시키는 데 심혈을 기울이기 시작한 것이다. 청암은 모두가 참여하는 현장 자주관리활동을 전개하였으며, 구체적인 추진 철학과 방법은 다음과 같이 요약된다.

첫째, 자주관리에 대한 당위성과 기본 철학을 숙지하게 했다. 일을 통한 자기성장과 자아실현을 추구한다는 인간존중의 철학에 대한 교육을 하였다.

둘째, 현장 분임조의 소그룹 활동이 살아 움직이게 했다. 자주관리는 현장그룹의 자발적인 문제 발굴 및 개선 활동이다. 따라서 분임조장이 자주 관리의 성패를 가늠하는 중심으로서 구성원간의 친밀감과 일체감 조성에 세심한 노력을 기울이게 하였다.

셋째, '내 회사, 내 공장'이라는 강한 주인의식을 갖게 했다. 공장 전체를 하나의 생명체로 여기고, 사람과 설비가 호흡을 같이 하게 하고, 설비를 사랑하는 정신을 가지도록 하였다.

인간은 누구나 무한한 잠재능력을 갖고 태어나지만 대부분 1/3도 발휘 못한다고 한다. 더구나 보유하고 있는 역량을 제대로 발휘 못하고 뒷전으로 나가 앉아 있게 만든다면 개인, 조직 모두에게 큰 손실이다. 청암 박태준은 구성원 모두가 일심동체가 되어 개개인의 창의성이 마음껏 발휘되는 혁신조직이 되게 했다. 소극, 소홀, 태만, 방치, 회피, 은폐 등의 업무 자세와 행동들은 회사 가치를 은밀하게 손상시키는 큰 죄로 인식하게 했다. 따라서 자주관리운동을 통해 자주능력과 자율정신이 깃든 주체적 인간상을 확립하는데 심혈을 기울였다. 이는 그의 인간존중 경영철학을 구체적으로 실천한 대표적인 하나의 사례다.

특히 현장 분임조의 소그룹 개선 및 학습활동에 지대한 관심과 제도적인 강화 노력을 기울였다. 각자의 위치에서 공장 기계 하나하나를 생명체로 여기고 사랑으로 대화하고 호흡할 때 이것이 포스코가 추구하는 가장 이상적인 자주관리상이라고 했다. 포항 1기 설비조업과 함께 '스스로 발견하고 스스로 시정하자'는 가치 아래 ZD운동을 시작으로 계속 강화해 온 현장 자주관리활동은 포스코의 조직문화가 되었다. 직원들의 역량수준과 의식의 변화, 설비능력 및 조직규모의 확대 등 리더십 상황변인들이 크게 바뀜에 따라 과거 리더십의 Paradox를 고집하지 않고 통제에서 자율관리로 리더십 Style의 근본적인 전환을 시도한 것은 큰 의미를 던져주고 있다고 본다.

좋은 리더십의 토양을 만든 후 이에 적합한 리더십 스타일을 적절히 구사한 것으로 평가된다. '오직 나를 따르라'에서 '함께 스스로 뛰자'로 리더십 방식이 변화한 것이었다.

표 4-15 자율경영 관련 메시지 및 사례

관련 경영 Key 메시지	리더십 발휘 사례
• 회사발전과 자아실현을 추구하는 인간존중관리 • 자주능력과 자율정신 • 주체적 인간상 확립 운동이다. • 일하는 보람을 느끼고 기쁨을 누리도록 하는 것. • 고도의 생산성 향상과 원가절감 • 검수의 본질은 자율과 피드백이다. • 통제와 규제는 임시방편으로 사용 되어야 한다. • 기능직 사원의 신체, 정신, 지식의 튼튼한 기반을 다져야 한다. • 고로에도 정신이 있다.	(45) 한 사람 능력으로 통합관리 할 수 없는 시대가 되었다(1980). ⇒ 일을 통한 자기성장과 자아 실현을 추구해야 한다. (46) 우리 공장은 거대한 심포니 오케스트라이다(1980). ⇒ 공장을 생명체로 여기고 스스로 사랑으로 돌봐 주어야 합니다.

(2) 최고의 가치를 계속 창출케 하라!(가치 경영의 원칙)

직원의 역량을 글로벌 수준으로 향상시키는 것 못지 않게 중요한 것은 신장된 역량을 어떻게 충분히 발휘되게 하고 또 그것이 지속적으로 유지되도록 만들 것인가? 하는 점이다. 오랫 동안의 교육훈련을 통해 육성된 인력이 성과 몰입도가 낮거나 타사로 이직한다면 큰 손실이 아닐 수 없다. 포스코는 창의력의 소산이다. 기술, 자원, 자본이 전무한 상태에서 오늘의 포스코를 있게 한 저력은 직원들의 제철보국의 사명감에서 나온 강렬한 의지와 창의력에 있었다.

업무수행의 목표와 기준을 세계 최고의 가치에 맞추어 새로운 아이디어와 수많은 신기록들을 계속 창출해 내게 했다. 각 분야에서 포스코 고유의 명품들이 쏟아져 나오게 했다. 그리고 회사의 먼 장래를 내다본 생산 및 품질 향상 투자, 교육 및 R&D 투자 등 회사 장기성장 잠재력을 키워 나감으로써 항상 최고의 가치를 지속적으로 창출해내는 Infra를 구축했다.

이렇듯 타의 모범이 되는 많은 사례를 만들어 내게 함으로써 '포스코'라는 회사 브랜드 가치가 높아지는 데 더 큰 보람과 긍지를 갖게 했다.

각 개인의 높은 역량과 몰입도를 근간으로 한 포스코 조직의 지적자원이야말로 타사가 모방할 수 없는 고유의 경쟁력 원천이었다.

비슷하게는 잘 하나 그 이상의 것은 창출하지 못 한다

(명품 만들어 내기)

"대체로 우리나라 사람들은 비슷하게는 잘하나 그 이상의 것은 창출하지 못한다. 매사를 철두철미하게 하고 끈질기게 추궁하는 지구력을 가져야만 획일성에서 탈피할 수 있고, 또한 새로운 아이디어를 창출할 수 있다."(1975.4.2. 임원간담회)

선진 철강사들의 기술이나 기법들을 단순히 모방하는데 그치지 않게 했다. 철저하게 배워 익혀 포스코의 것으로 만들어 내고 뭐든지 포스코가 하게 되면, 세계적인 신기록들이 되었다. 플러스 알파 정신(창업정신)이 체화되게 하여 새로운 가치의 창조물이 계속 쏟아지게 만든 것이다. 벤치마킹 대상이 될만한 수 많은 모델들이 많이 생기게 되었다. 이를 통해 취약한 국내 산업부문의 경쟁력이 향상되는 계기가 되었다. 타기업 조직들이 본받고 싶어하는 모델들을 만들어 내는 데 보람과 긍지를 갖게 되는 풍토가 자연스레 생겨나게 된 것이다.

특히, 제철소 건설에서 공기 단축은 큰 의미를 가진다. 청암은 한국경제신문과의 인터뷰에서(1980년 2월 6일), "막대한 차관 자금의 거치 기간이 끝나기 전에 공장을 완공하여 제품을 생산할 수 있어야 그만큼 원가 압박을 덜 받게 되어 값싼 국내 공급 가격은 물론 적정한 국제 경쟁 가격을 유지할 수 있게 됩니다. 따라서 제철소 경쟁력의 기본 요소가 되는 건설공기를 단축하여 건설 단가를 인하하고, 조기에 정상 조업을 달성하여 생산에 임하는 길 밖에 없습니다. 더구나 포항제철은 어느 개인의 회사가 아니고 국가의 회사이며 또 국민의 공장으로서 이익 관념을 초월하여 건설비가 싼 공장을 지어 후손에게 물려 주어야 합니다."라고 언급하면서 공기 단축의 중요성을 강조한 바 있다.

포스코는 2년마다 고로를 1기씩 완공하였는데 매번 건설공기가 단축되고, 당시의 해외 제철소 건설 단가의 절반 수준으로 건설하였고, 조업 기술도 지속적인 발전을 이룩하였다. 1973년 445 회에 불과하던 포항 1제강 노체 수명이 1985년에는 1,136회, 1979년 855회의 포항 2제강은 1987년에는 1,827회로 지속 향상되어 왔다.

포스코인의 조직학습 방법과 조직학습장애 현상이 나타나지 않은 이유는 다음과 같이 설명할 수 있다.

청암 박태준은 직원들을 새로운 미경험 분야, 남들이 회피하는 골치 아픈 문제해결에 끝없이 도전하게 만들었다. 그 결과 성취감과 만족감을 맞보고 이로 인한 강한 권능감이 다시 미경험 영역으로 옮아가는 선순환 성장 사이클에 머물게 했다. 그래서 포스코에는 세계적인 신기록들이 많다. 그들은 선진 철강사들의 모방, 시늉에만 그치지 않았다. 항상 지난 실적보다 높았고 경쟁사들보다 우위에 있었으며 크고 작은 성공 경험들을 누적 관리하게 했다.

지금까지의 지식 경험을 스스로의 노력으로 새로운 차원으로 끌어올려 각 분야별로 설정한 높은 목표를 달성하는 자기관리 학습방식이 되게 했다. 그 바탕에는 국가사회 발전을 위해 헌신해야 한다는 공인정신이 있었다. 도입한 각종 선진기술, 기법들을 순화·발전시키기 위한 창의적 노력들이 끊임없이 일어나게 된 것이다. 모방도 혁신적 아이디어가 담겨야 창조물이 될 수 있다. 변화를 싫어하고 실수·실패로부터의 학습 루프가 장애를 일으켜 기존의 것에 머물러 있어서는 새로운 신기록들이 나올 수 없다.

포스코 고유의 것으로 만들어 내기 위한 노력(자기화 노력)들이 각

분야에서 일어나도록 만든 것이다. 특히 "기술에는 한계가 없다"는 점을 계속 인식케 하면서 자주자립의식이 강한 기술인 양성에 심혈을 기울여 왔다. 포스코의 기술, 기능인들은 도전 및 개척 정신이 유달리 강했다. 포스코의 각종 신기록, 고유의 명품들 대부분이 이들의 부단한 창의적 노력에 의해 창출된 것들이었다. 그들의 도전학습 방식이 기업문화로 자리잡고 있는 한 세계적인 신기록, 명품들은 계속 나오게 될 것이다.

표 4-16 가치경영 관련 메시지 및 사례

관련 경영 Key 메시지	리더십 발휘 사례
• 선도적인 모델을 계속 개발해야 한다. • 매사를 철두철미하게 하고 끈질기게 추구하는 지구력을 가져야 한다. • 사전에 치밀한 계획을 했다. • 쓰라린 경험을 되풀이 하지 않도록 했다. • 기간산업의 모체로서 선도적 역할을 수행해야 한다.	(49) 매번 공기를 단축하다 보니 계획 자체가 잘못된 것 아니냐? (1981.) ⇒ 건설공기와 단가가 계속 세계적 기록이다 (50) 기술에는 한계가 없다. (1982.) ⇒ 취련 적중률과 노체수명이 계속 향상되고 있다.

장기성장 잠재력을 키우는 노력이 중요하다(회사 브랜드 가치 높이기)

"단기적인 이윤 추구보다는 계속적인 투자로 항상 최신의 제철소를 유지해 나가야 한다. 장기적인 잠재력을 키우는 노력이 중요하다. 그렇게 함으로서 장차 회사주식을 공개시장에 내놓았을 때 좀 더 값진 것이 되게 하는 것이 국민을 위해 나은 것이다."(1983.9.22. 임원간담회)

어떤 불황에도 영향을 받지 않고 계속 성장·발전하는 포스코가 되게 했다. 장기적 안목을 갖고, 기술 연구개발과 교육 투자를 지속시켰으며 환경 개선 투자를 점차 확대해 나갔다. 특히, 장기 성장잠재력 향상 차원에서 항상 최신의 제철소 유지를 위한 지속적인 설비 투자를 강조해왔다. 1980년 포항 3연주 공장의 실기 사례를 통해 설비 투자는 사전에 타당성을 충분히 연구 검토하여 확고한 신념 하에서 적기에 투자를 해야 한다는 그의 설비투자 3대 원칙을 배울 수 있다. 당시 청암은 '3연주 공장 신설 타당성 검토 관련 임직원 자술서'라는 소책자를 만들어 전 임직원들이 장기 성장잠재력 차원에서 자신의 설비투자 원칙을 철저히 준수하도록 교육하였다.

포항제철은 국민의 것, 이 귀중한 민족자산을 알뜰하게 관리하는 것이 국가와 민족을 지키는 일이며 그것이 바로 플러스 알파 정신임을 계속 깨닫게 했다. 그리고 사회정의 실현과 영리추구의 균형이 잘 이루어지는 조화경영이 되게 했다. 포스코의 경쟁력은 당시로서는 상상을 초월할 정도의 매우 빠른 속도로 갖추어 짐에 따라 처음 제철소 건설을 시작할 때 회의적이거나 부정적이었던 국내외의 반응이 적극적인 협조의 자세로 바뀌게 되었다. 이처럼 포스코의 경쟁력은 청암 박태준을 비롯한 모든 포스코인들의 피눈물나는 노력의 결과였다. 힘을 축적해야 남의 눈을 뜨게 한다는 자신의 가치관을 실현시킨 성과물들이라 할 수 있다.

장기 지속적인 성장은 오늘날 모든 CEO의 최대 관심사요, 추구하는 전략 방향이자 목표다. 대부분의 기업가들은 단기 업적 중심의 경영을 하기 쉽다. 그 결과 수십년은 커녕 몇 년도 못 가서 소멸되는 기업들이 많다. 청암 박태준은 당대의 성공보다 장기적인 회사 성장의 기틀을 만들기 위해 온 심혈을 기울여왔다. 자신의 후계자가 훨씬 더 큰 성과를 낼 수 있는 기반을 만들어 온 것이라 할 수 있다.

R&D, 교육투자를 지속적으로 확대함으로써 누구도 Copy할 수 없는 회사의 지적 자원(Intellectual Capital)을 제고시켜 왔다. 설비투자의 3大 원칙을 잘 지키게 함으로써 수십 개의 공장들이 가동과 동시에 이익 실현을 가능케 했다.

또한 예산낭비를 없애기 위한 제반 경영 관리시스템들이 헛돌지 않고 제대로 작동되게 함으로써 기업가치를 계속 높여 견실한 재무구조가 유지되게 했다. 회사 장기 성장 잠재력을 키우는 일에 열정을 쏟아부었던 것이다. 이 모든 것이 오늘날 포스코 국제 경쟁력의 뿌리가 되었다.

표 4-17 가치경영 관련 메시지 및 사례

관련 경영 Key 메시지	리더십 발휘 사례
• 설비투자는 이 시대 철강인의 사명이다. • 포항제철은 국민의 것. • 귀중한 민족자산을 알뜰히 관리하겠다. • 사회정의실현과 영리추구가 조화되어야 한다. • 국민과 사회에 해를 끼쳐서는 안 된다. • 오직 힘만이 국가민족을 지킨다. • 힘을 축적해야 남의 눈을 뜨게 한다.	(53) 포항 3연주 신설은 경제성이 없다(1983) ⇒ 투자는 먼 장래에 평가를 받는다. (47) 회사자산은 어떤 명분으로도 낭비가 되어서는 안 된다 (1981.1). ⇒ 관리기법의 고도화로 효율경영시스템이 정착되게 했다.

(3) 도전영역을 계속 넓혀 나가래(도전 경영의 원칙)

성공적인 리더들은 구성원들의 자기 권능감(Efficacy)과 집단 권능감을 향상시켜 기대 이상의 성과를 내게 한다(Shamir, 1991). 권능감이란 개인이나 집단이 주어진 과업을 얼마나 잘 수행할 수 있는가에 대한 믿음이다. 개인이나 집단이 권능감이 높으면 기대 이상의 성과를 낸다는 가설은 몇몇 연구에서 입증된바 있다(백기복, 2006). 이제 포스코는 일에 대한 자긍심·성취에 대한 자신감이 강한 조직이 되어 버렸다.

따라서 가치 있는 새로운 도전영역을 설정, 여기에 모든 조직역량을 집중시켜 또 다른 성공신화를 이루어 내게 했다. 회사에 부과된 사명을 기조로 한 분야별 달성목표를 쉴 틈 없이 부여하여 그 한 곳으로 열정을 쏟게 하고 성취의 기쁨을 맛보게 함으로써 도전의욕 고취 프로세스가 항상 정상적으로 작동되게 했다. 과거의 타성과 자만심은 조금의 여유(틈)만 있어도 되살아나는 성질을 갖고 있기 때문이다. 창업정신(플러스 알파 정신)에 지친 불만들이 터져 나오게 되면 갑자기 창조경영의 속도가 탄력을 잃을 수도 있다. 청암 박태준이 평소에 경계해 온 대목이었다.

제철보국의 포스코 거함을 경영하면서 가장 많이 사용한 용어 중 하나가 "세계, 국제, 선진, 최고, 제일"이란 단어들이다. 글로벌 기업과 경쟁하는 마음가짐을 잃지 않게 함으로써 모든 면에서 칭송받는 Great Global 포스코가 되게 하는데 지속적인 노력을 기울여 왔다. 그리고 앞으로도 창업정신을 바탕으로 한 포스코의 창조경영은 멈춤 없이 더욱 큰 속력을 내면서 돌아가게 될 것이라는 확신을 할 수 있다.

아주 살기 좋은 나라가 될 때까지 우리의 헌신은 계속될 것이다

(+a 지속시키기)

"우리는 창업 이래 하루같이 피와 땀과 집념을 쏟아 영일만의 모래언덕에 세기의 기적을 이룩하였다. 이는 오로지 민족중흥을 하루라도 빨리 구현하려는 애국적 사명감과 희생적 노력의 결정이다. 이러한 우리의 헌신은 우리나라가 선진국 대열에 들어가서 아주 살기 좋은 나라가 될 때까지 계속될 것이며, 이에 필요한 모든 국가적 요구를 감당할 각오를 가지고 있다."(1978.9.1. 포항제철공고 인수식)

포스코인들의 최종적인 도전 목표의 지향점은 민족통일과 선진한국 건설이다. 모두가 제철보국의 비전을 공유하면서 진심으로 간절히 염원했다. 기회가 있을 때마다 제철보국의 사명감으로 통일과 중흥의 원동력이 되자고 외쳤다. 청암은 숨돌릴 겨를도 없이 확장건설과 조업목표를 부여하면서 병행 노력을 기울이게 했다. 포항에서 또 광양으로 제철소 건설과 조업에 모든 것을 바치게 했다. 결국 세상 모두가 할 수 없다고 여겼던 한국에서의 일관제철소 건설사업, 세계 철강사들이 해서는 안 된다고 의심했던 21세기 광양제철소 건설사업을 성공시켰다. 자신들의 일차적인 역할수행은 성공적이었다는 대외적 평가를 받게 되었다. 삶의 보람을 크게 느끼는 순간들을 갖게 된 것이다. 무엇보다도 그들의 순교자적 희생은 앞으로도 계속되어야 한다고 굳게 믿고 있다.

1978년 제2제철 사업자 선정 과정과 제2제철소 입지 선정 과정은 회사와 국가 운명의 중대한 결정 시점에서, 제철보국의 비전 실현을 위한 청암의 강한 신념과 집념을 알 수 있다. 만약 당시의 결정이 반대 방향으로 이루어 졌다면 오늘의 포스코 경쟁력은 유지될 수 있을까를 반추해 볼 수도 있는 사례이다.

포스코가 사업자가 되어야 하는 이유와 광양만이 적지라는 설득 논리와 철학, 극심한 불황기에 광양제철소 건설의 당위성을 설파한 그의 전략적 혜안은 위기 상황을 겪고 있는 한국 기업들에게 시사하는 바가 크다. 청암의 도전 경영의 무한성, 도전에 대한 헌신적인 자세는 변함이 없음을 잘 알 수 있다.

그리고 청암은 국내 기업이 국제 경쟁력을 지속적으로 확보하기 위해서는 독자적인 기술 확보가 절대적임을 인식하고, 세계 초유의 산학연 협력체제를 구축을 시도하였다. 1985년 그 첫 단계로 포항공대를 설립하게 된다. 산학연 협력이 성공을 거두기 위해서는 국내 대학 수준도 국제적 수준으로 향상되어야 한다는 것이 포항공대 설립의 당위성이었다. 포항공대를 국내 산업체를 이끌어 줄 수 있는 국내 최초의 연구 중심 대학으로 육성함으로써 선진한국 건설을 위한 자신의 제2단계 교육보국 비전을 실현해 나가기 시작한 것으로 보인다.

누구나 조직에서 가치 있는 일을 하고 싶어하고 또 그 결과에 대해 인정받고 싶어한다. 최고가 될 수 있는 도전적 목표와 혁신과제에 매력을 느낀다. 따라서 리더들은 목표설정과 혁신과제(매력 있는 일감) 발굴에 역량을 집중해야 한다. 매력 있는 일감을 통해 도전하여 성취하고 싶은 의욕(열정)을 분출시켜야 한다는 뜻이다.

청암 박태준은 매력 있는 일감을 쉴 틈 없이 직원들에게 제시했다. 그가 제시한 목표와 사업은 매우 구체적인 내용이었으며, 항상 특별한 노력을 필요로 하는 것이었다. 직원들의 내재적 작업 동기를 자극시켜 보다 높은 비전과 목표에 도전케 만들었다. 항상 미래지향적인 통찰력으로 새로운 목표를 쉴 틈 없이 제시하여 대내외적 이해관계자들의 관심을 집중시켰다. 그리고 목표설정의 근거와 당위성을 상대방에 정확하게 전달하여 설득시켰다. 애국적 사명감에 기초한 도전적인 목표였기에 과거 몇 번의 성취 경험을 맛본 직원들 모두가 매력을 느꼈으며, 자연히 그들의 헌신적인 열정은 지속될 수 있었던 것이다.

표 4-18 도전경영 관련 메시지 및 사례

관련 경영 Key 메시지	리더십 발휘 사례
• 사업목표달성에 투철 해야 한다 • 국민적 용기와 긍지의 산실이 된다 • 제철보국정신으로 포항제철을 건설했다. • 포항이 광양을 낳는다. • 남이 못 할 때 시작해야 성과가 난다. • 누과거에는 안될 것이라고 했지만, 이제는… • 유종의 미를 거둘 때까지 창업정신으로… • 삶의 보람은 순교자적 희생에 있다.	(42) 포철 박태준 사장의 보고를 들어야겠어!(1978) ⇒ 제2제철은 포철이 맡아야 합니다 (51) 아산만으로 결정하는데 반대하십니까?(1982) ⇒ 박회장께서 말씀하신 대로 합시다 (52) 극심한 불황기에 광양제철소를 건설할겁니까?(1982) ⇒ 21세기 최신예 제철소가 되게 해야 한다. (56) 포항에 4년제 대학 설립은 시기상조이다(1985) ⇒ 포항에 연구중심대학을 설립해야 한다.

세계 최신예 제철소와 경쟁하는 마음가짐으로 일해야 한다

(도전 영역 넓혀 나가기)

"외국인들의 칭찬이나 찬사를 그대로 받아들여서는 안 된다. 우리는 외국의 오래된 제철소를 기준으로 생각할 것이 아니라 항상 세계의 최신예 제철소와 경쟁하는 마음가짐으로 일해야 한다."(1978.6.7. 임원 간담회에서)

도전목표 설정을 항상 세계 최상위 수준에 두고 최고의 가치에 열정을 쏟게 했다. 외국인들의 찬사에 고무되어 발전의 속도를 멈추지 않게 했다. 확장 때마다 세계 최첨단 기술을 겸비한 기술 선진 제철소로 탈바꿈해 나가도록 함으로서 자체기술개발능력 축적을 가속화 시켰다. 특히, 포스코의 잠재능력을 두려워하고 있는 선진 철강국들이 기술협력을 극력 회피하고 있는 상황이 나타나자 독자적인 기술개발력 확보에 더욱 박차를 가했다.

기술은 국가 발전의 추진동력이라는 것을 지속적으로 강조하였다. 선진국으로부터 도입한 기술을 완전하게 소화, 토착화하고 자체개발능력을 최단 기간 내 확보할 것을 기술개발의 방침으로 삼았다. 창립 초기부터 기술자립을 위하여 총력을 기울인 결과, 1975년에는 국내 철강 사상 최초로 해외(대만 CSC)에 기술을 수출하기도 하였다. 특히, 1982년부터 1989년까지 추진한 기술발전 5개년 계획 사업은 자력 기술 개발을 가속화하여 기술 수준을 고도화시킨 획기적인 계기가 되었다.

1981년 13주년 창립기념사를 통해 청암은 "보통강 시장에서 지녀온 안일한 태도에서 과감히 탈피하여 기술과 기능의 비약적인 발전 없이 양적 발전에 그치게 되면 머지 않아 국제경쟁력 대열에서 낙오되고 말 것"이라고 강조한 바 있다. 수요가의 요구가 까다로운 고급강 생산을 기피하고, 보통 강을 생산·판매하는 습성에서 벗어나는 노력을 경주해 왔고, 그 결과, 1988년까지 총 442종의 신강종을 개발하였다. 국내 철강 수급 패턴도 고급강은 포스코가 공급하고, 저급강은 수입하는 형태의 선진국 철강 수급패턴으로 전환되었다.

한편, 항상 진취적이고 도전적인 자세로 모든 부문에서 부단한 경영 쇄신 노력을 기울이도록 했다. 모든 조직 역량을 구체적이고, 분명한 목표 한 곳으로 모아지게 했다. 그리고 목표에 가까이 다가감을 느끼게 하여 더욱 큰 열정으로 확대시켜 나갔으며, 성취의 기쁨을 맛보게 함으로써 더 가치있는 목표에 스스로 도전케 했다. 이러한 도전의욕 고취 프로세스가 항상 정상적으로 작동되게 만든 것이다. 결국 프스코 고유의 플러스 알파 정신(창업 정신)이 식지 않고, 계속 불타오르게 함으로써 포스코는 창조경영 선순환에 계속 머물 수 있게 된 것이다. 청암 박태준의 창조 경영 선순환의 지속유지 방법은 다음 세 가지로 요약될 수 있다. 첫째는 독자적인 기술개발력이었다. 자체 기술 개발 능력이 창조경영의 핵심이요 회사발전의 추진력이기 때문이다. 과거, 현재, 미래를 통틀어 포스코 성장발전의 중심축이 되어야 함을 강조했다. 둘째는 정보 입수 및 공유 체제의 고도화였다. 현대 기업 경영은 정보전으로 정보에 앞선 자가 승자가 됨을 일찍이 강조하면서 정보마인드 제고에 각별한 노력을 기울였다. 셋째는 경영 합리화의 생활화였다.

모든 일에는 항상 개선의 여지가 있다는 문제의식이 일상 업무 생활에 체화되어야 함을 강조해 왔다. 그리고 모두가 한 뜻, 한 마음이 된 강한 팀웍에 의한 포스코 고유의 창조물들이 끊임없이 나타나도록 했다(협창력 문화). 포스코 임직원이라면 모두가 지켜야 할 행동지표를 만들어(1970년 12월 제정) 한 뜻, 한 마음이 되는 협창력 문화를 뿌리 내리게 했다. 비전 실현 및 목표 달성을 위한 행정과 기술면의 가장 효율적인 수단과 기법을 최대한 도입, 적용하고 부단한 창의적 노력과 개척의 의지로써 이를 더욱 순화 발전시켜 각자의 몸과 마음에 충분히 익숙하게 했다.

표 4-19 도전경영 관련 메시지 및 사례

관련 경영 Key 메시지	리더십 발휘 사례
• 세계 최상위 수준을 목표로 해야 한다. • 일본철강업계를 추월해야 한다. • 찬사와 명예에 따르는 막중한 책임을 느껴야 한다. • 부단한 경영쇄신 노력을 해야 한다. • 유지 발전시키려는 노력과 의지가… • 창조는 항상 진취적인 자에게 있다. • 기술축적을 위한 각종 기록의 보존이… (건설, 운전, 사고기록) • 정보통합관리체제 구축이 시급하다. • 기술 선진 제철소는 아니다. • 기술은 회사 발전의 추진력이다.	(36) 뒤돌아보면 개설할 여지는 아직도 많다(1974). → 수단과 기법들이 각자의 몸과 마음에 충분히 익숙케 한다. (43) 외부로부터 견제가 나날이 강화되고 있다(1978). → 독자적인 기술개발에 심혈을 기 (54) 보통강만을 생산, 판매하는 습성이 베어 있는 것 같다(1984). → 신강종 및 고급강비를 계속 확대시켜야 한다. (55) 기술 상품화 단계까지 발전시켜야 한다(1985). → 제철기술을 판매하고 고유기술을 상업화했다

5. 플러스 알파 리더십 모델에 대한 평가

(1)전통적 행위 이론 관점

전통적인 행위이론은 Stogdill(1948)의 연구 결과를 토대로 하여 실시한 미국 오하이오 주립대학교의 첫 번째 연구(1940년대), 비슷한 시기의 미시간 대학교 연구, 그리고 Blake와 Mouton(1960)의 연구가 대표적이다. 연구자들은 리더십 유형을 과업 행동과 관계성 행동으로 분류하고, 과업 행동은 과업 목표를 달성하도록 촉진하는 행동들이고, 관계성 행동은 구성원들간에 좋은 인간관계를 가지고 일하는 재미와 보람을 느끼도록 도와주는 행동이다.

리더십 유형에 대한 광범위한 연구는 종래의 리더십 특성 연구에서 행동 중심의 연구로 연구 영역을 확장하였다. 그러나 리더십 유형 연구는 업적 성과와의 관련성을 적절하게 보여 주지 못했으며(Bryman, 1992; Yukl, 1994), 팀형 리더가 가장 효과성이 높다는 다수의 연구 결과가 있으나 거의 모든 상황에 효과적인 리더십 유형을 찾아 내지 못했다는 비판을 받고 있다(Yukl, 1994). 높은 과업 행동, 높은 관계성 행동 유형이 가장 선호할만한 리더십 유형인지의 여부는 아직 증명되어야 할 연구 과제로 남아 있는 것이다(김남현, pp. 98-99).

청암의 리더십 유형도 조직환경 상황에 따라 다르게 사용해 왔기 때문에 하나의 형태로 단정적으로 얘기하기가 어렵다. 리더십 패러다임의 변화 측면에서 크게 보면 확장에 따른 조직 규모와 각종 관리 시스템의 정착 정도에 따라 과업관리 중심에서 인간존중사상에 기초한 자율관리 형태로 바뀌어 왔다. 그러나 재임 기간 동안의 전 과정을 통해 자주 사용한 리더십 유형을 끄집어 낼 수 있을 것 같다. 오하이오주립대 연구 결과인 과업, 관계성 행동의 최적 결합 상태인 가장 바람직한 리더십 스타일이며, Blake Mouton의 팀형(생산과 인간관계 모두에 관심)에 가깝다고 할 수 있다. 분석 결과 청암의 리더십 스타일은 과업지향 리더십 발휘 요소가 많은 것으로 나타났으나 그 이면에는 인간 존중 철학이 내재되어 있기 때문에 완전한 과업 지향적 요소로 볼 수 없다고 판단된다.

그는 일에 대한 사명감만을 강조하지 않았다. 종업원들의 권익을 먼저 보장해 주었고, 그들의 무한한 창의력을 키우고 마음껏 발휘케 하는 경영을 실현 했다. 그리고 Nahavandi의 최고 경영자 행동 스타일 5단계 측면에서 본다면, 초기의 고 통제 혁신추구형에서 점차 참여적 혁신 추구형으로 바뀌어 왔다고 할 수 있다.

표 4-20 청암의 경영철학과 리더십 유형 분류

과업 지향성 경영 철학	관계 지향성 경영 철학
• 비전경영 : ① 일관제철소 건설은 우리 민족의 오랜 염원이었다. ② 부정의 논리를 긍정의 논리로 바꾸어 놓아야 한다. • 책임경영 : ③ 일관제철소 건설은 회피할 수 없는 생의 사명이다. ④ 책무를 다하지 못하면 역사의 죄인임을 면치 못한다. • 미래경영 : ⑦ 후대에 물려줄 백년대계의 기틀이 되게 해야 한다. ⑧ 잘되고 있을 때 잘못 될 수 있는 경우에 미리 대비한다.	• 몰입경영 : ⑤ 가정이 안정되어야 회사 일도 창의적이다. ⑥ 능력과 연공 서열이 조화된 한국적 관리 체제여야 한다. • 정도경영 : ⑫ 기본과 원칙을 무시하면 여러가지 문제가 발생하기 쉽다. • 자율경영⑬ 무한한 창의를 지닌 고도의 입력만이 유일한 자산이다. ⑭ 스스로 발견하고 스스로 시정케 한다.

• 시너지경영 : ⑨ 오직 이 사업을 성공시키겠다는 소신, 그것만이 유일한 힘이었다. ⑩ 조직역량을 한 군데로 집중시킬 수 있어야 한다. • 정도경영 : ⑪ 모든것이 구색갖추기식이 되어서는 안된다. • 가치경영 : ⑮ 그 이상의 것을 창출 해 내어야 한다. • 도전경영 : 아주 살기 좋은 나라가 될 때까지 우리의 헌신은 계속될 것이다. 글로벌 기업과 경쟁하는 마음가짐으로 일해야 한다.	• 가치경영 : 장기성장 잠재력을 키우는 노력이 중요하다.

(2) Fiedler의 상황 이론 관점

Fiedler(1967)는 행동 유형과 상황변수들을 효과적으로 조화시키는 틀을 제공한 최초의 상황이론이다. 그는 리더의 스타일을 과업 지향과 관계성 지향으로 구분하고, LPC(Least Preferred co-worker Scale) 척도를 개발하여 리더의 유형을 측정하였다. 그리고 상황 특성 요인을 ①리더와 구성원 관계, ②과업구조, ③지위 권력 3가지로 나누어 각각의 상황 특성에 적합한 리더십 스타일을 제시하였다.

그는 리더십 스타일과 같은 개인 속성은 고질적인 습관을 바꾸는 것과 같이 매우 어려우므로 차라리 처한 상황을 바꾸는 편이 더 쉽다고 주장한다. 이런 입장에서 보면 리더십 개발을 위한 교육, 훈련 보다는 기존의 스타일과 상황 특성이 적합하도록 Match시키는 노력이 중요시 되어야 할 것이다(백기복, 2006, p. 106). 리더는 모든 상황에서 효과적일 수 없다는 사실을 강조한 것은 매우 중요한 의미가 있다. 효과적인 리더십이 어떻게 발휘될 수 있는가를 설명해 주는 신뢰성 있는 이론을 발견한 것이다. 그러나 어떤 리더십 유형을 가진 사람이 왜 어떤 상황에서 더 효과적인가를 충분히 설명하지 못하고 있기 때문에 비판을 받고 있다. 왜 과업지향 리더가 두 극단적인 상황에 적합하고 관계지향 리더가 왜 중간 정도의 유리한 상황에 적합한 지에 대한 불가해석이 여전히 미해결의 장으로 남아 있기 때문이다(김남현, 2007, p.157).

당시 포스코의 리더십 상황을(창업 후 70년 후반까지) 그가 주장한 3가지 측면에서 분석하면 리더와 구성원의 관계는 매우 좋은 상황으로 판단된다. 모든 임직원들은 청암을 진정한 리더로 존경하고 신뢰하면서 기꺼이 따랐다. "팥으로 메주를 쑨다" 하여도 신뢰할 정도로 리더와 종업원과의 높은 관계 형성은 어디서 나온 것일까?

정직과 청렴한 성품을 바탕으로 한 언행 일치의 희생과 솔선수범의 자세였다고 본다. 무엇보다도 종업원과의 약속은 반드시 지키는 현장 중심 경영이 깊은 신뢰관계로 이어지게 된 것으로 보인다. 둘째, 과업 구조의 상황도 높은 것으로 판단된다. 회사 비전과 사업을 근간으로 한 분야별, 목표를 명확히 설정, 매일 직원 개개인의 업적이 목표달성에 가까이 다가가고 있음을 구체적으로 알 수 있게 했다. 책무의 중요성을 스스로 깨닫게 하고, 목표달성 후의 성과 보상 Rule을 분명하게 만들어 알게 했다. 셋째, 종업원에 대한 직위 권력 상황도 매우 높았다. CEO의 지시는 절대적이었다. 3가지 상황이 매우 나쁘거나 중간 정도의 애매모호한 적이 없었다. 이런 상황에서 청암의 큰 리더적 특성들을 바탕으로 한 제철보국의 비전 실현을 위한 과업지향형 스타일이 적정하게 조화를 이루면서 큰 효과를 발휘한 것으로 분석된다. 그러나 경영이 안정기에 접어 들고, 조직 규모가 확대 되면서 과업구조의 상황이 변화 되기 시작했다. 목표달성 여부의 정확한 검증과 평가가 어렵게 되고, 방대한 조직 인력을 혼자서 효율적으로 관리하기가 곤란한 상황에 직면하게 되었다. 그는 과거 통제중심의 리더십 패러독스를 고집하지 않았다. 리더십스타일이 고정되어 바꾸기 어렵다는 Fiedler의 가정 이론을 뒤집어 놓은 것이다.

청암은 자신의 리더십 스타일을 바꾸어야 한다는 당위성을 천명하면서 변화된 리더십 상황에 맞추는 노력을 전개해 나갔다. 전원 참여의 자주관리활동이 근간이 된 관계지향형 리더십 스타일로 바꾸어 나갔던 것이다.

(3) House의 목표-경로 이론 관점

리더가 부하(Follower)들을 어떻게 잘 동기 유발시켜 조직 목표를 달성할 것인가에 대한 연구이론이다. 동기유발에 초점을 맞춰 부하의 업적성과와 만족도를 높이기 위한 것이었다. 리더의 행동을 부하의 수준에 적응시켜야 한다는 Fiedler의 상황이론과는 대조적이라 할 수 있다. 리더는 두 가지 방법으로 부하들의 동기를 높일 수 있다. 하나는 보상에 이르는 경로를 명확히 제시하는 것이고, 다른 하나는 원하는 보상의 질과 양을 늘리는 것이다. 이 메커니즘은 Vroom이 제시한 동기 부여의 기대이론에 근거를 두고 있다. 즉 어떤 일에 대해서 잘 할 수 있다는 기대값이 높고 그 일을 성취했을 때 내가 간절히 원하는 보상이 돌아온다는 확신이 있으면 사람들의 동기는 높아진다는 내용이다(백기복,

2006, p. 109).

House(1971)의 목표-경로이론은 이 과정에서 리더가 부하들에게 보여줄 수 있는 행동을 네 가지로 파악하여 이러한 리더십 스타일이 효과적일 수 있는 상황변수들을 제시하고 있다. 즉 부하의 동기는 ① 노력하면 과업수행이 가능하다고 생각할 때 ② 노력결과가 어떤 성과 보상을 초래될 것이라고 믿을 때 ③ 과업수행 결과로 얻은 보상이 가치 있는 것이라고 믿을 때 유발될 수 있다는 것이다. 따라서 부하의 동기욕구에 맞는 리더십 유형을 발휘해야 된다(김남현, 2007, p.107).

종업원의 높은 동기 유발을 위해 주로 발휘한 청암의 리더십은 성취 지향적 리더십이라고 할 수 있겠다. 지속적으로 설비 확장 목표를 세워 달성하도록 유도했다.

그 목표는 세계 최고를 지향케 했고, 건설과 조업을 통한 달성의 경로가 매우 구체적이고 명확했다. 그리고 단기간에 목표 달성의 성취감을 느끼게 함으로써 일에 대한 재미와 보람의 끈을 놓지 않게 하였다. 교육과 학습이 정확하게 능력신장으로 이어지게 하고, 고유의 모델이나 세계적인 신기록들이 계속 쏟아져 나오게 함으로써 갈수록 잘 할 수 있다는 일에 대한 권능감은 높아졌다.

당시 포스코 종업원들은 물질적 보상보다 목표달성에 대한 성취감이나 제철 경험 축적에 더욱 큰 가치를 두었다. 목표달성 후에 돌아오는 리더의 격려와 칭찬 등의 정신적 보상을 더욱 원했다. 청암은 이러한 정성적인 보상의 양과 질을 더욱 크게 하여 확장 준공 후에는 직원들에게 반드시 돌아가게 했다.

(4) Kerr & Jemier의 대체 이론 관점

Kerr와 Jemier(1978)의 대체이론은 팔로워와 과업 및 조직의 특성들이 과업지향이나 관계지향 같은 리더십 행동 발휘의 효과(Leadership Effectiveness)를 대체하거나 중화시킬 수 있다는 데 착안을 둔 연구 이론이다. 대체요인은 리더 행동을 불필요하게 만드는 변수로서 리더의 행동이 없더라도 성과를 나타나게 하는 요인이다. 예를 들어 부하가 뛰어난 업무처리 능력을 가진 자 라면 리더의 과업지향적인 각종 리더십 행동들은 무의미 한 것이다. 반면에 중화 요인은 리더가 리더십 행동을 하더라도 그 효과가 나타나지 않게 만드는 요인이다. 즉, 조직에서 대체요인이 풍부하다면 리더가 굳이 리더십을 적극적으로 발휘하지 않더라도 성과를 낼 수 있고 반면 중화요인이 많다면 리더가 애를 쓰더라도 그 효과가 제대로 나타나지 않는다. 따라서 조직 입장에서는 대체 요인을 개발하고 중화요인을 제거하는 것이 바람직하다.

Kerr & Jermier의 모형은 지원적 리더십(Supportive Leadership)과 수단적 리더십(Instrumental Leadership)에 대한 대체요인과 중화요인으로 파악하는 것에 관심을 두고 있다. 다양한 하급자 특성, 파업 및 조직 특성이 대체 및 중화요인으로 작용할 수 있다고 주장하였다(박유진, 2007, p. 125).

청암은 대체요인 개발에 초점을 둔 리더십을 발휘했다고 할 수 있겠다. 우선 종업원 개개인이 사계(斯界)의 전문가가 될 때까지 지속적으로 교육하고 훈련시켜 나갔다. 종업원의 상황 특성이 바뀌게 된 것이다. 용광로를 한 번도 본 적이 없었던 종업원들이 빠른 시간 내에 글로벌 전문가가 됨으로써, 초기의 각종 과업 지향적 리더십은 큰 효과를 발휘 할 수 없게 되었다. 둘째, 일에만 전념 할 수 있는 몰입 조직 환경을 만들어 나갔다. 한국인의 생활 공동체 정서를 최대한 살려 가정-직원-회사의 3박자 한 가족 호흡을 절묘하게 맞추어 나가게 했다. 안정된 생애 직장의 기틀은 종업원들의 애사심을 크게 높여 이 또한 점차 청암의 리더십 발휘를 약화 시키는 대체요인으로 작용하게 되었다. 셋째, 일에 대한 사명 의식(천직 의식)을 체화 시켜나갔다. 기회가 있을 때마다 개개인에 부여된 책무의 중요성을 깨닫고, 제철보국의 비전 실현을 위한 비장한 결의와 각오를 하게 했다. 포스코 종업원들의 올바른 직업 가치관 함양도 청암의 리더십 발휘 대체요인으로 작용했다. 포항 확장 사업에 비해 광양 확장 사업 추진은 전반적으로 청암의 관여도가 다소 낮은 것으로 보인다. 광양 사업 및 전략 방향이 결정 된 후, 세부 추진은 임원 직원 스스로 그 동안 축적된 노하우로 해결해 나간 경우가 많았다. 이것은 상기 언급한 몇 가지 대체요인 개발에 연유한 것으로 판단된다.

(5) 카리스마 및 변혁적 리더십 이론 관점

Max Weber(1968)는 「Economy and Society」에서 카리스마를 권력의 정당화 측면에서 정의하면서 학문적으로 개념화 하였다. 어떤 사람의 힘(power)이 다른 사람들에게 정당하다고 인정되면 그 힘은 권위(authority)가 되어 전통적 지배, 합법적 지배, 카리스마적 지배의 3가지 유형으로 작용한다고 했다. 카리스마적 권한은 인간 외적 요소에 기초한 두 권한과는 달리 리더의 특출한 속성(비범함)을 믿고 추종하기 때문에 발생하는 권한이다(백기복, 2006, p.163).

House(1976)는 카리스마적 리더십에 대한 이론을 책으로 출판하였다. 그는 카리스마적 리더는 부하들에게 특유의 카리스마적 영향을 미치는 독특한 방법으로 행동한다고 주장하였다. 그는 카리스마적 리더의 개인적 특성으로 지배적이며 자신감에 차있고 다른 사람들에게 영향을 미치려는 강한 욕망을 가지고 있으며 도덕적 가치에 대한 강한 신념을 지녔다고 하였다. 그는 카리스마를 리더와 추종자들의 특수한 관계에서 발생하는 것으로 믿었다. 즉 추종자들이 리더의 사상이 옳다고 생각하고 그에 대해서 애정을 갖게 되고, 그가 내세우는 조직의 사명에 감성적으로 몰입을 하게 되면, 리더는 카리스마를 가지게 된다는 관점이다. 이런 관점에서 리더가 카리스마를 형성하는 데 영향을 미치는 구체적인 변수들과 카리스마 효과를 포함하는 모델을 제시하였다(백기복, 2006, p. 173).

Conger & Kanungo(1987)는 카리스마를 범인이 접근할 수 없는 타고난 리더의 특성으로 보지 않고 추종자들이 리더 행위에 대해 카리스마적이라고 인정하는 귀인의 결과로 나타나는 현상으로 보았다. 따라서 누구나 교육훈련으로 습득할 수 있는 영역이라고 주장하면서 3단계 카리스마적 리더십 행동유형을 설명하고 있다. 첫 단계인 상황평가 단계에서는 리더가 환경에 존재하는 기회와 제약조건, 그리고 추종자들의 욕구에 매우 민감하다는 인상을 추종자들에게 줄 수 있어야 한다.

둘째의 비전구축 단계에서는 상황평가 결과에 따라 조직이 나아갈 방향을 정하는 단계이다. 카리스마적 리더로 인정받기 위해서는 이상적이면서 공유된 미래의 비전을 구축하고 그것을 효과적으로 실천할 수 있도록 동기를 부여하고 구체화할 수 있어야 한다. 세 번째 단계는 비전실천의 단계이다. 리더는 선택된 조직의 전략적 방향에 대해서 조직원들이 믿고 몰입할 수 있도록 모범을 보이고 위험을 감수하며 희생적인 행동을 나타내야 한다(백기복, 2006, p. 175).

Shamir(1991)는 카리스마적 리더가 follower들에게 영향을 미치는데 작용하는 심리적 과정을 밝히는데 초점을 둔 연구이론이다. follower들이 카리스마 리더에게 비이성적인 충성과 헌신적 노력을 보여주는 이유를 자아개념 이론으로 설명하고 있다(박유진, 2007, p. 160).

청암의 리더십은 무에서 유를 창조한 사명 리더십으로서 변혁적 리더 보다 카리스마 리더에 가깝다고 볼 수 있다. Max Weber, House, Conger & Kanungo, Shamir의 카리스마 이론을 카리스마적 리더십 발휘 방법(리더적 측면)과 리더 영향력의 수용 이유(추종자 측면)라는 두 가지 측면에서 공통적인 요소를 정리 한 후, 이를 잣대로 청암의 리더십 모델을 평가해 보고자 한다. 첫째, 리더는 어떤 방법으로 자신의 특출한 속성을 추종자로 하여금 믿도록 만드는가? 상기 학자들의 리더십 발휘의 출발점은 숭고한 가치관에 기초한 이상적인 비전을 설정, 이를 강력하게 실천케 하는 리더십이었다. 그리고 비범한 사건들을 만들어 수시로 특출한 성과를 보여 줌으로써 리더의 카리스마의 위대성을 입증시켜 추종자들과의 신뢰관계의 질을 높이는 방법이었으며, 비전 실현을 통해 개인 및 집단의 권능감을 향상시켜 궁극적으로는 리더 개인의 기치특성(카리스마)들이 조직문화로까지 내재화시키는 카리스마적 방법이었다. 청암의 애국적 사명감에 기초한 제철보국의 비전, 여기에 목숨을 걸고, 불철주야 온 열정을 쏟아 붙게 만든 각종 리더십 방법들은 이들 학자들이 주장한 이론 내용과 일치한다.

표 4-21 카리스마적 리더십 이론과의 비교

카리스마적 리더십 이론		청암의 리더십 모델
Max Weber	House	
• 숭고한 사명 제시 및 설득 • 비범한 사건 창출 및 입증	• 긴장이 많은 상황 창출 • 이념적 가치를 느낄 수 있는 상황 창출	• 제철보국의 비전제시 및 설득 • 진정한 위기 의식 고취 - 부실공사 폭파 학습 • 종업원 중심의 한국적 노사 문화 정립 - 생애 직장 모델, 생애직업기틀 구축 • 솔선수범의 희생정신 발휘 - 결정적 중대 위기 상황 직접 극복
Conger & Kanungo		
• 추종자 욕구에의 민감성 표출 • 이상적인 미래 비전 구축 • 리더의 모범 및 희생적 행동		

둘째, 추종자들은 어떤 이유와 심리적 과정을 거쳐 리더의 행위에 대해 카리스마적이라고 인정하는가? Conger & Kanungo의 3단계 카리스마 귀인이론과 Shamir의 4가지 핵심 요소는 이를 잘 설명해 주고 있다. 제철보국의 창업정신은 종업원들의 동일시 욕구를 강하게 촉진할 수 있었고, 백년대계를 내다보는 통찰력, 부실공사 폭파 학습방법,

불황일수록 증산과 투자 확대를 기하는 역치유전략 경영방식, 동고동락을 통한 일심동체 조직조성, 기본과 원칙 중심의 정도경영 실천 등은 종업원들의 헌신적인 열정을 더욱 높일 수 있었던 것이다. 청암이 제시하는 어떤 비전과 목표도 모두가 확신을 갖고 혼연일체가 되어 반드시 성취하고야 마는 창조경영의 선순환 문화가 뿌리 내리게 된 것이다. 결론적으로, 플러스 알파 리더십 실천모델의 원칙들은 카리스마 및 변혁적 리더십 연구자들의 연구 결과와 거의 일치하는 것으로 보인다.

표 4-22 카리스마 리더십 이론과의 비교

카리스마리더십 이론		청암의 리더십 모델
Conger & Kanungo	Shamir	
• 일체감 형성 • 긴급상황 창출 • 카리스마의 내면화 (리더십 발휘 결과 변수)	• 개인적 동일화 • 사회적 정체성 • 내면화 강화 • 자기 권능감의 증대 (리더십 발휘 결과 변수)	• 제철보국 창업정신을 통한 한뜻, 한 마음 경영 유도 • 시의 적절한 긴급 상황 창출을 통한 헌신적 열정 유도 • 창의적인 학습 및 가치 창출 조직 문화 정착 • 목표달성을 통한 성취감 및 권능감 고취

V. 플러스 알파 리더십 적용 방안

1. 플러스 알파 리더십 효과성 검증

리더십은 성과다. 훌륭한 성과창출과 연결되지 않는 리더십은 의미가 없다. 우리가 존경하는 리더들은 모두가 남다른 큰 성과를 창출했다. 한 시대의 위기를 극복해 내면서 다음 세대의 행복과 번영을 위한 창조의 시대를 개척했다.

창업자 박태준에 의해 이루어진 포스코는 오늘날 국내외 모든 이로부터 성공신화로 칭송을 받고 있다. 제철보국의 창업정신을 조직문화로 체화시켰고, 모두가 따라 하고 싶어하는 선진한국의 경영모델을 창조했다. 이러한 포스코의 역사에 대하여 사실에 근거한 검증이 필요하다. 청암 박태준의 흡인력 강한 리더십 모델이 어떤 훌륭한 성과를 창출하였는지를 보다 객관적으로 들여다 볼 필요가 있다. 가장 중요하게 고려되어야 할 사항은 그 성과가 공동선 실현인지 아니면 개인적 욕구 충족으로 이어졌는지, 그리고 지금도 창출되고 있고, 앞으로도 계속 이어질 수 있는 것인지도 확인해 보아야 할 것이다.

(1) 제철보국의 성공신화를 창조했다

청암의 흡인력 강한 리더십 발휘는 매우 가치 있는 성과 창출로 이어져 있음이 입증 되었다. 그동안 외부 평가기관이나 대학 연구소에서

그림 5-1 청암 리더십 모델의 효과성

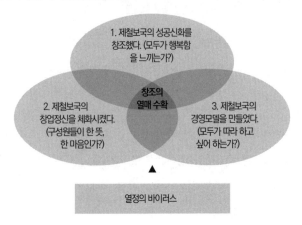

포스코의 경쟁력과 국가 경제 발전에의 기여도에 대해 많은 연구를 해 왔었다. 모두가 한결같이 포스코의 성장 역사를 선진국이 걸어온 100년 내지는 수십년의 철강 산업의 길을 불과 몇 년 만에 성취한 기적, 성공신화라고 평가하였다.

특히 수년간의 우여곡절 끝에 가진 1970년 4월 1일의 포항제철 1기 착공식, 세계 최단기간 건설로 가장 싼 공장을 건설하여 한국 역사상 초유의 출선이 만들어진 1973년 7월 3일의 포항 1기 준공, 조업 첫 해의 1,200달러의 이익 실현은 한국의 일관제철 건설 사업에 대한 국내외적인 의구심이나 부정적 시각을 단숨에 날려 버린 의미 있는 사례들이었다.

포항 940만톤, 광양 1,140만톤 생산체제의 구축으로 양 제철소 공히 최적 규모의 경제 실현, 특히 최고의 설비와 기술만을 채택한 21세기 최신에 광양제철소 건설은 향후에도 지속적으로 경쟁력을 유지하도록 하는 확고한 토대가 될 것이다.

최대 생산, 저가판매 정책은 국내 자동차, 조선, 전자 등 수요 산업이 세계 정상으로 성장하는 데 결정적인 공헌을 하였고, 특히 지속적인 설비 국산화율 제고 정책을 통하여 국내 기계 산업 발전에도 획기적인 기여를 하였다.

한편, 세계 철강산업에서 포스코의 위상이 크게 높아져서 신일철과 함께 주요 연구 기관의 평가대상이 되었으며, 무엇보다도 1978년 3월 포항 4기 설비 1억 달러 착수금을 미국 씨티은행의 홍콩 소재 계열 은행 APCO로부터 정부 보증없이 순수 포스코 신용으로 조달한 사실은 한국 역사상 초유의 획기적인 성과였다.

포스코가 설립되지 않았을 경우를 가상하여 실제 경제와 비교하는 방법으로 국민 경제 기여도를 측정한 서울대 사회 과학 연구소와 고려 대학교의 평가 결과도 의미 있는 실증자료가 되었다.

이 모든 성과들은 "국가적 굴욕에서 벗어나는 길은 완전한 힘을 축적하는 길 밖에 없다.", "힘을 축적해야 남의 눈을 뜨게 한다."는 애국적 사명감에 기초한 청암의 경영 철학이 실천되어 나타난 결과로 보인다.

표 5-1 제철보국의 성공신화 창조의 실증 사례
(자료: 서갑경(1997), 포스코 25년사(1993), 포스코 35년사(2004))

성과물 요소	
(1) 최고의 경쟁력 있는 제철소를 건설했다.	1. 민족중흥의 기틀을 놓다(포항1기 착공, 1970.4.1) 2. 만세! 나왔다 쇳물이 나왔다(첫출선, 1973.6.9). 3. 순이익이 1,200만 달러라고?(조업 첫해 결산, 1973) 4. 철강 2,100만톤 시대를 열었다. 5. 21세기 최신예 제철소를 탄생시켰다. 6. 건실한 민족기업으로 성장시켰다.
(2) 국가 경제발전에 크게 기여했다.	7. 국내철강산업을 획기적으로 발전시켰다. 8. 철강수요산업의 국제경쟁력을 높였다. 9. 설비국산화를 통한 기계공업 발전을 도모했다. 10. 국제수지를 크게 개선시켰다.
(3) 회사 Brand 가치가 크게 향상되었다.	11. 세계 철강업계에서의 포스코 위상을 크게 높였다. 12. 최초 무보증 차관의 길을 열었다.

(2) 제철보국의 창업정신이 체화되었다

제철보국의 창업 정신이 당시 임직원들의 일상 생활 속에 깊이 내재화 되어 있음을 확인할 수 있었다. 모두가 제철보국의 비전을 공유하고 일에 열정을 쏟았다 각자에게 주어진 임무 완수를 위해, 밤낮을 잊은 채 혼신의 노력(열정)을 다한 모습들을 그들의 인터뷰 내용 속에서 발견할 수 있다.

회사 목표 달성에 중대한 영향을 끼치는 일에는 모두가 사표를 써놓고, 비장한 각오로 임했으며, 너나 모두 협력하여 반드시 이루어 내는

강한 협창력 문화가 정착되어 있었다. 언제나 사사로운 일에 얽매이지 않았고, 회사 일을 우선하는 희생 및 공인 정신이 체화 되어 있는 실증 사례들을 많이 찾을 수 있다.

건설 현장 사무소인 동시에 직원들의 숙소 역할을 한 포항제철소 건설 현장에 최초로 세워진(1968년 6월) 롬멜하우스의 애환들, 사막 같은 곳에 뚫어 낸 중앙도로, 첫 쇳물을 얻기 까지의 고난과 기쁨의 순간들, 전로 제작에 미쳐 아내의 임종도 지켜주지 못했던 연봉학 기성과 일 속에서 살다가 일 속에서 숨겨 간 고 김준영 이사의 무한책임 정신에서 플러스 알파 리더십의 효과성과 지속 가능성을 엿볼 수 있다.

오늘날에 이르러 포스코인들은 제철보국의 성공신화를 피와 땀과 눈물이 낳은 집념의 결실, 도전과 창조의 역사라고 부르고 있다. 그들은 모두가 신들린 사람처럼 앞만 보고 꿋꿋하게 일만 했다.

지금도 포스코에는 일에 미친 사람이 많다. 또 하나의 성공 신화를 쓰기 위해 글로벌 포스코를 향한 집념을 불태우고 있다.

무엇이 포스코를 성공 역사로 이끌고 있는 것일까? 제철보국 성공 신화의 원동력인 플러스 알파 정신이 그들의 마음 깊숙이 뿌리 내려져 있었던 것이다. 그들은 이것으로 그 힘들고 어려운 철강 역사의 꽃을 이 땅에 피웠고 그 역사는 앞으로도 계속될 수 있을 것으로 확신할 수 있다.

표 5-2 제철보국 창업정신 체화의 실증사례 (자료원 ; 이호(1998), 이대환(2006))

성과물 요소	실증 사례들
(4) 무한책임정신이 체화되어 있다.	13. 건설의 전초기지, 롬멜하우스 (신상은) 14. 중앙도로 속의 애환 (이영직) 15. 현장에서 치른 망연회 (채수웅) 16. 첫 쇳물을 얻기까지 (이영우) 17. 이 콘크리트 당장 폭파해! (장기만) 18. 광양만의 역사를 열며 (이명섭) 19. 사표로 임한 주물선 공장건설 (한경식) 20. 나는 이제 포항으로 간다(김준영) 21. 아내여, 영원한 나의 아내여 (연봉학)
(5) 강한 협창력 문화가 정착되어 있다.	22. 하루 700㎡씩 타설하라. (김광배) 23. 77년 4월 24일 (신광식) 24. 위하여 파티 (김영길) 25. 당신의 정성이 여기에 (연현순 부인) 26. 시공업체 요원들도 준포철인이 되었다.
(6) 창조경영 선 순환 Cycle에 계속 머문다.	27. 일본을 능가하는 냉연공장을 만들자(심장섭) 28. 21세기를 향한 포스코 도전자들 (김영수, 성기중) 29. 죽도시장 배추장사의 변화 (장경진)

(3) 선진 한국의 경영모델을 만들었다

포스코인들은 높은 자아실현 의욕과 성취 의욕을 갖고 포스코 직원임을 자랑스럽게 생각하고 있으며 한국경제에 매우 중요한 역할을 담당하고 있다는 애국적 사명감과 일에 대한 자긍심이 매우 높은 것으로 분석 되었다. 그들이 함께 창출한 흑자경영모델, 최고의 복리후생 모델, 교육 보국 및 산학연협력 모델, 노사공영 및 협력 업체 공존공영 모델 등의 협창물들은 국내외 타기업 조직의 모범이 될 만한 명품들이었다.

1974년 354억원의 순이익을 실현함으로써 제2기 설비확장사업에 필요한 소요 내자의 91%를 자체적으로 조달할 수 있게 되었다. 공기업 최초의 흑자 경영모델의 실현의 주된 요소는 ①염가의 설비구매 및 공기 단축을 통한 건설비 절감, ②장기 저가 원료 구매 및 정상조업도 조기 달성, ③기술인력의 대량 적기 훈련 및 생애 직장 구현, ④창업정신 바탕의 기업 문화 정착 등으로 요약된다. 특히, 철강업의 고용 특성을 고려한 독특한 복리후생 정책을 지속적으로 추진하여 세계적인 생애직장모델을 만들었다.

1971년 설립한 '재단법인 제철학원', 1976년 탄생한 '학교법인 제철학원', 이후 각급 학교의 개교, 1986년 포항공과대학의 개교 등으로 이어 지는 교육보국의 모델은 또 하나의 세계적인 명품이다.

한편, 창업초기부터 단 한번의 노사분규 없이 안정된 경영을 유지해 온 것은 '단지 역할의 차이만 있을 뿐 노와 사 모두가 회사의 주인'이라는 청암의 노사관이 문화로 뿌리 내려진 특유의 노사공영모델이다. 1988년 6월 29일 결성된 노동조합은 포스코 노사공영모델의 영향으로 그 활동이 크게 약화된 것으로 나타났다. 특히, 제철소 건설과 조업을 통하여 축적한 경험과 기술, 포항공대의 기초과학연구, 산업과학기술연구소의 응용개발 연구수행을 결집하여 기초과학–응용개발–현장적용을 유기적으로 연계한 산학연 연구개발체제, 그리고 협력작업의 전문화 및 경영내실화를 통한 협력회사의 자율책임 경영체제 확립에 목적을 둔 협력업체와의 공존공영모델은 선진한국으로 도약하기 위해서 앞서 실현한 가치 있는 성과물들이다.

청암은 포스코를 국영기업체의 고질적인 정부출자 의존형태에서 조기에 탈피하게 했다. 포항 2기 확장 사업부터 자체 자금으로 충당함으로써 국영기업 중 자립경영의 모델이 되게 했다. 낙후된 한국 산업체를 한 단계 끌어 올리는 견인차 역할을 주도적으로 하게 만들었다. 그들이 창출한 대부분의 성과물들은 새로운 모델이 되었으며 이들이 전국적으로 점차 확산되기를 간절히 원했다. 선구자가 되라! 모범이 되라! 이것이 독특한 또 하나의 포스코 정신문화로 깊숙이 자리잡게 된 것이다. 자녀들이 포스코에 다니는 아빠, 엄마를 자랑스럽게 생각하는 회사, 사회의 친구들이 포스코 뱃지를 보고 부러워하는 회사, 포스코 명함만 내밀면 신뢰하고 반기는 존경받는 회사가 되게 만들었다.

무엇보다도 국내외적으로 포스코 성공 신화에 대한 관심이 높아지면서 동시에 청암 박태준의 경영 철학과 리더십의 위대성이 객관적으로 검증되고 있었다. 포스코 임직원은 물론 중국, 러시아, 일본으로부터도 존경 받는 위대한 리더였다. "박태준을 수입하면 되겠군요.", "박태준이 없는 포항제철의 성공은 상상할 수 없다.", "박태준 회장을 1년간만 러시아에 빌려주시오." 등 그의 경영철학과 리더십의 위대성에 대한 평가 의견들은 수없이 많았다. 자신의 카리스마를 모두의 공동선 실현의 긍정적 효과로 정확히 연결시킴으로써 후대에 추앙 받는 리더상을 구현한 실존 인물이었음을 알 수 있었다.

표 5-3 선진 한국 경영모델의 실증 사례
(자료: 서갑경(1997), 이호(1998), 포스코 25년사(1993), 35년사(2004).)

성과물 요소	실증 사례들
(7) 모범이 될 명품들을 많이 창출했다.	30. 공기업 최초의 흑자경영 모델을 만들었다. 31. 최고의 생애직장 모델이 되게 했다 32. 교육 보국의 모델을 만들었다. 33. 노사 공영관계 모델이 되게 했다. 34. 산, 학, 연 협력 모델을 만들었다. 35. 협력업체와의 공존공영모델이 되게 했다.
(8) 후대에 추앙 받는 리더상을 구현했다.	36. 박태준을 수입하면 되겠군요! 37. 박태준을 1년 간만 러시아에 빌려 주시오! 38. 앞으로 25년 동안에도 그만한 기업은 나오지 않을 것 입니다. 39. 박태준 사장의 흡인력 강한 리더십을 배운다. 40. 이들은 꿋꿋하게 일만 했지요.

이상의 플러스 알파 리더십의 효과성을 리더십 이론적인 측면에서 종합적으로 평가해 보고자 한다. 대부분의 리더십 이론은 효과적인 리더십 발휘 방법에 대한 내용들이라 할 수 있다. 그러나 카리스마적 리더십 이론에는 리더십 발휘의 효과성(카리스마의 효과)에 대한 개념과 방향이 언급되어 있다. 즉 특성(카리스마), 발휘, 성과의 통합적 연구 프로세스라 할 수 있는 이론들이다.

리더십 성과 측면의 주된 내용은 카리스마의 내면화이다. 추종자들이 리더의 가치관과 이념을 강한 확신을 갖고 얼마나 자신의 것으로 받아들이고 있는가 하는 것이다. 그리고 일상 생활 속에 침전된 카리스마에 대한 신뢰가 계속 유지 되고 있으며, 무엇보다도 카리스마 리더십의 효과가 조직 공동체를 지속 발전시키는 긍정적인 것인가의 여부가 중요한 평가 잣대로 보인다.

청암의 큰 리더적 카리스마는 포스코의 Brand 가치 향상을 뛰어 넘어 국가와 민족 번영의 초석을 다지는 훌륭한 성과를 창출케 했다. 그리고 청암의 애국적 사명감에 기초한 제철보국의 3大 창업 정신이 전 임직원의 일상 생활 속에 깊이 뿌리 내려져 그것이 오늘날 포스코 경쟁력의 원천이 되고 있다. 그들은 수 많은 경영 모델을 창조하여 선진 한국 경제를 선도해 나가는 초우량 기업의 위상을 지켜 나가고 있다. 그들의 높은 자긍심과 권능감은 21세기 Global POSCO로의 또 다른 성공 신화 창조를 담보하는 확실한 무형자산이라고 생각한다.

표 5-4 카리스마 리더십 이론과의 비교

카리스마 리더십 이론				청암의 리더십 성과
Max Weber	House	Conger	Shamir	
• 카리스마 리더 출현 • 리더 영향력 침전 및 관료화 • 긍정적 혹은 부정적 카리스마 결과	• 리더에 대한 추종자의 신뢰 • 리더 사명에 대한 몰입 • 추종자의 성과 향상	• 카리스마의 내면화	• 자기 권능감 향상 및 기대 이상의 성과 창출 • 자발적 충성과 헌신 • 높은 성과 창출 몰입	• 제철보국의 성공 신화 창조 • 제철보국의 창업 정신 체화 • 선진한국의 경영 모델 창출

2. 플러스 알파 리더십과 글로벌 경영

지금까지 플러스 알파 리더십 발휘의 효과성을 객관적인 자료를 중심으로 검증해 보았다. 그러나 과거 한국의 고도성장시대에 성공한 +a 리더십 모델이 글로벌경영 시대인 지금도 우리 조직에 적용되고 있고 앞으로도 적용 가능한 것인가라는 우려가 아직 남아 있는 것 같다. 따라서 무엇이 적용되고 적용 불가능한 것인가에 대한 다음 몇 가지 점을 좀 더 짚어 본 후에 활용방안을 제시해 보고자 한다.

첫째, 글로벌경영시대에서 국가와 민족의 개념을 어떻게 인식할 것인가의 문제이다. EU통합체 형성으로 글로벌화의 범위와 개념이 크게 확대되어가고 있다. 언젠가는 하나의 세계, 하나의 시장이 형성될 것으로 예측하고 이에 준비해야 한다고 주장하는 미래학자들도 있다. 지금의 국가와 민족이 전혀 의미가 없는 시대가 도래한다는 것인데 과연 가능한 것인가? 애국적 사명감을 기본 사상으로 한 청암의 +a 리더십 모델을 근본적으로 생각해야하는 물음이다.

그런데 아직도 많은 곳에서는 민족간 이념 및 국가 영토 등의 분쟁이 일어나고 있다. 일본은 왜 독도를 자기 영토라고 주장하며 싸우려고 하는 것이며 중국은 만주벌판, 두만강 일대를 과거 자기들의 영토였음을 주장하는 이유를 어떻게 해석해야 하는 것인가?

국가민족의 싸움은 동서고금의 역사가 증명하고 있다. 한마디로 말해서 국가민족은 번영을 통한 영속성의 생리를 안고 있다고 보아야 옳을 것 같다. 따라서 글로벌경영시대에도 국가와 민족은 영원히 존재하는 것이며, 애국적 사명감은 국가공동체에 대한 구성원들의 가장 기본적인 가치관이 되어야 한다. 한 국가, 민족의식에서 벗어나는 것이 글로벌 마인드이며 그런 인식하에서만 성장 발전할 수 있다는 가치체계는 잘못된 것이다. 애국적 사명감에 기초한 글로벌 마인드 및 글로벌 역량 배양이 필요할 뿐이다.

둘째, 생애직장과 생애직업의 관계를 어떻게 일치시킬 것인가 하는 점이다. 90년 초를 기점으로 한국의 노사문화는 큰 전환점을 맞이하였다. 지나친 물본 중심의 사고로 생애직장의 패러다임이 크게 변화되었고 개인주의가 확산되면서 전반적으로 우리 고유의 노사화합 정신이 크게 약화되고 조직 분위기도 침체되었다. 더구나 노동시장의 유연성이 향상되지 않은 상태에서 구조조정을 통한 인위적 감원과 노사분쟁은 더욱 격화되어 갔다. 회사로서도 장기간의 교육훈련을 통해 육성한 인력이 오래도록 회사에 기여치 못하고 퇴직한다면 큰 부채가 아닐 수 없다. 따라서 업종의 특성, 각국의 노동시장 환경에 따라 차이가 있을 수 있으나 생애직장과 생애직업 둘 다 균형을 유지하는 것이 일에 대한 몰입도를 높이는 가장 바람직한 방법으로 생각된다. 어느 한곳으로만 치우치게 하는 경영은 직원들의 열정을 한껏 끌어낼 수 없을 것이다. +a 리더십의 실천 원칙들 속에서 그 답을 찾을 수 있다.

셋째, 다양성을 어떻게 조직 일체감으로 승화시킬 것인가 하는 점이다. 특히 대부분의 오늘날 기업은 글로벌 기업이다. 다양한 문화와 정신, 각계 각층의 성격과 능력을 가진 직원들을 교육시켜 강한 조직 응집력을 갖게 만들어야 하는 글로벌 기업들이다. 다양성은 창의력의 열쇠이다. 개개인의 창의성을 어떻게 한껏 발휘하게 만들 것인가? 그리고 지나친 조직 응집력에서 오는 탈선을 어떻게 일어나지 않게 만들 것인가가 오늘날 리더십의 핵심 과제다. +a 리더십의 실천원칙들 속에서 그 답을 찾을 수 있다. 지나친 자긍심, 확신에서 오는 변화 불감증이나 집단적 사고에 빠져 있지 않게 하는 방법도 찾을 수 있다. 이러한 포스코의 강한 응집력은 약간의 탈선도 없이 계속 유지될 수 있었다. 명확한 비전과 창업 정신(가치관)이 공유된 상태의 결속력, 단순한 팀워크를 넘어선 최대한의 성과에 초점을 둔 관리, 분명한 책임과 역할, 비슷한 수준의 개인 역량을 함께 높여 나감으로써 조직의 과정 손실을 전혀 발생 시키지 않는 점 그리고 부분적인 성공 자만심으로 집단적 사고에 빠져 있지 않게 지속적으로 반복 실시해 온 교육 등이 일사분란한 포스코 조직문화의 특징적인 요소로 분석되었다. "안 된다, 어렵다, 무리다." 하는 말이 전혀 통하지 않고, 어려울수록 더욱 큰 힘을 발휘하는 회사 전통이 자연스레 세워지게 된 것이었다.

이상의 몇 가지 사항을 짚어 본 결과, 플러스 알파 리더십 실천모델은 오늘날의 글로벌 기업들에게도 유효할 것이며, 그 실천원칙들은 앞으로도 적용 가능할 것으로 판단된다.

3. 플러스 알파 교육 프로그램

플러스 알파 리더십 모델을 조직에 적용하기 위해서는 교육, 제도, 시스템 등 다각적인 노력이 필요하다. 교육 프로그램은 개인 차원의 가치관 함양을 위한 +a ship, 조직 효율성 차원의 변화관리 역량(기법, 제도 개선)을 배양하기 위한 +a 리더십, 2개 과정으로 구분하여 표준 모형을 개발하고, 대상 조직의 +a 리더십 수준을 측정한 후에, 그 결과를 반영한 맞춤형 프로그램으로 재구성하여 지속적으로 실시해야 할 것이다. 일에 대한 사명감을 갖게 하고 또 이를 더욱 크게 하여 유지되게 하는 리더십이야말로 결코 쉽지 않을 것이기 때문이다.

마음(신념) ->행동(실행) ->문화(창조)의 플러스 알파 변화 사이클이 선순환 과정에 계속 머물게 하려면 청암의 핵심 경영철학에 근거해서 개발한 18개 교육 모듈이 모두 제대로 작동될 때만 가능하다. 어느 하나의 모듈이라도 장애가 생기면 변화 및 혁신의 속도는 Zero가 될 수 있다. 일상 생활 속에 체화되지 못하고 모든 것이 겉돌게 된다. 각 부서, 각 부문에서 헛돌고 있는 빈틈이나 공간이 여전히 많게 되어 그 동안의 혁신 및 창조의 성과도 큰 의미가 없어지게 될 것이다. 따라서 다음 4단계 방법의 플러스 알파 조직문화 정착 프로그램이 작동되게 해야 할 것이다. 본 연구에서는 동 프로그램의 근간이 되는 1, 2단계를 중심으로 +a 리더십 적용 방안을 제안하고자 한다.

① 1단계 : 조직 전반에 걸친 +a 리더십 수준 점검을 한다

② 2단계 : 맞춤형 +a 리더십 교육프로그램을 개발한다

③ 3단계 : 관련 제도 및 시스템 개선을 병행 추진한다

④ 4단계 : 알파 리더십 적용 정도를 주기적으로 점검, 반복 교육을 실시 한다.

(1) +a 리더십 수준 점검

+a 리더십 3단계 변화 관리 프로세스(마음→행동→문화) 내용에 기초하여 신념과 의욕, 도전과 실행, 창조와 보람의 3가지 차원으로 나누어 다음과 같은 방향으로 설문을 작성하여 그 각각의 강도를 정확히 측정하여야 할 것이다.

첫째, 모든 구성원들이 회사 및 조직의 비전 실현에 대한 강한 신념과 확신을 갖고 열정적으로 일하고 싶은 의욕이 어느 정도 일어나고 있는지를 알아 보아야 할 것이다. 마음이 움직이지 않는 혁신과 창조활동들은 피곤만 하고 실질적인 효과를 거둘 수 없기 때문이다.

둘째, 어렵게 이끌어 낸 구성원들의 창조와 혁신의 열정이 얼마나 강렬하게 일어나고 있는지, 상호신뢰와 협력기반의 강한 팀웍이 리더를 정점으로 어떻게 유지되고 있는지, 즉 리더들의 올바른 조직 관리 자세와 행동을 알아 보아야 할 것이다. 속력이 붙지 않는 혁신과 창조 활동은 하지 않음만 못한 결과가 될 수 있기 때문이다.

셋째, 조직의 리더가 바뀌어도 구성원들의 열정은 지속될 수 있는지, 리더가 곁에 있으나 없으나 그 열정의 강도는 차이가 없이 일정하게 유지되고 있는지, 즉 진심으로 '하고 싶어서 하는' 전원참여의 조직문화로 어느 정도 정착되고 있는지를 알아 보아야 한다. 왜냐하면 일상업무 생활 속에 깊이 뿌리내리지 못한 혁신과 창조는 오히려 회사 장기 성장 잠재력을 약화시키고 본래대로 회귀해 버릴 소지가 있을 것이기 때문이다.

그리고 이상의 각 문항의 측정 결과를 종합하여 조사 대상조직의 플러스 알파 리더십 수준을 평가한 후, 각 문항 및 3단계 변화 관리 변수 간 상관 관계를 분석하여 보완 및 개선점을 발굴해야 하며, 그 내용은 반드시 해당조사 대상 조직의 교육 프로그램에 반영되어야 할 것이다.

(2) +a 리더십 교육프로그램 개발

프로그램 구성 및 규모

+a 리더십 변화관리 3개 부문(마음 → 행동 → 문화)과 9대 실천원칙

그림 5-2 플러스 알파 리더십 교육 프로그램

● 개인차원의 +a ship 과정   ● 회사차원의 +a leadership

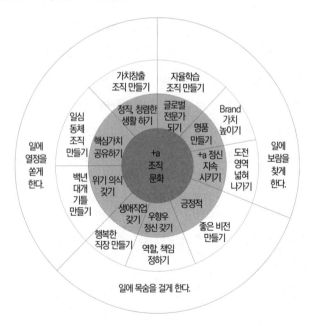

에 기초한 개인 차원의 가치관 함양을 위한 +a ship, 조직 효율성 차원의 변화관리 역량(기법, 제도개선) 배양을 위한 +a 리더십, 2개 프로그램으로 구분하여 표준모델을 개발하고 대상조직의 +a 리더십 수준에 따라 조정 될 수 있도록 구성한다.

기본 설계 방향

❶ +a ship 과정

무엇보다도, 교육생 주도의 체험학습이 되게 해야 한다. 플러스 알파 정신 관련 핵심내용을 반복해서 읽게 하고 깊이 생각하게 하며, 그리고 직접 보고 들음으로써 크게 느끼고 반성하게 한 후, 각자의 느낌과 생각을 쓰고 말하게 함으로써 스스로 플러스 알파의 실천 의지를 다짐하게 하는 프로세스로 진행되어야 한다.

또한, 흥미 있고 짜임새 있는 교육이 되게 해야 한다. 동영상, 연극 등 다양한 교육방법을 활용하고, 전문강사를 사전에 선정, 훈련시켜 투입함으로써 가치관 교육의 효과를 극대화시켜야 한다.

❷ +a leadership 과정

첫째, 직책별 역할 및 책임에 맞는 교육으로 일과 학습이 연계되게 해야 할 것이다. 맡은 사업의 과제 및 직무와 연계시켜 성과와 직결되는 교육 방법을 적용함으로써 교육 받은 자와 교육 받지 않은 사람의 성과가 분명히 차이 나게 해야 한다.

둘째, 개인별 역량 수준을 고려한 맞춤식 교육으로 재임 기간중 계속 학습이 되어야 할 것이다. 리더의 역할상 및 역량 모델에 따라 체계적인 교육을 실시함으로써 반드시 현업에 적용되는 리더십 교육이 되어야 할 것이다.

셋째, 모듈별 교육내용 및 방법이 상호 연관성을 가지고 일관성 있게 운영되게 해야 한다. 각 조직의 플러스 리더십 파이프 라인에 따라 신입직원에서 임원까지 단계적으로 교육을 이수하게 함으로써 반드시 도움이 되는 교육, 받고 싶어 하는 교육이 되게 만들어야 할 것이다.

따라서 인재 개발원의 플러스 알파 리더십 교육은 꼭 받아야 만 되는 권위있는 교육과정이 되도록 계속 그 내용을 다듬어 나가야 할 것이다. 이를 위해서는 사전 교육, 본 집합 교육, 사후 적용학습의 3단계 교육 및 평가 프로그램을 개발하여 지속적으로 운영되게 해야 할 것이다.

유사 프로그램과의 비교

본 플러스 알파 리더십 모델을 그 동안 우리 기업체에서 교육 프로그램으로 도입 적용하고 있는 검증된 리더십 모델과 간단히 비교해 보고자 한다. 7Habits, 데일 카네기, 아벤저 리더십 등 기존의 리더십 모델들은 명쾌한 논리적 구조와 과학성을 갖고 오랜 시간에 걸쳐 많은 학자와 기업체 실무자들에 의해 연구, 적용되어 그 효과성이 입증된 프로그램이다. 그리고 그 내용을 들여다보면 공통적으로 리더들의 마음과 행동, 조직문화의 변화에 초점을 둔 실행중심의 변화관리 프로그램들이라 할 수 있다.

이런 측면에서 볼 때 본 플러스알파 리더십 모델은 기존의 서구 리

표 5-5 기존 리더십 교육 모델과의 비교

구분	창시자	논리체계 및 내용구성	교육 프로그램
7 Habbits	스티븐코비 박사 조직 컨설턴트, 저술가	성공하는 리더들의 7가지 습관에 대한 개념과 특성, 태도개선 방법 등을 제시 • 7가지 습관은 개인의 승리, 대인관계 승리, 자기쇄신의 3부문으로 구성	• 7가지 습관이 제시하는 원칙을 중심으로 문퍼실리테이터에 의한 교육생 전원 참여식 교육 방법 • 일반과정 (2박3일)과 퍼실리테이터 양성과정 (4박5일)
데일카네기	데일카네기 경영컨설턴트	• 리더십 스킬 이해 및 지식→연습→스킬개발→태도변화의 4단계 훈련 사이클을 통한 행동변화 과정 • 개인개발, 멘토링, 빌딩 3부문으로 구성	• 카네기 리더십 코스(3일) • 매니저먼트 코스 (7주) • 데일카네기 코스 (12주)
아빈저	아빈저 연구소(1978~) 경영, 교육 컨설팅	• 인간관계경영의 새로운 효율성 패러다임 제공 • 핵심, 실행, 심화과정으로 구분, 리더십의 실행력 향상에 초점	• 창의적 리더십 (2일)
플러스 알파 리더십	김창호 포스코 경영연구소 부사장	• 청암 박태준 (포스코창립자)의 9가지 리더십 실천원칙 및 방법을 관련 사례 중심의 학습으로 구성 • 일에 목숨을 걸게 하고(마음의 변화)→일에 열정을 쏟게 하며 (행동의 변화)→일에 보람을 찾게 하는(조직문화의 변화) 3단계 변화관리 프로세스로 구성	• 개인 가치관 함양 차원의 +a ship, 조직역량 향상 차원의 +a 리더십, 2과정으로 구분 • 교육생 참여 중심의 상호 경험학습 방법

더십 모델과 유사한 기본사상과 변화관리 프로세스를 갖고 있다. 동 모

델의 사상과 프로세스는 지금도, 앞으로도 변하지 않는 원칙이 될 수 있다는 확신을 갖는다. 본 연구를 통해 한국적 리더십에도 세계적인 요소가 있고 세계적으로 입증된 리더십에도 한국적 요소가 교집합을 이루고 있음을 알 수 있었다.

따라서 한국적 정신문화에 적합한 리더십 모델로 포스코에 적용하여 성공한 경험을 갖고 있기 때문에 글로벌 기업경영에도 성공 가능한 모델이 될 수 있을 것이다.

VI. 요약 및 결론

1. 요약

본 연구는 전후 폐허가 된 철강불모의 이 땅에 세계 최고의 경쟁력을 가진 민족의 염원, 일관제철소 건설을 역사상 가장 짧은 기간에 완성시킨 포스코 성공신화의 주역, 창업자 청암 박태준 회장의 독특한 리더십 실천 원칙 및 모델을 발굴하여 글로벌 경영 시대에 접해 있는 오늘날의 한국기업에 주는 시사점을 살펴 본 후, 그 적용 가능성을 모색해 보고자 하는데 기본 목적을 두고 연구를 수행하였다.

연구 목적을 달성하기 위하여 리더십의 일반적인 정의 및 개념을 기준으로 리더십의 모든 관점(특성발휘, 성과)을 포괄하는 통합적인 연구모형을 설계하여 분석하였다. 실증적 연구는 문헌사적 고찰방법을 이용하였으며, 청암 박태준의 리더적 특성의 생성, 발휘, 성과의 리더십전 과정에 대한 문헌상의 사례를 분석하여 연구 결과의 이론적 정합성과 객관성을 제고하고자 하였다.

본 연구의 특징은 기존의 창업자 연구가 성공한 기업가로서의 역할에 초점을 두고 주로 경영철학과 창업정신의 내용연구를 핵심 과제로 삼고 있는 것과 다르게 청암 박태준의 독특한 리더십 모델과 그 논리구조를 찾아내는 데 초점을 두고 있다.

본 연구는 다음 세가지 측면의 연구 과제를 중심으로 연구를 진행하였다. 먼저, 청암 박태준의 큰 리더적 특성을 발굴하고자 하였다. 어떤 과정을 거쳐 일관성 있게 유지되어 왔으며, 특성들 간에는 어떤 연관성이 있는지를 분석하고자 하였다. 그리고 큰 리더적 특성 요소가 다양한 경영 상황에서 구체적으로 어떻게 발휘되었으며, 그 실천 모델은 무엇인가를 규명해 보고자 하였다. 마지막으로 독특한 실천모델의 효과성 검증을 통해 그 적용방안을 제시해 보고자 하였다. 얼마나 훌륭한 성과를 창출했는지, 그리고 그 성과가 공동선 실현과 어떻게 연계되어 나타나고 있는지를 객관성 있게 분석해 보고자 하였다.

청암 박태준의 경영철학과 리더십에 대한 연구결과를 요약하면 다음과 같다.

첫째, 청암이 가지고 있는 애국적 사명감의 숭고한 가치관은 전 생애에 걸쳐 그의 개인 행동에 지속적인 영향을 미쳐 왔으며, 포스코의 성공 신화는 그의 가치관의 결정체로 보인다. 이는 국내외 성공한 기업인들과 차별화될 수 있는 리더적 특성의 원형질이라 할 수 있다. 애국적 사명감을 중심으로 강인한 집념과 열정, 정직하고 청렴한 성품, 남다른 지력과 체력 등의 특성들이 튼튼하게 유지될 수 있었다. 이러한 특성들은 전통적인 리더십 특성 및 카리스마적 리더의 특성에 대한 연구 결과와 대부분 일치하는 것으로 분석되었다. 또한, 애국적 사명감은 자신이 속해 있는 조직 발전의 사명의식(직업적 사명감)으로 전이되고, 이는 다시 직무 완수의 책임의식(직무적 사명감)으로 전이되었음을 알 수 있다.

둘째, 자신의 큰 리더적 특성을 조직 문화로 뿌리내리게 한 독특한

+a 리더십 모델을 가지고 있었다. 리더십의 원형질인 사명의 유명인자가 제철보국의 3대 창업정신과 플러스 알파 리더십 모델로 정확히 전이되어 포스코 고유의 정신문화로 정착된 것으로 나타났다. 재임기간 동안 언급한 수 많은 경영 관련 메시지들을 발췌하여 유사한 내용들을 묶어 18개의 핵심 경영철학으로 정리한 후, 9개의 리더십 실천원칙들을 도출했으며, 그의 리더십 모델을 다음의 세가지 요소로 구성되어 있다. 제1요소는 구성원들의 마음의 뿌리를 움직이게 하여 일에 목숨을 걸게 한 리더십이다. 이는 주어진 임무를 완벽히 수행한다는 무한책임정신이 전이된 리더십 형태로서 비전경영, 책임경영, 몰입경영의 3대 실천원칙으로 구성되어 있으며 이를 통해 청암은 모든 구성원들의 열정을 끌어 내는데 성공했다.

제2요소는 구성원들이 일심동체가 되어 열정을 쏟게 하는 리더십이었다. 이는 모두가 협력하여 조직 전체의 에너지를 높인다는 헌신적인 협동정신이 전이된 리더십 형태로서 미래경영, 시너지경영, 정도경영의 3대 실천원칙으로 구성되어 있으며, 이를 통해 청암은 개인의 강한 신념과 의욕을 행동의 변화로 전이시켜 조직의 힘으로 묶어 내는데 성공했다.

제3요소는 일에 대한 성취의 기쁨과 보람을 스스로 찾게 하여 집념과 열정의 바이러스가 약해지지 않고 조직문화로 자리잡게 한 리더십이다. 항상 새로운 것을 탐구하고 더 높은 비전을 실현코자 하는 불퇴전의 개척정신이 전이된 리더십 형태로서 자율경영, 가치경영, 도전경영의 3대 실천원칙으로 구성되어 있으며, 이를 통해 청암은 열정의 선순환이 지속 유지되게 함으로써 보람과 창조경영의 조직문화를 뿌리내리게 하는데 성공했다.

청암의 플러스 알파 리더십 실천원칙은 마음-행동-조직문화의 변화관리 프로세스와 규칙을 유지하고 있다. 특히, '애국적 사명감'에 기초한 창업 정신의 체화를 통하여 구성원들의 가치관 변화를 추구하고, 가치관의 변화를 통하여 진정한 마음의 변화를 이끌어 내고자 한 것은 청암 고유의 리더십의 가장 중요한 특징으로 보인다. 이러한 실천원칙들은 리더십 연구자들이 주장한 연구결과와도 일치한다.

셋째, 청암의 흡인력 강한 리더십 발휘는 민족통일과 중흥의 초석을 다지는 가장 훌륭한 성과를 창출했다. 만약에 당시 포항제철이 탄생하지 못했다면, 또 오늘날 실패의 역사로 끝나버렸다면 우리나라의 운명이 어떻게 되었을까를 상상해 보면서 '제철보국의 성공신화'에 대한 평가를 내릴 수 있었다. 아마 세계에서 가장 업신여김 받았던 부패하고 가난한 후진국으로 상당기간 계속 남아 있었을 확률이 아주 높았을 것이란 추측을 해보았다. 청암의 '애국적 사명감'에 기초한 제철보국의 3大 창업정신이 전임직원들의 생활 속에 깊이 뿌리내려져 그것이 오늘날 포스코 경쟁력의 원천이 되고 있으며 그들의 높은 자긍심과 권능감은 21세기 글로벌 포스코로의 또 다른 성공신화 창조를 담보하는 강력한 무형자산이라는 사실을 확인할 수 있었다. 동시에 청암은 최고의 생애직장 모델, 교육 보국 모델, 산학연 협력 모델 등 선진 한국의 지표가 될 수 있는 공익적 가치의 명품을 창출하였다.

2. 연구의 시사점

제철보국의 비전과 창업정신은 당시 모든 직원들의 마음의 뿌리를 움직일 수 있는, 매력적인 가치를 가졌으며 백년대계를 내다보는 통찰력, 절대 절명의 위기상황에서 발휘한 창의력과 그 돌파력, 부실공사 폭파 학습방법, 불황일수록 증산과 투자확대를 기하는 역치유전략 경영방식, 동고동락을 통한 일심동체조직 조성, 기본과 원칙 중심의 정도경영 실천 등은 종업원들의 일할 의욕(작업동기)을 크게 높이고, 청암의 '큰 리더적' 카리스마에 감동적으로 몰입케 하는 요소로 작용한 것으로 보인다.

청암의 플러스 알파 리더십은 인간존중 경영철학에 기반을 둔 자율관리 형태로서 인간관계 지향형 리더십 유형에 가까운 것으로 보인다. 그의 리더십 발휘 내용들을 들여다 보면 결국 직원들과의 깊은 신뢰관계형성과 연결되어 있었기 때문이다. "가정이 안정되어야 회사 일도 창의적이다.", "성실한 직원과 그의 가족의 행복은 책임진다.", "질의 세계정상은 사람으로부터이다.", "스스로 발견하고 스스로 시정케 한다." 등은 인간관계의 질을 높이는데 초점을 둔 플러스 알파 리더십 발휘 방법의 기본철학이었다.

그리고 청암의 동기유발 방식은 한국인의 정서와 문화를 최대한 활용한 것으로 보인다. 우리 민족은 흥이 나면 자신을 잊고 대상에 몰입하는 신바람 정신문화의 원형을 갖고 있다. 그의 창업정신과 경영철학 실현 내용이 집단공동체 생활의식에서 형성된 단결력과 협창력, 전통적 의식주 생활문화에서 형성된 조화와 균형의식, 도덕성을 근본으로 한 정의구현 정신 등 한국인 고유의 신바람 정신문화와도 상호 연관되어 있음을 발견할 수 있었다.

한편, 플러스 알파 리더십은 일과 학습이 통합된 창조경영 내지는 도전의욕 고취 프로세스를 갖고 있었다. 즉, 일을 통한 학습의 열정이 계속 일어나게 했고, 학습 및 교육이 개인의 능력 신장으로 정확히 이어지게 했으며, 그리고 개인의 능력 신장이 회사목표 달성의 큰 성과창출로 연결되고, 또 이것이 일하는 보람과 학습하는 재미로 이어지는 선순환 과정이었다.

청암은 경영전략 및 조직관리 측면에서도 많은 시사점을 주고 있다. 동양과 서구문화, 통제와 자율, 일의 가치와 물질적 보상, 장기 성장과 단기 이익, 조직문화와 제도 및 시스템 등의 조화와 균형관리, 확장 건설과 조업 효율, 내수 충족과 수출 확대, 능력 신장과 태도 함양, 양적 확대와 질적 고도화 등 양면병행 경영전략은 오늘날 포스코 경쟁력의 원천이 된 것으로 보인다.

청암의 리더적 특성, 리더십 발휘 및 그 효과성에 대한 분석 결과를 종합해 볼 때, 다음 네 가지 측면에서 큰 리더, 성공한 리더라는 결론을 내릴 수도 있다.

첫째, 성공한 일반 기업인들과 차별될 수 있는 '애국적 사명감의 숭고한 가치관', '정직과 청렴한 성품'을 전 상애에 걸쳐 일관되게 가지고 있다.

둘째, 큰 리더적 특성이 제철보국의 비전과 창업정신으로 전이되어 독특한 플러스 알파 리더십 모델을 구현했고, 이는 설득력 있는, 명확한 논리 구조를 갖고 있다.

셋째, 플러스 알파 리더십 발휘의 성과가 민족통일과 중흥의 초석을 다지는 공동선 추구와도 연결되어 나타났다.

넷째, 성공한 리더로 후대에 추앙 받고 있으며, 그의 경영철학과 리더십 실천원칙들은 지금도 적용되고 있고, 앞으로도 활용될 수 있을 것으로 본다.

3. 연구의 한계

본 연구는 가능한 한 객관적인 자료를 활용하여, 청암 박태준 고유의 리더십 모델을 발견하고자 노력하였다. 그러나 시간적 제약으로 본 연구에서 밝혀진 리더십 모델에 대한 청암 자신과 당시 구성원들의 직접 확인 조사를 통한 검증 과정이 생략되었다는 점이 연구의 한계로 남는다.

앞으로 본 연구자는 플러스 알파 리더십 실천 모델에 대한 추가 검증 작업을 실시하여 지속적으로 동 모델의 내용을 보완해 나감으로써 동 모델의 활용 가치를 높여 나갈 계획이다. 그리고, 후대에 추앙 받고 있는 리더들의 카리스마와 리더십과도 비교 검토해 보는 연구를 함으로써 플러스 알파 리더십의 우수성을 보다 객관적으로 입증해 보고자 한다.

이러한 연구 노력들은 한국형 리더십 이론 개발에 관심을 두고 있는 리더십 학계뿐만 아니라 각 기업의 독창적인 리더십 교육 프로그램 개발에도 중요한 공헌을 할 수 있을 것으로 기대되기 때문이다.

한편, 본 연구에서 제안하는 리더십 교육 모델은 성공적인 변화 관리를 이끌기 위하여 이용될 수 있는 표준 모듈과 포스코 중심의 사례들이다.

따라서 대상 조직의 특성에 적합하게 탄력적으로 교육 모델이 조정될 필요가 있고, 포스코 사례 외에 플러스 알파 리더십과 관련된 광범위한 사례 개발을 통하여 그 활용성을 제고할 필요가 있다.

| 참고 문헌 |

곽상경 등(1992), 포항제철과 국민경제, 수정당.

김성수(1999), 아산 정주영의 생애와 경영이념, 경영사학, 19, 5-45

김창호(2006), GE와 도요타를 뛰어 넘는다, 동인갤러리.

김남현 역(2005), 리더십, 경문사.

나인표, 이홍 & 전상길(2004), 리더-하위자 관계 발전단계와 관계 행동 및 태도에 관한 연구, 리더십 연구, 1, 189-220.

미쓰비시 종합연구소(1999), 한국의 성공 기업을 보다.

박유진(2007), 현대 사회의 조직과 리더십, 양서각.

박태준(1987), 신종 이산가족, 삼성인쇄주식회사.

백기복(2006), 리더십리뷰: 이론과 실제, 창민사.

백기복과 김용민(1999), 전략적 리더십, 백종현편저, 기업, 시장 그리고 정치적시각, 국민대학교 출판부

백기복과 정동일(2004), 한국과 미국 경영학계의 리더십 연구: 추세와 과제, 리더십 연구, 1, 3-42.

서갑경(1997), 최고기준을 고집하라, 한국언론자료 간행회.

산업연구원(1997), 포항제철의 기업 발전사 연구.

서울대학교 경영연구소(1992), 포항제철의 경영성공 사례.

서재현 등 역(2007), 조직행동론, 한경사.

손태원(2004), 조직행동과 창의성, 법문사.

스탠포드대학교(1992), 한국발전에 있어서 포항제철의 전략.

윤석만(2000), 포항제철의 기관형성전략에 관한 연구, 중앙대학교대학원 박사학위 논문.

안지환 옮김(2007), 알파신드롬, 비즈니스 북스.

이대환(2004). 세계 최고의 철강인 박태준, 현암사

이대환(2006). 쇳물에 흐르는 푸른 청춘, 도서출판 아시아.

이상욱 역(2006), 현대조직의 리더십 이론, 시그마프레스.

이학종(1997), 조직행동론: 이론과 사례연구, 세경사

이호(1998), 신들린 사람들의 합창

서울대학교 사회과학연구소(1989), 포항종합제철의 기업문화에 관한 연구.

정재희(2004), 한국 대기업 오너들의 리더십에 관한 연구, 공주대학교 교육대학원 석사학위논문.

최연(2001), 자기 희생적 리더십: 연구 현황과 과제, 인사관리연구(리더십 특별호), 24(2), 219-238

포항제철(1992), 4반세기 제철 대역사의 완성.

포항제철(1988), 창업정신과 경영철학.

포항제철(1985), 제철보국의 의지.

포항제철(1986), 임원회의록('68~'85).

포항제철(1993), 포항제철 25년사: 영일만에서 광양만까지.

포항제철(2003), 포스코 35년사.

황명수(1988), 호암 이병철의 생애와 경영이념, 경원논총(단국대학교 경영대학원), 8, 249-276.

Bass, B. M. (1985), Leadership and performance beyond expectation, New York: Free Press.

Bass, B. M. (1988), Evolving perspectives on charismatic leadership, In J. Conger & J. B. Kanungo (Eds.), Charismatic leadership: The illusive factor in organizational effectiveness, San Francisco: Jossey-Bass.

Baum, J. R., Locke, E. A., & Kirkpatrick, S. A. (1998), A longitudinal study of the relation of vision and vision communication to venture growth in entrepreneurial firms, Journal of Applied Psychology, 83(1), 43-54.

Bennis, W. (1989), On Becoming a Leader, Reading, Mass.: Addison-Wesley.

Burns, B. M. (1978), Leadership, New York: Harper & Row Business Week (2000.8), The 21s t Century Corporation: The Creative Economy, Business Week, Aug., 21, 37-123

Cannella, A. A., Jr. & Monroe, M. J. (1997), Contrasting perspectives on strategic leaders: Toward a more realistic view of top managers, Journal of Management, 23, 213-237.

Choi, Y. (1995), A Theory of self-sacrificial leadership, Doctoral Dissertation, The University of Kansas.

Collins, J. C. & Porras, J. I. (1994), Built to Last: Successful

habits of visionary companies, New York: Harper Business.

Conger, J. A. (1989), The Charismatic leader: Behind the mystique of exceptional leadership: San Francisco: Jossey-Bass.

Conger, J. A., & Kanungo, R. N. (1987), Toward a behavioral theory of charismatic leadership in organizational settings, Academy of Management Review, 12, 637-647.

Fielder, F. E. (1967), A Theory of leadership effectiveness, New York: McGraw Hill.

House, R. J. (1971), A path-goal theory of leadership effectiveness, Administrative Science Quarterly, 16, 321-338.

Kerr, S., & Jermier, J. M. (1978), Substitutes for leadership: Their meaning and measurement, Organizational Behavior and Human Performance, 22, 375-403.

Kirkpatrick, S. A., & Locke, E. A. (1991), Leadership: Do traits matter?, Academy of Management Executive, 5(2), 48-60.

Nahavandi, A. (1997), The art and science of leadership, N.J.: Prentice-Hall.

Parry, S. R. (1996), The Quest for competencies, Training, July, 48-56

Sashkin, M. & Burke, W. W. (1990), Understanding and assessing organizational leadership, In K. E. Clark, and M. B. Clark (eds.), Measures of leadership, West Orange, N. J. : Jossey-Bass.

Stogdill, R. M. (1948), Personnel factors associated with leadership: A survey of the literature, Journal of Psychology, 25, 35-71

Stogdill, R. M. (1974), Handbook of leadership (1s t ed.), New York: Free Press.

Shamir, B. (1991), Meaning, self, and motivation in organizations, Organization Studies, 12, 40-424

Tichy, N. M. & Devanna, M. A. (1986), The transformational leader, New York: John Wiley & Sons, Inc..

Trice, H. M., & Beyer, J. M. (1990), Using six organizational cultures rites to change culture, In Killmann R. H., Saxon, M. J., Serpa, R., & Associates(eds.), Gaining control of the corporate culture, Sanfrancisco: Jossey Bass.

Weber, M. (1968), The Theory of social and economic organizations, New York: Free Press.

리더십 발휘사례 (시계열별 분류)

(창업전기: 1965~1967)
(1) 철강이 부족하면 경제개발 계획이 제대로 굴러가지 않아! (1965년)
(2) 국운이라는 것이 따로 있는 모양이지? (1965)
(3) 니시야마 사장을 불러 올 수 없겠나? (1965.6)
(4) 항상 돈이 많이 들어서 문제가 되었지!(1965)
(5) 대한중석이 종합제철 건설사업 책임자로 선정되었음. (1967.9)
(6) 임자가 해서 안되면 누가 해도 안돼! (1967)
(7) 건설위원장 자격으로 여기에 서명하시오. (1967.9)
(8) 내일 기공식에 참석해 주시오. (1967.9)
(9) 그렇게 큰 항만은 필요치 않아요. (1967.12)
(10) 민영기업으로 어떻게 하겠다는 거야? (회사설립~포항1기착공 : '68.4~'70.4)
(11) 포항에 그토록이나 붙박혀 있을 필요 있어? (1968)
(12) 월급 줄 돈이 없어서 곤경에 빠지게되었다(1968).
(13) 박사장은 나랏돈 갖고 땅투기 하는 것 아니요?
(14) 이거 남의 집 다 헐어 놓고 제철소가 되는 되는 거야? (1968)
(15) 내실 있는 직원복지시설이 되어야 한다. (1968)
(16) 가동 초기 몇 년은 외국 전문기술자에 맡겨라! (1968)
(17) 경제적 타당성이 없어 지원할 수 없습니다(1969.1)
(18) 제철소 건설프로젝트가 곧 없어질 위기에 놓이게 되었다 (1969.2)
(19) 대일 청구권 자금전용은 실현 불가능합니다. (1969)
(20) 제철소를 세우는 일은 그 다음 일이지요. (1969)
(21) 서명이 담긴 문서를 받아오시오. (1969.8)
(22) "일응"을 빼고 문서를 가져오시오. (1969.8)
(23) 인사 및 납품 청탁전화로 업무가 마비 될 정도입니다. (1969)
(24) 내 생각에 임자에게는 이게 필요한 것 같아. (1970)
(포항1기착공 ~ 준공 : '70.4~'73.7.3)
(25) 당신이 뭐 소통령이라도 된다는 거요? (1971)
(26) 마루베니로 낙찰해 주시오. (1971)
(27) 3개월 이상 지연된 공기를 만회할 방법이 없습니다. (1971.4)
(28) 각하께서 이 돈을 좋은 일에 써주셨으면 합니다. (1971)
(29) 귀사가 제철소를 성공적으로 건설할 지 누가 압니까? (1971)
(30) 노조가 필요 없는 회사를 만들어 운영해 보고 싶다. (1972)
(31) 불황시 감원, 임금삭감정책은 사용해선 안된다. (1972)
(32) 공정한 인사관리가 근무 의욕의 원천이다. (포항확장기: 1973.8~1982.5)

(33) 직원의 지식, 기술을 세계적 수준으로. (1973.9)
(34) 목욕에도 철학이 있습니까? (1974)
(35) 너의 어머니가 밀수품을 사들였다는 혐의가 포착되었다. (1974)
(36) 되돌아보면 개선할 여지는 아직도 많다. (1974)
(37) 자네가 직접 현장을 점검해봤나? (1977)
(38) 예비점검제도가 품질관리 활동의 본질이다. (1977)
(39) 당장 폭파해!(1977.8)
(40) 무서운 재난이 딱 한번 발생했었지요. (1977.4.24)
(41) 이 상태로는 3기 예정공기 달성이 어렵습니다. (1978)
(42) 포철 박태준 사장의 보고를 들어야겠어! (1978)
(43) 외부로부터 견제가 나날이 강화되고 있다. (1978)
(44) 선진 철강사들과 여전히 격차를 보이고 있다. (1979)
(45) 한 사람 능력으로 통합관리 할 수 없는 시대가 되었다. (1980)
(46) 우리 공장은 거대한 심퍼니 오케스트라이다. (1980)
(47) 회사 자산은 어떤 명분으로도 낭비되어서는 안된다. (1981)
(48) 세계 청강업계는 질적 전환기를 맞고 있다. (19810
(49) 매번 공기를 단축하다 보니 계획자체가? (1981)
(50) 기술에는 한계가 없다. (광양건설기: 1982~1992.10)
(51) 아산만으로 결정하는데 반대하십니까? (1982)
(52) 정말 광양제철소를 건설할 겁니까? (1982)
(53) 정책부는 3연주 공장신설이 경제성이 없다는 결론을 내렸다(1983)
(54) 보통강만을 생산, 판매라는 습성이 베어 있는 것 같다. (1984)
(55) 기술상품화 단계까지 발전시켜야 한다. (1985)
(56) 포항에 4년제 대학 설립은 시기상조이다(1985)

경영철학 (리더십 가치분석)

Ⅰ. 일에 목숨을 걸게 한다. (마음의 변화가 일어나는가!)
1. 비전다운 비전을 설계하라! (비전경영)
(1)+(2) / (3)+(4)
2. 부여된 책무의 중요성을 깨닫게 하라! (책임경영)
(5)+(6) / (11)+(14)+(17)+(18)
3. 일에만 전념할 수 있는 여건을 조성하라! (몰입경영)
(12)+(13)+(28)+(30) / (23)+(31)+(32)
Ⅱ. 일에 열정을 쏟게 한다. (행동의 변화가 일어나는가?)
4. 처음부터 잘되게 하라! (미래경영)
(9)+(10)+(39) / (38)+(44)+(48)

5. 어려울수록 더욱 큰 힘을 발휘케 하라! (시너지 경영)
(19)+(20)+(21) / (22)+(29) / (27)+(41)
6. 실질적으로 이루어지게 하라! (정도경영)
(37)+(15) / (7)+(8)+(24) / +(25)+(26)+(34) / +(35)+(40)
III. 일에 보람을 찾게 한다. (조직문화의 변화가 일어나는가?)
7. 창의적인 학습조직이 되게 하라! (자율경영)
(16)+(33) / (45)+(46)
8. 최고의 가치를 계속 창출케 하라! (가치경영)
(49)+(50) / (47)+(53)
9. 도전영역을 계속 넓혀 나가라! (도전경영)
(42)+(51)+(52) / (36)+(43) / (54)+(55)+(56)

리더십 실천원칙 (내용별 분류)

I. 일에 목숨을 걸게 한다.(마음의 변화가 일어나는가!)
1. 비전다운 비전을 설계하라! (비전경영)
(1)+(2) / (3)+(4)
2. 부여된 책무의 중요성을 깨닫게 하라! (책임경영)
(5)+(6) / (11)+(14)+(17)+(18)
3. 일에만 전념할 수 있는 여건을 조성하라! (몰입경영)
(12)+(13)+(28)+(30) / (23)+(31)+(32)
II. 일에 열정을 쏟게 한다. (행동의 변화가 일어나는가?)
4. 처음부터 잘되게 하라! (미래경영)
(9)+(10)+(39) / (38)+(44)+(48)
5. 어려울수록 더욱 큰 힘을 발휘케 하라! (시너지 경영)
(19)+(20)+(21) / (22)+(29) / (27)+(41)
6. 실질적으로 이루어지게 하라! (정도경영)
(37)+(15) / (7)+(8)+(24) / +(25)+(26)+(34) / +(35)+(40)
III. 일에 보람을 찾게 한다. (조직문화의 변화가 일어나는가?)
7. 창의적인 학습조직이 되게 하라! (자율경영)
(16)+(33) / (45)+(46)
8. 최고의 가치를 계속 창출케 하라! (가치경영)
(49)+(50) / (47)+(53)
9. 도전영역을 계속 넓혀 나가라! (도전경영)
(42)+(51)+(52) / (36)+(43) /
(54)+(55)+(56)

(부록 2) 리더십 수준 진단 Check List

+a 정신은 직원 모두가 자신이 하는 일에서 재미와 보람을 갖도록 하자는데 궁극적인 목적이 있습니다.
이를 위해 우리는 나름껏 많은 노력을 기울여 오고 있지만 들여다보면 헛돌고 있는 공간이나 빈틈들이 여전히 많다는 생각을 갖게 될 것입니다.
공간을 채우고 빈틈을 메우는 함께하는 노력은 끊임없이 이어져야 합니다. 우선 +a 정신이 지금 현재 어느 정도 조직 문화로 뿌리 내려지고 있는지를 알아보아야겠습니다.

*다음의 척도를 이용하여 아래의 각 항목을 체크해 주십시오.

①전혀 그렇지 않다. ②그렇지 않다. ③보통이다. ④그렇다.
⑤매우 그렇다.

* 마음이 움직이지 않는 변화와 혁신은 피곤만 부를 뿐입니다. 다음의 설문은 우리 조직의 창조 및 혁신의욕 고취 프로세스는 어느 정도 작동되고 있으며, 회사 및 조직 비전실현에 대한 신념과 확신의 정도는 어느 정도인지, 그리고 일을 통한 진정한 학습의 열정이 얼마나 크게 일어날 수 있는지를 알아보기 위한 것입니다.

조사항목	1	2	3	4	5
1. 현재의 회사 및 조직 비전이 일생을 걸만한 가치 있는 비전이라고 생각하는가?					
2. 그리고 우리 손으로 실현 해야겠다는 강 한 신념을 갖고 있는가?					
3. 비전 실현의 장애요소들을 정확히 파악하여 그 해결 방안을 집중적으로 모색하고 있는가?					
4. 지금 당장은 어렵지만 장기적 안목으로 비전을 설계 해야겠다고 생각하고 있는가?					
5. 회사의 창조 및 혁신 대역사에 참여하게 된 것을 큰 영광으로 여기고 있는가?					

조사항목					
6. 경건한 마음으로 회사 비전 실현을 위한 각종 사업에 착수하고 있는가?					
7. 비전 실현을 위한 어떤 비장한 각오를 보여 주었는가? 그리고 결정적인 위기상황에서 어떤 극복 노력을 보여주었는가?					
8. 늘 회사가 고맙고 일상생활이 즐겁고 행복한가?					
9. 내가 하는 일이 회사에 중요한 일임과 동시에 나에게도 비전이 있는 일이라고 생각하는가?					

①전혀 그렇지 않다. ②그렇지 않다. ③보통이다. ④그렇다.
⑤매우 그렇다.

속력이 붙지 않는 혁신은 하지 않음만 못하다.

어렵게 이끌어낸 직원들의 창조 및 혁신의 열정이 얼마나 강렬하게 일어나고 있는가? 상호신뢰와 협력기반의 강한 팀웍 조직이 리더를 정점으로 유지되고 있는가? 리더들의 올바른 조직 관리 자세와 행동 상황을 알아보기 위한 것입니다.

조사항목	1	2	3	4	5
10. 회사 백년대개의 기틀을 마련하기 위해 어떤 일들을 하였는가?					
11. 보이지 않는 근원적인 문제들을 들추어 내어 해결하도록 종용하고 있는가?					
12. 대외 경영환경 변화 추이를 예의주시하 시면서 직원들로 하여금 다가오지 않은 위기 상황에 어떤 대비 노력을 하도록 하는가?					

13. 어떤 어려운 상황에서도 비전 실현에 대한 강한 신념과 확신을 잃지 않고 있는가?					
14. 특별한 노력이 필요한 다소 과분할 정도의 목표를 제시하여 직원들의 역량을 집중시키고 있는가?					
15. 현장 직원들과 함께 동고동락하는 모습을 보여주고 있는가?					
16. 겉치레 위주의 형식적인 행동들이 나타나지 않도록 하기 위해 필요한 조치를 취하고 있는가?					
17. "기본의 실천"을 생활화되게 하는가? (규범 규칙 준수, 심신 청결 유지)					
18. 정직하고 청렴한 생활자세를 갖게 하는가? (외부 청탁 배제, 철저한 공사구분 직업 의식)					

①전혀 그렇지 않다. ②그렇지 않다. ③보통이다. ④그렇다.
⑤매우 그렇다.

일상 업무생활 속에 깊이 뿌리내리지 못한 창조 및 혁신 열정은 오히려 회사 장기 성장 잠재력을 약화시키는 결과가 될 수 있다.

그 동안의 혁신 성과도 말짱 도루묵이 되어 버린다.

조직 리더가 바뀌어도 직원들의 혁신 열정은 지속될 것인가?

리더가 곁에 있으나 없으나 그 강도는 차이가 없이 일정하게 유지되고 있는가?

진심으로 하고 싶어서 하는 전원 참여의 혁신조직 문화로 어느 정도 정착되고 있는지를 알아보기 위한 것입니다.

조사항목	1	2	3	4	5
19. 현장중심의 자율학습, 실질적인 인재원 교육 훈련이 되고 있는가?					
20. 공부하지 않으면 퇴보하는 조직 분위기가 자연스럽게 조성되고 있는가?					
21. 현장 소그룹 단위별로 자발적인 업무개선 및 혁신활동이 되고 있는가?					
22. 「내 회사, 내 공장 」이라는 강한 주인의식이 몸에 베어 있는가?					
23. 모든 목표와 성과가 항상 지난번보다 높고 경쟁사보다 우위를 유지하는가?					
24. R&D 교육 투자가 계속 확대되고 설비 및 자본투자는 확고한 신념하에 적기에 추진 되고 있는가?					
25. 제반 경영관리시스템이 직원들의 자율적인 참여의지로 작동되고 있으며, 재무구조도 날로 내실화되고 있는가?					
26. 새로운 목표와 과제를 쉼 없이 설정, 제시함으로서 도전 의욕이 약해지지 않고 있는가?					
27. 각 부문에서 세계적인 명품들이 계속 나오고 있으며 특히 독자적인 기술들이 개발, 상품화되고 있는가?					
28. +a 정신이 체화되어 모두가 혼연일체가 된 협창력 문화가 정착되어 있는가?					

①전혀 그렇지 않다. ②그렇지 않다. ③보통이다. ④그렇다.
⑤매우 그렇다.

청암 박태준의 대학경영 리더십 연구
: 포항공과대학교의 사례에서

김영헌, 장영철

김영헌

학력
강원대학교 행정학과 졸업
연세대학교 경영대학원 경영학과 졸업 (경영학 석사)
경희대학교 경영대학원 경영학과 졸업 (경영학 박사)

주요 경력
포스코켐텍 경영지원부문장
포스코 미래창조아카데미 원장
현 포항공과대학교 행정처장

주요 논문
「팀組織이 구성원의 職務滿足과 팀成果에 미치는 影響에 관한 研究 −포항제철의 사례를 중심으로」(1998)
「조직문화와 조직유효성과의 관계연구 −공유리더십의 조절효과를 중심으로」 (2014)

장영철

학력
한국외국어대학교 무역학과 졸업 (BA)
서울대학교 대학원 경영학과 (MS)
University of Toronto 경영학과 (Ph.D)

주요 경력
싱가포르 국립대학교 경영대학 교수
한국노동연구원 연구위원
제8회 매경/비트컴 학술상 최우수상
중앙노동위원회 "올해(2013)의 위원"상 수상
한국조직경영개발학회회장
현 경희대학교 경영대학 교수

주요 논문
장영철, 김현정, 이상우 「기업의 지속적 혁신활동」(2011)
장영철, 김현정, 이보람 「지속적 변화: 유한킴벌리 스마트워크」(2012)
장영철, 이근환 「조직정치지각의 선행요인에 관한 연구」(2012)
장영철, 안치용 「기업의 사회적 책임과 기업성과 경쟁력의 재음미」(2012)
장영철, 남궁은정 「긍정탐구를 통한 조직변화/혁신」(2013)

I. 서론

포항공과대학교(이하 '포항공대'로 기술)의 설립, 성장 및 발전은 우리나라 고등교육 발전의 기반이 되었으며, 우리나라 대학의 역량과 수준을 세계적 수준으로 향상시키는 원동력이 되었다. 포항공대는 1986년 12월 3일 개교하여 현재까지 지속적인 발전을 이루었다. 그 결과 세계적인 《더 타임즈》의 대학 평가에서, 포항공대는 설립 50년 이내 대학 중 2012년과 2013년 2년 연속 세계 1위를 차지하였다. 그런데 이런 성과는 포항공대 설립이사장인 청암 박태준(청암은 박태준의 호이며, 이하 '박태준'으로 기술)의 리더십이 기여한 바가 지대하다. 포항공대 설립에 참여한 교수 및 구성원은, 포항공대가 비약적으로 성공한 핵심 요인의 하나로 설립이사장인 박태준의 리더십을 꼽고 있다.

박태준 리더십의 핵심 변수는 전략적 예지, 경제성 중시, 과학적 완벽주의, 국가적 사명감, 인간 우선주의, 청렴의 신조, 과감한 전략적 선택, 성취 압박의 행동, 솔선수범하고 희생하는 행위, 종업원들의 성장 지원, 철저한 현장 관리, 원칙 고수, 설득과 이해, 그리고 전략적 협상 등이었다. 박태준의 리더십의 핵심은 국가적 사명감이다(백기복, 2012: 71-73). 즉 국가의 은혜에 보답하고 나라의 발전에 이바지하여야 한다는 사명감인 '보국사상'이 박태준의 경영철학이자 사상이다.

박태준이 혼을 녹여 경영[1]한 포항종합제철(포항종합제철은 2002년 3월 정관개정을 통해 사명을 POSCO로 변경하였지만, 박태준이 제철소를 설립 할 당시에는 포항종합제철이었다. 이하 '포항제철'로 기술)은 한국 산업화의 기반이 되었으며, 세계적인 기업으로 성장하였다. 또한 포항공대는 우리나라에 연구중심대학을 도입하여 유수의 대학에 확산시키고, 세계 1위의 경쟁력 있는 대학으로 성장 발전하였다.

포항공대가 설립 당시에는 지방의 평범한 공과대학으로 유지될 것이라고 많은 사람들이 전망하였다. 그러나 포항공대는 설립이사장인 박태준의 리더십과 포항공대 구성원의 노력에 의해, 설립 당시의 목표인 세계수준의 연구중심대학[2]으로 성장하였다. 또한 포항공대의 교수 지

---

1 청암 박태준의 경영 철학을 용혼사상이라고 칭하고, 용혼이란 혼으로 녹여내어 이룬다는 뜻이다. 용혼사상의 5대 경영가치는 경계극복의 가치, 공익우선의 가치, 인간존중의 가치, 청렴성작의 가치, 창조혁신의 가치이다용혼 경영사상의 특징은, 첫째, 운명을 녹여 최고의 미래를 만든다. 둘째, 한계를 녹여 새로운 경지를 만든다. 셋째, 부정을 녹여 순결한 세상을 만든다. 넷째, 단견을 녹여 전략적 예지를 만든다. 다섯째, 구습을 녹여 혁신의 시대를 만든다(백기복, 2012: 329-341).

2 연구중심대학이란 대학자체가 대규모 연구소인 대학입니다. 연구중심대학은 연구를 위해 우수한 과학자를 다수 초빙하고 학생은 적은 수를 모집하므로 교수대 학생 수의 비율이 작아지며 시설도 수준 높게 갖추어야 합니다. 또한, 연구중심대학에서는 첨단연구에 종사하는 교수들이 산 교육을 할 수 있고, 학생들이 교수들의 연구 프로젝트에 참여할 수 있으며 이

원제도, 연구 환경, 학생복지, 장학제도 등은 우리나라 대학의 모델이 되고 있으며, 우리나라 고등교육 발전을 선도하고 있다. 포항공대는 지방이라는 지리적인 열악함을 극복하고, 세계 수준의 연구 성과, 최고의 교수진, 상위 1% 이내의 입학생, 투명한 연구비 관리제도 등을 실현하였다.

유상부(2007)는 1996년 우리나라 최초의 연구중심대학으로 출발한 포항공대의 설립은, 과학입국을 향한 시대적 소명과 박태준 설립이사장의 제철보국, 교육보국의 큰 뜻, 그리고 포항제철의 전폭적인 지원이 있었기에 가능한 것이었다고 하였다.

박태준은 포항공대 구성원의 열의와 동기 및 능력을 증진시켰다. 포항공대의 발전과 성장은 박태준의 대학경영 리더십이 중요한 역할을 하고 있다.

포스코의 성공에 대한 연구는 많이 진행되었다(김용열, 2005; 김병연·최상오, 2011; 박호환, 2011 등). 여러 연구들은(미스비시 종합연구소, 1991; 스탠포드대학교, 1992; 하버드대학교 및 서울대학교, 1992; 산업연구원, 1997; 김창호, 2009에서 재인용) 공통적으로 포스코의 핵심성공 요인을 박태준의 리더십으로 분석하고 있다.

임경순(2012)은 한국의 철강 산업분야에 커다란 족적을 남긴 박태준이 비단 경제 분야뿐만이 아니라 우리나라 대학교육 및 연구에도 관심

과정에서 학생들은 일찍부터 과학자로서의 능력과 자질을 계발하고 적성을 찾아 낼 수 있습니다. 연구중심대학은 연구를 수행하는 과정에서 학생들에게 수준 높은 교육기회를 제공할 수 있다(포항공대소식 제8호, 1986: 3)

을 가지고 있었으며, 우리나라 과학기술의 발전과 대학의 역할 정립에도 많은 영향을 미쳤다고 하였다. 그런 점에서 보면 박태준은 한국의 철강 산업 분야뿐만 아니라 한국 대학의 발전에도 지대한 공헌을 하였다고 볼 수 있다.

박태준에 대한 연구는 주로 기업경영 차원에서 많이 이루어져왔으나 박태준의 대학경영에 관한 연구는 찾아보기 어렵다. 그래서 박태준의 대학경영 리더십에 관한 연구도 의미 있는 일이다.

따라서 이 글에서는 박태준의 대학경영 리더십을 고찰하는 데 있다. 포항공대는 박태준 설립이사장의 '교육보국' 정신과 리더십을 바탕으로 하여 세계적인 대학으로 성장하였고, 대학의 연구역량 강화 등 한국 대학의 발전에 크게 기여하였다. 포항공대는 오늘날에도 박태준의 '교육보국' 정신을 이어받아 연구, 교육 및 대학운영 시스템 등 대학의 역량을 강화하면서 세계적 대학으로 성장과 발전을 하여, 한국의 대학을 선도하고 있다.

이렇듯 포항공대의 세계적인 대학으로의 성장과 발전은 박태준의 교육보국 정신과 대학경영 리더십에 기인한다. 물론 포항공대의 성장과 발전은, 열정과 헌신으로 노력한 초대 학장인 김호길, 외국 대학의 안정된 교수직을 포기하고 포항공대 개교에 동참한 중진 교수들의 노력, 포항제철의 막대한 재정지원, 교직원들의 노력, 세칭 최고의 명문대를 마다하고 박태준의 비전을 믿고 신생 대학교인 포항공대를 선택한 학생들의 도전정신 등이 어우러져 만들어졌다.

하지만 포항공대의 설립, 성장 및 발전은 박태준의 교육보국 정신과 리더십에 기반하고 있음은, 포항공대의 교수, 직원, 학생 등 모든 구성원은 인지하고 있으며 그의 정신을 가슴속에 새기고 있다.

본 연구는 박태준의 포항공대 설립과 운영에 대한 연구로 범위를 제한한다. 본 연구는 문헌연구 방법으로 수행하였다. 즉 선행연구, 연설문, 기념집, 강연집, 어록, 신문기사 등 문헌에 기록되어 있는 자료를 통하여 과거 또는 현재의 현상을 기술하고 설명하여, 시사점을 도출하고 연구자의 주관을 드러내고자 하였다.

II. 박태준과 포항공과대학교

1. 박태준의 발자취[3]

청암 박태준의 일생은 철저한 선공후사와 솔선수범, 그리고 순애의 헌신으로 제철보국 교육보국을 실현하는 길이었다. 제철보국은 무의 불모지에 포항제철을 세워 세계 일류 철강기업으로 성장시킴으로써 조국 근대화의 견인차가 되고, 교육보국은 유치원·초·중·고 14개교를 세워 한국 최고 배움의 전당으로 만들었을 뿐만 아니라 마침내 연구중심 대학 포스텍을 세워 세계적 명문대학으로 육성함으로써 이 나라 교육의 새로운 개척자가 되었다(이대환, 2012: 6). 즉 박태준은 애국심과 사명감에 기반한 '제철보국'과 '교육보국'을 인생의 목표로 삼고, 이의 달성을 위해 온 생애를 바쳤다.

박태준의 생애를 제철보국과 교육보국 측면에서 살펴보면 다음과 같다. 청암 박태준은 1927년 부산 기장에서 태어났다. 6세 때인 1933년 9월 어머니와 함께, 철로 만들어진 4천 톤급의 거대한 선박을 타고 아버지가 계신 일본으로 건너가 지냈다. 그때부터 그는 철로 만들어진 배가 바다 위를 항해하는 것에 신기함을 느끼고, 처음으로 철의 중요성

---

3 박태준(1985), 나의 경영철학. 이대환(2011), 세계 최고의 철강인 박태준. 이대환(2012), 태준이즘. 포항공대(2011), 청암 박태준 조각상 제막식 팜플릿, 포스코 연수원 자료를 바탕으로 연구자가 재구성 하였음.

을 알기 시작하였다. '철은 산업의 쌀'이라는 생각이 가슴속에 싹이 트기 시작했다. 그는 기업을 일으키는 것이 진정한 민족의 힘을 깨우는 지름길이라는 나름대로의 큰 뜻을 품고 와세다 대학 이공 분야에 진학했다.

1950년 육군 장교로 6·25전쟁에 참전하였다. 이를 통하여 조국의 중요성을 느끼고 조국에 대한 사랑을 가슴에 새겼다. 제철보국 및 교육보국의 근간이 되는 '보국' 사상은 이때부터 목숨을 바쳐 이루고자 하는 그의 사상이 되었다.

1968년에는 포항제철 창업 사장이 되었다. 그는 '제철보국' 정신으로 포항제철의 발전과 성장, 그리고 국가의 산업 발전을 위해 몸과 마음을 바쳐 업무를 수행했다. 뿐만 아니라 박태준은 포항제철의 성공적인 건설을 위해 목숨을 걸었다. 포항제철 임직원에게 '우향우' 정신으로 포항제철 건설에 임하자고 역설하였다. "우리 조상의 혈세로 짓는 제철소입니다. 실패하면 조상에게 죄를 짓는 것이니, 목숨 걸고 일해야 합니다. 실패란 있을 수 없습니다. 실패하면 '우향우'해서 영일만 바다에 빠져죽어야 합니다. 기필코 제철소를 성공시켜 나라와 조상의 은혜에 보답합시다. 제철보국! 이제부터 이 말은 우리이 확고한 생활신조요, 인생철학이 되어야 합니다."(이대환, 2011: 308).

그는 포항제철을 취임 첫해부터 흑자를 내게 하였으며, 세계적인 철강 전문 분석기관인 WSD(World Steel Dynamics)로 부터 '세계에서 가장 경쟁력 있는 철강사'로 2010년부터 2013년까지 연속하여 세계 1위를 차지하는 등 세계적인 기업이 되었다. 이는 박태준의 제철보국에 기반한 경영철학과 탁월한 리더십에 기인한다는 것은 여러 연구자들에 의해 증명되었다.

박태준은 1969년 제철연수원[4]을 설립하였다. 그는 직원들의 역량향상과 조국에 대한 사랑과 포항제철의 사명감을 고취시키는 데 주력하였다. 이를 위해 직원들의 의식교육을 실시하였으며 그 성과에 관심을 가지고 직원들을 권한위임 등의 리더십으로 이끌었다. 박태준은 1985년 포항 지곡에 신 연수원[5]을 준공한 후, 건물명을 정도관(正道館), 정련관(精鍊館), 덕우관(德友館), 조행관(操行館)으로 직접 작명하고 직원들의 의식개혁 및 역량향상을 위해 세세한 곳까지 관심을 보였으며, 인재개발원의 발전과 성장을 위해 지원을 아끼지 않았다. 신 연수원이 설립되어 운영되던 1985년에는 기업에서 교육을 위해 대규모 투자를 하고 적극적인 지원을 하는 기업은 포항제철을 포함해 몇 개 되지 않았다.

박태준은 1971년 포항제철 교육재단, 학교법인 포항공과대학교, 포항제철 청암재단의 모태가 된 제철장학회를 설립하고, 1986년 포항공대를 설립하였다. 그는 제철보국의 일환으로 교육보국을 실천하였다. 그가 설립한 포항제철 교육재단은 유치원부터 고등학교까지 14개의

4 포항제철의 교육부서 명칭은 1969년 제철연수원으로 출발하여 1993년 인재개발원으로, 2010년에는 미래창조아카데미로 그 명칭을 변경하여 왔다.

5 1985년 준공된 신 연수원은 크게 4블럭으로 구성되어 있다. 정도관(正道館)은 본관 및 관리 교육동으로 올바른 길을 가르치는 곳이란 뜻이며, 정련관(精鍊館)은 기술실습으로 정성스런 마음으로 혼을 담아 기술을 연마하는 곳이며, 덕우관(德友館)은 숙소동으로 덕이 있는 벗들이 함께 기거하는 곳이며, 조행관(操行館)은 식당동으로 교육에 입과한 학생들이 식사할 때 예의를 갖추고 품행이 방정해야 하는 곳이란 뜻으로 박태준이 직접 건물명을 짓고 붓글씨로 써서 현판하였다.

학교가 양질의 교육을 제공하고 있다. 또한 포항공대는 세계적인 대학으로 성장하였다.

1987년 철강업계의 노벨상인 '베서머 금상'을 수상하였다. 이는 박태준의 탁월한 경영능력과 실적 및 애국심을 세계가 인정한 것이다.

2000년에는 국무총리를 역임하였다. 국무총리 재임기간에는 오직 국가 발전만을 최우선 과제로 삼아 국가에 봉사했다.

박태준은 2001년 포항제철 명예회장, 2008년 포항제철 청암재단 이사장으로 추대되었다. 2011년 12월 3일 박태준은 유명을 달리하였다. 포항제철과 포항공대 구성원뿐만 아니라 전 국민이 그의 죽음을 가슴으로 슬퍼하였다. 그의 국가와 사회에 대한 공헌을 기리기 위해, 사회의 각계 대표들은 자발적으로 모여 사회의 명의로 거행하는 사회장으로 예를 갖추었으며, 그는 국립묘지에 안장되었다.

그의 제철보국과 교육보국의 정신적 유산은 포항제철 및 포항공대 구성원뿐만 아니라 국민들의 가슴속에 흐르고 있다.

2. 제철보국

박태준은 국가의 기간산업인 철강 산업을 육성하고 발전시킨 주역이었다. 박태준이 품고 있던 포항제철 경영 철학의 근원에는 '제철보국' 사상이 자리를 잡고 있었다. '제철보국'이란 제철공장을 성공시켜 국가에 보답하자는 정신이었다. 즉 "양질의 철을 값싸게 대량으로 생산하여 국부를 증대시키고, 국민생활을 윤택하게 하며 복지사회 건설에 이바지하자"는 것이다(포항종합제철주식회사, 1998: 27). 그의 이런 정신은 성공적인 공장 건설에 크게 이바지했으며, 포항제철의 사풍(社風)과 전통을 형성하는 중요한 정신적 원류가 되었고, 포항제철의 전형적인 기업문화로 정착되었다(임경순, 2010).

김왕배(2012)는 박태준의 국가관과 사회관의 연구 결과, 박태준은 국가기업인 포항제철의 운영자로서 기업과 국가이념을 결합하고, 기업가적 지도력과 혜안을 발휘하여 '제철보국'이라는 독특한 경영원리를 만들어 냈다고 주장하였다. 또한 박태준은 철을 '산업의 쌀'로 묘사했다. 철이야 말로 산업화의 척수, 즉 가장 중요하고 핵심적인 자원이다. 이 '산업의 쌀'을 증진시킴으로써 나라를 부강하게 하여 국가의 은혜에 보답하고, 이를 후손에게 계승하고자 하는 구체화된 보국이념을 그는 '제철보국'이라 불렀다고 발표하였다. 박태준의 제철보국에 대한 신념은 다음의 글들을 통해서 알 수 있다.

포항제철의 창업정신이 제시하는 비전은 무엇인가? 복지국가 건설에 이바지하자는 제철보국인 것이다. 나는 창업 이래 한시도 제철보국이라는 생각을 잊은 적이 없다. 철을 통해서 국가 경영을 일으켜야 한다는 시대적 사명감이 나로 하여금 제철사업에 모든 것을 바치게 하였다. 철을 통해서 국익에 이바지하지 않으면 안 된다는 책임감이 포항제철의 성공적인 건설을 위한 집념을 더욱 불태우게 했던 것이다 (박태준, 1978.3. 제철연수원 특강).

철은 산업의 쌀이다. 우리에게 쌀은 생명과 성장의 근원이듯이 철은 모든 산업의 기초소재이다. 따라서 양질의 철을 값싸게 대량으로 생산하여 국부를 증대시키고, 국민생활을 윤택하게 하며 복지사회 건설에 이바지하는 것이 곧 제철보국인 것이다(박태준, 1985:11).

일관제철소야말로 현대문명의 최고의 걸작이며 민족자산의 정수이고, 포항제철은 국가 경륜의 보다 높은 차원에서 경영되어야 합니다. 일관제철의 탄생은 최고 경영진에서 현장의 직원에 이르기까지 일사 분란한 참여로써 이룩된 현대문명 최고의 걸작이며, '철은 곧 국가'라는 표현이 지나친 과장이 아님을 실감하게 됩니다. 철강 산업의 장점을 이루고 전 산업에 영향을 주는 일관제철소를 경영하고 있는 우리는 이 회사가 기업으로서 이윤 추구의 수단만이 될 수는 없으며, 국가경륜의 보다 높은 차원에서 경영되어야 한다는 대의와 가치를 지닌 민족 자산의 정수임을 확고하게 인식하여야 하겠습니다(박태준, 1987: 107-112).

박태준은 '짧은 인생을 영원한 조국에'라는 투철한 애국심과 부패에 타협하지 않는 도덕성을 인생의 지표로 삼 고 일관된 삶을 살아왔다. 그에게는 기필코 포항제철을 성공시켜 국가의 은혜를 갚겠다는 애국심과 사명감이 있 었다. 그는 제대로 된 국가를 만들어야 국민의 인간다운 삶을 보장할 수 있다는 믿음이 확고했다. 국가이익과 자기 이

익이 상충될 때 주저 없이 국익을 우선 택해 왔으며 그것을 포항제
철 직원들에게 역설하고 요구했다. 자신이 책임진 영역에서는 사람다
운 삶을 보장하는 복지제도를 회사 성장과 동시에 추진하기를 염원하
였다. 국가와 국민의 이름으로 도전하는 '포항종합제철주식회사'에서
박태준의 포부란, 조직의 공공적 성취가 곧 조직원의 개개인의 행복과
성취로 직결되는 시스템을 창조하려는 것이었다(이대환, 2009: 301 –
302).

이와 같이 청암 박태준의 포항제철 경영의 핵심 철학은 '제철보국'이
었다. 그가 포항제철의 운영에 있어 모든 의사결정에 가장 우선적인 원
칙과 기준으로 삼은 것은 제철보국이었다.

김창호(2009)는 박태준의 경영철학과 리더십을 연구한 결과, 박태준
은 국가를 위하여 목숨을 걸고 참전한 6·25, 포항제철 경영과정은 애
국적 사명감의 가치관이 일관되게 유지되어 왔다고 주장하였다.

3. 교육보국

박태준의 부국강병론적인 보국이념이 사회영역에서 투영된 또 하나
의 장은 '교육'이다. 그의 교육관 역시 국가에 대한 보은의식, 즉 보국
이념의 연장선상에 놓여 있다. 보국(報國)이란 대(大)원리는 기업, 교육,
복지, 개인 등 모든 각론 수준의 행위영역을 관철하는 근간으로, 기업

활동에서는 제철보국 이념으로 구체화되고, 교육 활동에서는 교육보국 이념으로 구체화된다(김왕배, 2012: 285-286). 즉 박태준에 있어서 교육의 제일 목표는 국가의 은혜에 보답하고 국가 발전에 기여하여야 한다는 것이다. 그의 교육철학은 한마디로 교육보국이다. 박태준의 교육보국을 기반으로 한 포항공대 경영은, 포항공대의 발전에 중요한 영향력을 미쳤다.

학교법인 제철학원은 교육을 통한 민족중흥과 국운융성에 기여하겠다는 박태준 설립이사장의 '교육보국'이라는 건학이념을 바탕으로 1976년 11월 16일 설립되었다(포항공과대학교, 2007: 317). 박태준의 교육보국 이념과 이를 기반으로 설립된 포항제철 교육재단은, 현재 유치원부터 고등학교까지 14개의 학교가 운영되고 있으며 양질의 교육을 제공하고 있다. 또한 포항공대는 세계적인 대학으로 성장하였다.

그의 교육철학은 단순히 기술지식을 소유한 인재만을 양성하는 것이 아니었다. 무엇보다도 교육은 인문학적 소양과 보국이념으로의 훈련을 통해 전체 사회의 공영에 이바지하는 인재를 키우는 역할을 해야 한다고 보았다. 즉, 교육은 전문기술을 습득시키기에 앞서 인간됨의 자질을 동시에 가르쳐야 한다는 것이다. 그 인간다운 자질을 보국이념과 자주관리의 정신이었다(김왕배, 2012: 288).

임경순(2010)에 의하면 박태준은 포항제철의 성공으로 제철보국을 이룩한 것처럼 훌륭한 교육을 실천하여 '교육보국'을 이루겠다고 생각했다. 또한 이대환(2011)은 박태준의 교육에 대한 의지를 박태준의 교육보국은 포철의 창업정신인 '제철보국'과 같은 맥락으로, '교육보국'

은 '제철보국'과 나란히 세워진 깃발이라고 주장하였다. 박태준은 제철학원의 건학 이념인 교육보국을 통하여 민족중흥과 국운융성에 기여하고자 하였다고 하였다.

그리고 이상오(2012)는 '제철보국'은 포항제철 창립자로서의 청암의 기업 경영적 이념의 결집이었고, '교육보국'은 포철교육재단 설립자로서의 청암의 교육적 이념의 결집이었다고 주장하였다. 김왕배(2012)는 박태준은 교육으로 국가에 보답하자는 '교육보국'의 신념과 철학을 가지고 포항공대를 설립하여 지원하고 운영하였으며, 박태준은 교육학자나 교육가는 아니었지만, 교육을 통해 이른바 보국이념을 현장에서 구현시킬 수 있는 과학기술과 기능 그리고 이를 수행하는 '인재(人才)'를 양성할 수 있다고 믿었다고 주장하였다.

위 학자들의 연구결과를 종합하면, 박태준의 교육에 대한 고유하고 핵심적인 사상은 교육을 통한 보국이다. 즉 교육을 통하여 국가발전을 위한 애국심과 사명감을 함양한 인재를 양성하고, 양성된 인재는 국가발전의 중추적 역할을 한다. 그리고 교육보국은 제철보국과 함께 박태준의 핵심사상이다.

4. 포항공과대학교의 설립과 성장

포항공대는 1986년 12월 3일에 국내 최초의 연구중심대학으로 개교하였다. 전술한 바와 같이 연구중심대학이란 한 마디로 대학 자체가 대규모 연구소인 대학이라고 할 수 있다. 즉, 학부 교육보다는 첨단의 시설을 갖춘 대학원 중심의 대학으로서, 교수들의 강의 부담을 줄이고 연구시간을 늘려 첨단 연구와 기술 개발에 주력하는 형태의 대학이다. 그래서 포항공대는 설립 구상 당시부터 미국의 대표적인 연구중심대학인 미국의 캘리포니아공과대학(이후 '칼텍'으로 기술)을 발전모델로 삼았다. 이는 칼텍이 짧은 기간에 우수한 연구조건을 갖추고 뛰어난 학생과 아인슈타인 등 뛰어난 과학자를 모아 비약적 성장을 하였기 때문이다.

박태준은 칼텍의 역사와 전통을 통해서 짧은 기간에 세계적 수준의 포항공대를 만들기 위한 몇 가지 중요한 시사점을 얻었다. 첫째 아낌없는 재정적 지원이 필요하다, 둘째 소수정예의 연구중심대학으로 가야 한다, 셋째 최고 수준의 교수들을 최고의 예우로 선발해야 한다, 넷째 공학분야와 기초과학분야의 단단한 연결이 있어여 한다, 다섯째 산학연 협조체제를 구축해야 한다(이대환, 2012: 511)는 것이었다.

또한 이 연구 결과가 산업계에 활용될 수 있도록 포항공대 개교와 함께 산업과학기술연구소(현 포항산업과학연구원, RIST)를 대학 캠퍼스에 설립하여 실질적인 산-학-연 협동 모델을 구축하였다.

교육에 있어서도 소수정예교육으로 과학기술계 지도자급 최우수 인재들만을 배출하고자 학부 기준 한 학년에 300명(1987년 개교 당시 249명)으로 정원을 제한하였으며, 재학생 전원에게 기숙사 제공과 수업료 면제라는 당시로서는 파격적인 면학 지원제도를 마련하였다.

또한 교수 임용조건을 박사학위 소지자로 제한하였으며, 교수 1인당 학생수를 5명 이내로 제한하는 등의 선진국 명문대학 수준에 버금가는 여건을 조성하였다.

박태준이 포항공과대학교를 설립한 1986년 전까지는, 우리나라 대학에 '연구중심대학'의 개념이 생소하였다. 그러나 청암 박태준은 연구중심대학을 대학설립의 비전으로 정하고, 연구시설, 교수 확보, 재정지원 등을 통하여 포항공과대학교를 연구중심대학으로 정착 및 발전시켰다. 또한 이는 우리나라의 다른 유명한 대학들 역시 연구중심대학으로 변화하게 하는 계기를 마련하였다. 즉 한국 과학 기술의 도약을 위한 연구 중심대학의 실현, 그것을 향한 실천장이 될 포항공대는 박태준 포항제철 회장 겸 제철학원 이사장에 의해 구상되었다(포항공대소식 제3호, 1986. p5).

포항공대의 설립이 우리나라 과학사에서 차지하는 가장 중요한 의의는 바로 포항공대에서 연구중심대학이라는 대학 설립이념이 우리나라에서 최초로 구체화되었고, 이 포항공대의 영향을 받아 서울대를 비롯한 국내의 다른 대학들도 이때부터 본격적인 연구중심대학으로 변화하는 계기가 되었다는 것이다. 포항공대에 연구중심대학이라는 이념이 생성되는 데에는 박태준 회장과 김호길 박사가 핵심적인 역할을 했다(포항공대 십년사, 85).

박태준은 그 누구보다도 우수 인재의 양성과 확보 및 연구중심대학에 많은 관심을 가지고 있었다. 즉 포항공대가 설립된 데에는 박태준의 인재 확보와 세계수준의 연구중심대학 설립이라는 박태준의 의지가 절대적인 영향을 미쳤다.

박태준은 포항공대 입학식과 개교 1주년 치사에서 다음과 같이 밝히고 있다.

포항공과대학교는 미래사회의 지도자 양성이라는 대학 본연의 책무와 함께 국가산업발전을 선도할 첨단 및 기초 과학기술분야의 고급두뇌 육성이라고 하는 막중한 사명을 띠고 있는 국민적 소망의 결정체입니다(포항공대 제1회 입학식 치사, 1987.3.5).

포항공과대학교에는 미래의 국가 산업발전을 선도할 과학기술분야의 고급두뇌양성이라고 하는 막중한 책무가 부과되어 있음을 본인은 다시 한 번 강조하고자 합니다. 이러한 미래지향적인 차원에서 우리는 포항공과대학이 세계 최고의 교육, 연구 시설과 우수한 교수진을 갖춘 대학으로서 세계적인 수준의 연구와 교육이 이루어지는 대학으로 발전하여야 하며, 이를 위하여 무한의 노력과 투자를 지속시켜야 할 당위성을 발견하게 되는 것입니다 (포항공대 개교 1주년 기념식 치사, 1987.12.3).

임경순(2012)에 의하면, 박태준의 제철보국의 정신은 한국 과학기술을 선도하여 국가발전에 기여하는 대학이 되어야 한다는 포항공대의 건학 이념의 밑거름이 되었다. 즉 박태준은 포항제철만이 아니라 국가적인 차원에서 미래 산업을 선도해 나가, 국가의 발전에 기여할 수 있는 유능한 인재를 양성해야 한다는 소명의식을 가지고 포항공대를 건설했다. 대학을 설립해야겠다는 박태준의 분명한 구상은 1980년 광양제철소 건설을 계획하면서부터 구체화되기 시작되었다. 광양제철소 건설 이후의 고급두뇌 수요에 대처하기 위한 획기적인 인재확보 방안으로 대학 설립을 구상했다. 박태준은 포항제철의 성공으로 제철보국을 이룩한 것처럼 훌륭한 교육을 실천하여 '교육보국'을 이룩하겠다고 생각했다.

즉 포항공대 설립은, '제철보국'의 이념으로 포항제철을 설립한 박태준의 또 하나의 이념인 '교육보국'의 실천 결과이다. 따라서 포항공대의 설립이 가능했던 것은, 박태준의 확고한 교육보국 의지와 포항제철의 전폭적인 지원이 뒷받침되었기 때문이다. 포항공대 설립이사장인 박태준은 당시 우리나라의 교육 시스템으로는 우수 인재를 양성할 수 없다고 판단하여, 한국 최고의 연구중심대학, 세계 어느 대학과 견줘도 필적할 수 있는 대학을 세워 우수 인재를 양성코자 결심하였다.

박태준이 대학 설립을 추진할 때, 포항제철이 국영기업체였기 때문에 많은 제약 요소가 있었을 뿐만 아니라 주위로부터 상당한 반대와 비판이 있었다. 그럼에도 불구하고 기업이익을 과감히 인재 육성을 위해 투입하는 결정을 내림으로써 국내 최초의 연구중심대학인 포항공대가 설립되었다. 포항공대의 설립목표는 포항공대의 건학이념에 잘 나타나 있다.

POSTECH은 우리나라와 인류사회 발전에 절실히 필요한 과학과 기술의 심오한 이론과 광범위한 응용방법을 깊이 있게 연구하고, 소수의 영재를 모아 질 높은 교육을 실시함으로써 지식과 지성을 겸비한 국제적 수준의 고급 인재를 양성함과 아울러, 산·학·연 협동의 구체적인 실현을 통하여 연구결과를 사회에 전파함으로써 국가와 인류에 봉사할 목적으로 설립되었습니다.

이러한 목적에 따라 POSTECH은 세계적인 대학들과 긴밀히 협력하여 기초과학과 공학 각 분야의 첨단 연구에 중점을 두는 한편, 소재산업 관련연구에서는 세계적인 중심지로 발전하고자 합니다.

또한 성실하고 창의적이며 진취적 기상을 지닌 지성인을 양성하기 위하여 전문교육뿐만 아니라 전인교육을 강조하며, 인류복지 향상을 위하여 산학협동의 폭을 세계의 전 산업체로 확대함으로써 세계 속의 대학으로 발전하고자 합니다.

위와 같이 포항공대의 설립 목적은 고급인재 양성과 우수한 연구결과로 국가와 인류에 봉사할 목적으로 설립되었다. 이는 박태준의 교육보국 사상이 포항공대의 설립목적임을 나타내고 있다.

설립 초기 포항공대의 학교 운영 방침은 당시로서는 매우 파격적이었다. 박태준은 최신의 첨단교육연구시설 건립에 필요한 재정적 뒷받침과 더불어 세계적 수준의 한국인 석학의 유치가 가능하도록 지원하여 포항공대의 성공을 뒷받침 하였다. 그는 학생 전원 기숙사 생활과 수업료 면제, 교수 전원에게 아파트 제공, 대학원생 및 연구원들에게 숙소 지원, 국내 최초로 박사학위 소지자들만 교수 임용 등 타 대학대비 월등한 조건을 지원하였다.

포항공대는 교수 1인당 학생 6명 내외의 낮은 학생비율을 유지하고, 등록금의 10배가 넘는 연간 교육투자(2012년 기준 7,800여만원/1인), SCI급 국제학술지에 박사학위논문 게재 의무화 등 국내 대학 시스템과는 다른 선진국 수준의 교육시스템을 구축하였다. 교수들의 왕성한 연구 활동과 탁월한 연구 성과, 창의력과 질적 우수성을 추구하는 교육, 그리고 이를 뒷받침하는 완벽한 지원체계는 국내 어느 대학도 따라오기 힘든 포항공대만의 경쟁력이다.

이로 인하여 포항공대는 개교 28년의 비교적 짧은 역사에도 불구하고, 개교한 지 10년 만인 1998년에는 아시아 최고의 과학기술대학으로 인정받고, 중앙일보 대학평가 종합에서 4년 연속(2002~2005) 1위에 오르고, 2010년에는 영국《더 타임즈》와 세계적인 연구평가기관인 '톰슨-로이터'가 주관하는 세계대학평가에서 28위, 2012년과 2013년 2년 연속 개교 50년 미만 대학을 대상으로 하는 더 타임즈 평가에서 세계 1위를 차지하였고, 2012년 '톰슨-로이터'가 선정한 세계 100대 혁신기관에 이름을 올리는 등 놀랄만한 성과를 이루었다.

박태준이 교육보국의 이념으로 설립하고 운영한 포항공대는, 놀랄만한 발전과 성과로 세계 속의 대학으로 성장함으로써 한국 대학사에 큰 획을 그었다.

현재 개교 28주년을 맞고 있는 포항공대는 국가와 인류가 직면한 Grand Challenge에 대한 해법을 만들어가는 위대한 대학이라는 비전을 달성하기 위해, Excellence, Ownership, Integrity, Professionalism, Collaboration & Communication의 조직문화를 구현하여 World Leading으로 만들어 가고 있다.

Ⅲ. 청암 박태준의 대학경영 리더십

1. 비전경영

박태준은 그 누구보다도 비전 경영의 중요성을 인지하고 실천하였다. 그는 '과학인재의 양성'과 '연구중심대학'을 포항공과대학교 설립과 운영의 비전으로 선포하고 이의 달성을 위해 적극적인 지원과 노력을 실행함으로써, 구성원의 자발적 참여와 열정을 이끌어 내었다. 박태준은 21세기 지식기반사회를 대비하여 창의력을 갖춘 과학인재를 육성하는 것을 목표로 포항공과대학교를 설립하였다.

포항공대는 설립 구상 단계에서부터 당시 우리나라에서는 개념조차 생소했던 '연구중심대학'의 형태로 구상되었다. 당면 과제인 포항제철의 철강 산업 국제경쟁력을 계속 유지할 수 있는 고급 인재를 확보하고, 대학의 3대 과제인 교육·연구·봉사 중 연구에 중점을 두는 대학으로서 고부가가치를 창출하고, 노벨상을 수상할 수 있는 수준의 인재를 양성할 수 있도록 연구중심대학을 설립해야 한다는 것이 박태준 회장의 판단이었다.

존 맥스웰(1999)은 비전은 곧 리더의 모든 것이고, 비전은 자기 내면으로부터 나온다고 하였다. 또한 그는 비전이 가져다주는 혜택 중 가장 큰 것은 마치 자석처럼 무언가를 끌어당기는 것으로, 비전이 크면 클수록 더 많은 사람들을 끌어당기는 잠재력을 갖게 된다고 하였다.

비전 경영의 중요성은 여러 학자들에 의해 강조되어 왔다. Berson, et al.(2001)에 의하면 조직의 비전은 전체 조직구성원들에게 공유되는 것으로 이상적인 목표의 집합적 의미를 가지고 있다고 한다. 따라서 그는 비전은 미래에 조직이 추구해야 하는 방향성을 제공하면서 목표를 강조하고 조직의 하나 됨을 밝히는 중요한 요소라고 주장하였다. 또한 Pearce & Ensley(2004)은 비전은 조직이 나아가고자 하는 미래에 대한 모습과 함께 목표를 제시하고, 조직구성원들로 하여금 자신이 조직의 중요한 구성원임을 느낄 수 있도록 하면서 조직구성원들의 공유를 핵심으로 하고 있기 때문에 구성원들의 태도와 사기 등은 조직성과에 긍정적인 영향을 미칠 수 있다고 역설하였다.

박현모(2011)는 세종은 비전을 제시하고 이의 달성을 위해 구성원의 참여·열정·헌신을 이끌어 내어 그가 원하는 목표를 이루었다고 하였다.

리더의 비전설정이 조직의 업무성과에 미치는 영향력은 선행연구에서도 확인할 수 있다. Jesse Stoner(1998)는 광범위한 연구를 통해 리더의 비전설정이 조직의 업무성과에 미치는 엄청난 영향력을 입증했다. 그녀는 500명이 넘는 리더를 조사한 결과, 확실히 강력한 비전과 리더십을 발휘하는 리더의 조직은 높은 성과를 달성하는 것으로 나타난다고 보고하였다. 반면 경영능력은 뛰어나지만 확고한 비전을 갖지 못한 리더의 조직은 대체로 평균적인 성과를 보였다고 보고하였다. 그리고 비전과 경영능력 모두 모자란 것으로 밝혀진 리더의 조직은 성과가 확실히 좋지 않게 나타났다고 주장하였다.

Awamleh & Gardner(1999)는 경영자가 조직의 미래에 대한 명확한 비전을 세운다는 것은 그룹 또는 구성원을 변화시키기 위한 출발점이 된다고 주장하였다. 이를 증명하는 연구들을 살펴보면 Tichy & Devanna(1990)은 경영자가 제시하는 미래에 대한 비전은 구성원들에게 동기부여와 조직에 대한 몰입을 가져오고, 일과 조직에 대한 열정을 가져온다는 것을 증명하였다.

위 선행연구들을 살펴보면 비전경영이 조직의 성공 및 구성원들에게 긍정적인 영향을 미치고 있다.

박태준이 포항공대의 설립이사장으로서 했던 입학식, 졸업식 등 포항공대의 행사에서 행한 치사, 언론과의 인터뷰에서도 박태준의 비전경영에 대하여 확인 할 수 있다. 이들 자료들은 최고경영자가 구성원들과 공식적인 의사소통의 통로들로 본인의 생각과 감회를 비교적 솔직히 담은 글이다(김명언, 김예지, 2012). 따라서 박태준의 대학경영을 위한 비전경영에 대하여 본 연구를 위한 분석자료에 실린 내용을 살펴보고자 한다. 1987년 1월 25일의 동아일보와의 인터뷰에서 박태준은 포항공대 설립에 대한 자신의 비전을 다음과 같이 밝히고 있다.

우리가 세계정상의 자리에 서기 위해서는 세계 정상의 인재를 길러내야 한다는 것이 포항공대의 목표이자 포철의 꿈이다(동아일보, 1987.1.25. 9면)

이어 발표된 포항공과대학교 개교 기념사, 입학식 및 개교 1주년 치사에서 박태준은 포항공대 설립에 대한 자신의 비전을 다음과 같이 명확히 밝히고 있다.

포항공대는 오늘 동시에 준공을 보는 산업과학기술연구소와 함께 관련산업 현장과 더불어 국내 모범의 산학연 협동체제를 구축함으로써 과학인재의 양성과 기술개발의 전당으로서 사명을 완수할 것을 본인은 확신하고 있습니다(1986.12. 포항공과대학교 개교 기념사).

포항공과대학을 재정적으로 뒷받침하고 있는 포항제철은 철강산업의 국제경쟁력을 계속 유지하고 필연적으로 당면하게 될 경영 다각화에 대비하기 위해 우수인재를 확보하는 한편, 산업사회와 직결된 연구활동을 수행함으로써 국가산업 선진화에 앞장서기 위하여 연구중심대학을 설립합니다(포항공대소식 제1호, 1986. p2).

민족의 기업 포항제철이 21세기를 내다보며 연구개발 투자의 차원에서 설립하는 대학, 대학운영의 성과가 전적으로 과학기술과 국가발전에 직결되는 대학, 이것이 포항공과대학의 가장 두드러진 특징이다(포항공대소식 4호, 1986. p6).

포항공과대학은 공학 전분야의 기술이 종합되어 이루어진 제철소라는 거대한 연구 및 실습현장과, 캠퍼스에 인접한 포항제철기술연구소와 함께 긴밀한 산·학·연 협동관계를 구축, 교수진에게는 공동연구를 통하여 문제 해결에 참여할 수 있는 기회를, 학생에게는 실험, 실습교육의 산현장을 제공하여 대학이 사회를 위해 봉사하는 모델이 되고자 한다(포항공대소식 제4호, 1986. p8).

저는 인재육성과 기술개발을 가장 중요한 미래투자라고 확신해왔으며, 적절한 시기가 되었을 때 과감히 실천했습니다. 포항공과대학교, 산업과학연구원, 포항방사광가속기 등은 포항제철을 중심으로 산 학연의 대표적 결실입니다(박태준, 기업가정신 국제 컨프런스 기조연설문, 2008.11.3.).

인류의 역사는 현실에 안주하는 다수의 방관자가 아니라, 개척자적 용기를 가지고 새로운 가능성에 끊임없이 도전해 온 소수의 선각자들에 의해 발전되어온 것임을 우리는 잘 알고 있습니다(포항공대 제1회 입학식 치사, 1987.3.5.).

포항공대가 개교 첫해부터 우수한 신입생을 선발하여 명문대학으로 자리매김한 것은, 박태준의 비전경영의 결과이다. 박태준은 포항공대가 세계적 수준의 연구중심대학으로 성장 발전하는 것을 포항공대의 설립목표로 삼았다. 연구중심대학은 연구 역량이 우수한 교수와 수학, 과학 등 학문적 기본 역량을 바탕으로 도전정신을 갖춘 학생들 및 풍부한 재정적 뒷받침이 주요한 성공 요인이다.

박태준은 포항공대 비전을 위해 신념에 찬 결단을 내렸다.

포항공대는 1987년 첫 신입생을 모집하면서 신설대학은 후기 모집만 허용되던 입시 방침을 깨트리고, 대학설립 요원들의 각고의 노력과 의지로 신설대학으로서는 유일하게 신입생을 전기로 선발할 수 있도록 허가를 받았다. 당시로는 국내에서 전무한 사례였다.

뿐만 아니라 첫 신입생을 모집하는 신설대학으로서 수험생의 응시 자격을 서울대 자연대 및 공대 지원 수준과 비슷한 학력고사 280점 이상(당시 340점 만점)으로 제시하였다. 헌법상 기회균등의 원칙 위배라는 논란이 일었으며 문교부에서도 문제를 제기하였으나, 법률자문을 거쳐 결국 280점 이하는 응시조차 하지 못하도록 하였다. 이 과정에서 정원 미달이 될 것이라는 우려가 쏟아졌다.

그러나 박태준 회장은 "학생들이 오지 않으면 교수들이 연구만 하면 된다. 우리는 등록금으로 운영하는 학교가 아니다."라는 파격적인 결단과 함께 단 한명이 입학하더라도 학교를 운영해 나가겠다는 확고한 의지를 밝혔다. 개교 첫 해 합격자들의 학력고사 평균이 300.6점이라는 놀라운 결과가 나왔다.

이대환(2011)은 박태준이 포항공대를 설립한 것은 단순히 포항제철만을 위한 대학을 세우지 않았다고 하였다. 박태준은 대한민국도 더 늦기전에 과학과 공학의 발전을 위한 새로운 전기를 마련해야 한다는 생각을 가지고 있었다. 따라서 박태준은 연구중심대학인 포항공대를 설립함으로써 '과학인재 양성'과 '연구중심대학'의 비전을 실현하고자 했던 것이다. 또한 박태준은 대기업이 먼저 21세기를 내다보는 원대한 계획을 세우고 아낌없이 투자해야 한다고 생각하고 실행하였다고 하였다.

이와 같이 박태준은 모든 문제 해결을 장기적으로, 근원적으로 접근하였다. 그리고 그는 항상 미래지향적인 시각에서 스스로 문제를 찾아 사전에 해결해 나가는 능력(김창호, 2009, 53)을 갖추었다. 박태준은 장기적 비전과 혜안을 갖고 있었다. 그가 설정한 목표는 단기적 성과가 아니라 보다 먼 미래를 지향했다(전상인, 2012: 209).

청암 박태준의 확고한 비전 제시는 그의 대학경영 리더십의 초석이 되었다. 비전은 조직이나 공동체에도 미래의 방향을 설정해 하나가 되고 힘을 집중하게 만들기 때문이다.

2. 윤리경영

박태준은 대학경영에 있어서 특히 '윤리경영'의 중요성을 강조했다. 그는 대학경영에 필요한 비전·신뢰·권한위임 중에서 가장 중요한 것으로 정도경영을 꼽았다. 특히 개교하는 대학은 초기에 많은 교수임용과 막대한 시설투자가 이루어지는 과정에서, 고도의 윤리에 기반한 정도경영이야말로 포항공대 경영의 핵심가치라고 생각하였다. 윤리경영은 개인이나 사회가 바람직하고 적절하다고 보는 가치나 도덕성과 공정성과 정의와도 밀접한 관련이 있다.

윤리경영은 Baumhart(1961)가 처음으로 윤리를 개인의 문제를 넘어서 기업의 문제로 인식한 이후 경영에 있어서 중요한 문제로 대두되었다. 옳고 그름에 대한 가치 판단 기준으로서의 윤리가 개인 수준에서 기업 수준의 활동에 적용됨에 따라, 기업은 이를 경쟁력의 원천으로서 인식하고 윤리경영을 실천해 나가는데 많은 노력을 기울이고 있다.

윤리경영을 실천하기 위해서는 개인과 조직의 유형 및 특성에 따른 행동, 그리고 윤리경영에 있어 리더의 역할이 상당히 중요하다고 할 수 있다. 최창명과 김성수(2005)는 윤리경영의 실천에 있어 CEO의 솔선 수범과 강력한 의지가 가장 중요한 요인으로 작용한다는 것을 보여주었다. Rawls(1971)는 공정성과 관련된 이슈들에 대한 관심은 공동의 이익을 촉진시키기 위해 서로 협력하는 모든 사람들에게 필수적인 것이라고 주장하였다.

워렌 버핏(Warren Buffett)은 기업리더가 갖추어야 할 세 가지 요인으로 청렴성(integrity), 지성(intelligence) 및 열정(energy)을 지적하고 있다. 이 가운데 청렴성은 기업의 지속가능경영을 뒷받침하는 결정적 요소로, 비록 지성과 열성을 겸비했다 하더라도 청렴성이 결여된 리더는 결국 퇴출될 수밖에 없다고 언급하면서 그는 윤리에 입각한 기업 경영의 중요성을 강조하였다. 이는 자본주의의 본질이 돈을 버는 것 자체보다는 세상을 살기 좋은 곳으로 만드는 데 있으며, 자본주의에는 도덕적 책임이 필연적으로 수반됨을 시사하는 것(국가청렴위원회, 2006)이다.

Flannery & May(2000)는 리더들의 윤리적 태도는 구성원들에게 긍정적인 영향을 준다고 주장하였다. 즉 리더가 어떠한 의사결정을 내릴 때 윤리적 기준을 명확히 한다는 것을 구성원들이 높게 인지할수록 구성원들 역시 리더를 존경하고 나아가 그들의 업무에도 반영된다는 것을 밝혔다. Rest(1986)는 개인의 윤리적 의사결정과 행동의 4개의 구성요소 모형을 제시하고 이를 검증하였다. 즉, 그의 4단계 모형에서 리더의 윤리경영에 긍정적인 영향을 받은 구성원들은 도덕적 문제를 인식하고, 도덕적으로 판단하며, 도덕적 의향을 수립하여, 도덕적으로 행동한다는 분석결과를 제시하였다.

이러한 리더의 윤리경영을 통한 조직의 윤리풍토는 구성원들의 태도와 행위를 형성하는 주요한 요인이 된다. 윤리적 조직풍토는 기업의 윤리적 경영 또는 윤리경영관에 미치는 중요한 영향요인으로 간주되고 있다. 이와 같이 윤리풍토가 구성원의 태도와 행위를 형성하는 것에 큰 영향을 미치는 주된 요인인 경우, 윤리의식은 윤리적 행위에 긍정적으로 영향을 미치게 된다(김정수, 1995).

위와 같이 리더의 윤리적 경영이 구성원들에게 미치는 영향과 그 영향으로 인해 조직의 성공에 어떠한 결과를 가져올 수 있는지에 대한 연구들은, 구성원의 업무태도 변화에 초점을 두고 살펴보고 있음을 알 수 있다.

이대환(2011)은 박태준이 "리더십이 갖춰야 하는 제일의 덕목은 사사로운 욕망을 비우는 것이고, 이것이 지도자가 되려는 사람의 첫째 조건으로, 사욕을 비우지 못한 지도자는 자신의 비전과 지식을 자신의 행동과 일치시킬 수 없습니다."라는 야스오키[6]의 주장에 깊이 공감하고,

---

6 야스오키는 1904년에 태어나 동경대학을 졸업했다. 일본의 정·재계 우익 인사들의 정신적 지도자로 박태준이 포항제철을 설립하는 과정에서 일본의 정·관계, 그리고 경제계의 영향력 있는 인물들을

자기도 그와 같이 따르려고 가슴속에 새겼다고 하였다.

인사에 있어서 외부의 간섭이나 낙하산식의 인사를 배제하는 것은 이미 포항제철의 인사원칙에서도 박태준 회장이 분명하고 확고한 전통으로 유지하고 있었던 것이었는데, 이런 원칙을 박태준 회장은 포항공대에서도 그대로 유지할 것을 명백히 한 것이었다. 실제로 박태준 회장은 그 뒤 포항공대 교수임용 과정에는 전혀 간섭하지 않았다. 심지어 김호길 학장은 박태준 회장이 추천한 교수 후보자 2명도 탈락시켰다. 박태준 회장은 이 사실을 자랑 삼아 대내외에 이야기함으로써 교수임용에 있어서 정실인사를 전혀 하지 못하도록 막아 주었다. 이렇듯 박태준은 총장에게 교수임용에 완벽한 권한을 보장해주었다(2007. 포항공대 20년사, 2007: 85).

이와 같이 박태준은 포항공대 설립이사장으로서 교수임용에 대한 영향력을 행사할 수 있었으나, 그는 포항공대 경영에 있어 누구에게도 특별한 대우나 배려를 하지 않고, 모든 의사결정에서 공정하고 평등함을 최우선 과제로 삼았다.

박태준은 개인의 사사로운 이익과 욕망을 철저히 배제하고, 공명정대하게 포항공대를 경영하였다.

박태준에게 소개하고 그들에게 박태준의 뜻이 실현되도록 설득을 하는 등 많은 도움을 주었다(김왕배, 2012: 310)

3. 신뢰경영

박태준은 초대학장 김호길, 교수, 직원, 그리고 학생들에게 포항공대를 위한 전폭적인 지원과 약속하였고 그 약속을 실행하였다. 그에 따라 포항공대 구성원들은 박태준을 신뢰할 수 있는 설립이사장으로 생각하였다. 상하가 서로를 믿는 신뢰는 리더십의 형성과정에서도 주요한 역할을 하지만, 형성된 리더십이 계속 유지되고 구성원들이 기대 이상의 헌신적인 행동을 하려면 경영자를 믿는 신뢰가 바탕을 이루어야 가능하다(박호환, 2011: 464). 즉, 경영자와 조직 구성원간의 상호신뢰가 없다면 리더십을 발휘할 수 없으며, 신뢰에 영향을 미치는 특성은 정직성과 실행력이며, 신뢰는 리더의 필수적인 자질이다.

박태준은 '신뢰'의 함양을 강조했다. 스스로 판단하고 행동하는 자율적 존재인 자주관리형 개인의 덕목 중에서도 신뢰는 으뜸의 가치였다. 신뢰는 타자를 인정하고, 타자로부터 '인정(認定)'을 받을 때 발현되는 것이다. 한국사회에서 신뢰는 '성실함과 믿음직한 행위'의 표본으로 간주되고 종종 신의, 의리 등으로 묘사된다. 신뢰는 사사로운 이익을 좇지 않고 공동체의 가치와 목표를 위해 헌신하는 태도를 말하기도 한다. 공동체에서의 암묵적 합의를 타자의 간섭이나 개입 없이 스스로 이행하는 덕목을 말한다(김왕배, 2012: 290).

신뢰는 타인의 행위에 대한 믿음으로 위험을 기꺼이 감수하려는 의지로서 사회 심리적 상태로 이해된다. 즉 신뢰는 구성원들 간 상호작용 과정에서의 심리적, 사회적으로 중요한 요인이므로 조직 성공 여부에 중요한 역할을 하며, 만족과 동기를 통하여 당사자 간의 협력을 촉진시키고 대리인 비용과 거래비용을 낮추어 효율적인 거래를 촉진하며, 공동의 목적을 위해 일할 수 있는 능력인 사회적 자본과 사회적 교환관계의 핵심이다(김성은, 2010).

Mayer, Davis & Schoorman(1995)은 신뢰를 상대방이 본인에게 중요한 특정 행동을 수행해줄 것이라는 기대 하에서 상대방을 직접 감시하거나 통제하지 않고, 자신의 취약함이 상대에게 노출되는 것을 기꺼이 감수하는 것이라고 정의하고 있다.

신뢰에 대한 중요성이 부각되면서, 종업원에 대한 신뢰, 경영자에 대한 신뢰, 조직 간 신뢰에 대한 연구들이 진행되었는데, 특히 상사와 부하 간의 신뢰구축은 부하로 하여금 조직을 위해 더욱 노력하게 만들며 조직 및 직무와 관련된 태도 형성에 많은 영향을 미치게 된다. 리더에 대한 신뢰가 개인의 직무만족, 조직 내 스트레스, 조직을 위한 역할 외 활동, 종업원 성과 등 개인이 형성할 수 있는 태도 및 행동에 중요한 영향을 미치는 것으로 나타나고 있다. 신뢰가 협동과 지원, 이타적 행동 등 자발적 행동을 촉진시키고, 감시와 통제 등을 포함하는 그래 비용을 낮추며, 불확실성과 복잡한 상황에 대한 기업의 적응력을 증진시킨다는 연구결과들이 제시되었다(윤대균, 2004).

리더와 구성원간의 신뢰 형성이 그 조직에 긍정적인 영향을 미친다는 이론을 검증해 주는 선행연구들을 살펴보면 다음과 같다. 먼저 Kouzes & Posner(1993)는 그들의 연구에서 리더가 구성원들에게 리더십을 발휘함에 있어서 가장 기초가 되는 것이 신뢰라고 강조하면서 리더가 전문적인 역량이 뛰어나고 사람을 관리하는 기술을 갖추었다 하여도 상하 간의 신뢰가 축적되지 않으면 그러한 역량은 리더십으로 발휘기 어렵다는 것을 분석을 통해 검증하였다. 또한 정성현(2007)은 서번트 리더십과 리더 신뢰 그리고 조직몰입과의 관계에 관한 연구에서 서번트 리더십을 발휘하는 리더를 구성원들은 더욱 신뢰하게 되고, 리더 신뢰가 높을수록 구성원들의 조직에 대한 몰입도 및 기타 성과는 높아지는 것으로 나타난다는 것을 실증연구를 통해 확인하였다.

Korsgaard 등(2002)은 리더가 구성원들로부터 신뢰를 얻으려면 행위의 일관성과 정직성을 보여야 한다고 주장하였다. 박태준은 한번 약속한 것은 반드시 지킴으로써 포항공대 구성원의 신뢰를 이끌어내고, 존경하고 믿을 수 있는 설립이사장이 되었다. 박태준은 포항공대 구성원들에게 포항공대의 연구중심대학과 세계 수준의 대학으로 성장 발전을 약속하였고 그것을 충실하게 지켜왔다. 그는 공식적인 문서뿐만 아니라 구두약속, 치사, 연설문의 약속도 이행하였다. 박태준은 교수 초빙을 위한 뉴욕간담회(1986. 1. 11~ 12일 개최)에서 제시된 연구와 교육에 대한 관한 사항(6년에 1번씩 안식년, 강의는 2과목 등 당시로서는 파격적인 제안)을 학교 설립 이후에도 계속 유지 하였다.

박태준이 밝힌 포항공대의 비전과 지원사항을 살펴보면 아래와 같다.

특히 법인 이사장과 총장이 돈독한 신뢰관계 속에서 대학을 이끌어야 하며, 대학의 고민을 교수·법인·직원·학생이 서로 공유하고 함께 해결을 모색해야 합니다(박태준, 포항공과대학교 20년사 축사, 2007.2.)

재단에서는 앞으로도 포항공과대학이 세계적인 대학으로 발전하여 본연의 건학이념에 따른 사명을 다할 수 있도록 이상적인 연구시설과 교육환경을 조성하는 데 필요한 지원을 아끼지 않을 것임을 약속드립니다(포항공대 개교 1주년 기념식 치사, 1987.12.3.).

본인은 학교법인 제철학원의 책임자로서 교수와 학생들이 연구와 공부에 전념할 수 있는 분위기를 만드는 데 필요한 모든 지원을 아끼지 않았으며 이러한 노력은 앞으로도 계속 될 것입니다.(포항공대 '88학년도 학사과정 및 제1회 대학원 신입생 입학식, 1988.3.2.).

학교법인 제철학원에서는 포항공대야말로 2천년대의 선진 한국을 이끌어갈 과학기술의 요람이 되어야 한다는 역사적 사명감을 자각하고 지금까지 교수와 학생들이 연구와 공부에만 전념할 수 있는 분위기를 만드는 데 필요한 모든 지원을 아끼지 않았으며 이러한 노력은 앞으로도 부단히 계속될 것입니다(포항공대 '89학년도 학사과정 및 제1회 대학원 신입생 입학식, 1989.3.6.).

포항공과대학이 출범 당시의 회의적인 눈길을 극복하고 교수진과 연구시설, 학생수준과 면학지원제도 등 모든 분야에서 명실상부한 세계적인 수준의 명문 공과대학으로 발전할 수 있도록 지원할 것입니다

(포항공대 개교 2주년 기념식 치사, 1988.12.3.).

재단에서도 포항공대가 숭고한 건학이념을 완수할 수 있도록 자율적인 학사운영과 연구분위기 조성, 완벽한 연구시설과 교육환경 및 이에 필요한 재정적 지원을 다해 나갈 것을 약속합니다(박태준, 1986.12.3. 포항공과대 학교 개교식 기념사).

박회장은 만일 포항공대를 단기간 내에 세계 유수의 명문대학으로 만들어준다면 가속장치 개발을 적극적으로 지원할 것을 약속한다. 1987년 포항공대는 우수학생(입시결과 설명) 유치에 성공하였고 이에 고무된 박태준 회장이 1988년 4월 1일에 가속기 건설사업을 시작할 수 있도록 가속기 건설에 관한 제안서를 조속히 포항제철 이사회에 제출토록 요구하였다(고인수, 2006: 43, 빛을 만들어낸 이야기).

금년에는 대학의 연구활동을 가속화하여 우리나라 과학기술 발전에 전기를 마련하게 될 세계 최고 수준의 방사광 가속기 건설에 착수하게 될 것입니다(포항공대 '88학년도 학사과정 및 제1회 대학원 신입생 입학식, 1988.3.2.).

우리나라 과학기술 발전의 획기적 전기를 마련하기 위해 무려 740여 억원 투자하여 건립하게 될 세계 최고의 방사광 가속기가 1993년에 완공이 되면 우리 포항공과대학은 명실공히 우리나라 과학기술의 총

본산으로 발돋움 하게 될 것입니다(포항공대 '89학년도 학사과정 및 제 1회 대학원 신입생 입학식, 1989.3.6.).

박태준은 포항공대 구성원과의 약속을 지켜왔다. 그는 기념사 및 축사의 약속까지도 철저히 수행하였다. 그렇게 함으로써 박태준은 포항공과대학교의 구성원에게 신뢰받는 설립이사장이 되었다. 박태준을 신뢰할 수 있는 설립이사장으로 여긴 포항공대 모든 구성원들은, 포항공대의 발전을 위해 헌신적인 노력과 열정을 보였다. 포항공대 구성원들은 박태준을 신뢰함으로써, 박태준이 구상한 포항공대 설립이념과 발전방향을 타당한 것으로 인식하였다. 또한 막대한 예산이 수반되는 지원약속이 이행되리라는 믿음을 가지게 되었다.

4. 권한위임

박태준의 대학경영에 대한 권한위임은 일반적인 권한위임을 넘어서는 완전한 권한위임이었다. 즉 그는 설립이사장으로서 재단이사장에게 보장된 교수 임용 등의 권한과 대학 운영을 김호길 학장에게 전적으로 일임하였다.

청암 박태준의 대학경영의 가장 큰 특징은 권한위임이라고 볼 수 있다. 그는 대학운영의 대부분을 총장에게 위임하였을 뿐만 아니라 법적으로 명기된 재단이사장의 권한까지도 총장에게 위임하였다. 1986년 포항공과대학교 설립 시의 교육법상으로는 교수 인사권은 재단이사장에 있었다. 그러나 박태준 재단이사장은 교수 인사를 포함한 학교 운영 전반을 총장에게 전적으로 위임하였다. 즉 재단이사장으로서의 청암은 김호길 포항공과대학교 초대학장에게 학교운영을 맡기면서 이사장으로서의 모든 권한을 위임하였다(이상오, 2011: 74).

권한위임이란 직원들의 잠재된 지식과 경험, 동기를 이끌어내 조직의 바람직한 결과를 이루는 데 그 힘을 집중시키는 과정을 말한다. 현대와 같이 급속하게 변화하는 환경 속에서 조직이 생존하고 성장하기 위해서는 조직구성원들이 스스로 역량을 확대시키고 변화해야 하며, 변화하는 환경에 능동적이고, 탄력적으로 적응할 수 있는 능력을 갖추어야 하는 것이 요구된다. 이를 위해서 구성원의 자율성과 혁신성을 이끌어내어 그들의 역량을 극대화하고 근본적인 조직혁신을 지향하는 중요한 요인이 바로 권한위임(empowerment)이다.

Conger와 Kanungo(1988)는 권한위임(empowerment)에 대한 체계적 개념정의를 시도하여 동기부여적 구성개념으로서의 권한위임을 강조하였다. 이는 단순한 권한위임이 아닌 종업원의 심리적 경험을 강조한다. 즉, 권한위임은 종업원으로 하여금 권력을 가지고 있다는 것을 느끼도록 한다는 것이다. 그 결과 구성원들은 자신에게 주어진 목표에 몰입하게 되어 기술, 전문지식, 자기관리 등의 능력을 배양하고 팀워크와 질적 향상이 유도되어 결국 조직 활성화를 도모하게 된다.

권한위임에 관한 필요성 및 조직에 긍정적인 영향을 미친다는 것에 대한 선행 연구들을 살펴보면 Kanter(1983)는 기업활동이 생존을 위한 치열한 경쟁구도 환경속에서 살아남기 위해서는 구성원들의 조직에 대한 강한 몰입과 그들의 업무수행 과정에서 위험을 기꺼이 수용할 수 있도록 하기 위해서는 권한위임을 첫째로 손꼽을 수 있다고 하였다. 그는 이를 증명하기 위한 그의 연구에서 권한위임을 통한 자율 경영이 조직의 성과에 긍정적인 영향을 미친다는 가설을 검증한 바 있다. Hackman & Lawler(1971)는 권한위임에 대하여 높게 지각하는 구성원들이 낮게 지각하는 구성원들보다 그들의 직무에 더욱 더 만족하는 것을 증명하였다. Hocutt et al.(1988)은 그들의 연구에서 권한위임을 지각하는 구성원일수록 그들의 직무에 더욱 만족한다는 것을 실증분석을 통해 검증하였고, Spreitzer(1995)은 권한위임의 기대성과 중 가장 먼저 나타나는 것이 구성원들의 직무만족임을 증명하였다.

권한위임에 대한 선행연구들에서 증명한 바와 같이 리더가 구성원들에게 자신이 가진 권한을 적절히 위임하게 되면, 위험을 감수해야 하는 부분도 있지만, 성공적인 조직성과를 거둘 수 있는 충분한 요소가 될 수 있음을 알 수 있다.

박태준은 주요사항만 이사장과 논의할 뿐, 학교운영 자체에 대해서는 재단의 간섭 없이 모두 저에게 일임해주셔야 한다는 포항공대 총장의 권한위임 제안을 흔쾌히 받아들이고, 유지시켰다. 청암 박태준의 대학경영에 있어서 권한위임은 2003년 9월 4일 개최된 포항공대 총장 이·취임식 식사에 명백하게 나타나고 있다.

> "저의 철학과 비전에 공감한 고 김호길 학장께 모든 인사권을 위임했습니다. 사립대학교에 보장된 재단이사장의 권한을 전폭적으로 위임

했던 것은 신설대학의 행정효율을 극대화하기 위한 결단이었습니다 (박태준, 2003.9.4 포항공대 총장 이 취임식 식사).

그 이후에도 청암 박태준은 대학운영에 간섭하지 않은 것은 여러 기록물에 나타나 있다.

박태준 이사장은 다양한 요구 사항들을 시종 주의 깊게 경청한 후 포항공과대학에 대한 제도적인 지원 장치를 마련할 것을 약속하는 등 중진 교수 초빙에 직접 나섰다. 실제로 박태준 이사장은 그 뒤 포항공대 임용 과정에 일절 간섭하지 않았다(포철교육재단, 포철교육재단 30년사, 2001: 719).

박태준 회장은 재단이사장을 겸임하는 동안에 '학사 및 인사권 위임' 과 '재정 및 시설 지원'에 대한 약속을 지켰다(2007. 포항공대 20년사, 2007: 73).

박태준은 김호길 박사가 학장으로 부임하는 조건으로 학교 조직, 개설학과, 교수 숫자, 교수 수준 등은 전적으로 자신에게 일임하라는 요구를 전적으로 수용했다(포항공대 십년사, 82).

박태준은 포항공대를 경영하는 포항공대 설립이사장이었다. 그러나 그는 포항공대 총장에게 권한을 위임하고 필요한 지원을 제공하였다.

거의 대부분의 결정을 총장이 하도록 권한을 대폭적으로 위임하였다. '상황대응리더십 이론'의 네 가지 리더십 유형 중 위임형 리더십으로 포항공대를 경영하였다.

'권한을 개인에게 위임하여 스스로의 자활감을 부여한다'는 의미를 가진 임파워먼트의 경영은 박태준 경영 리더십의 아이콘이었다(이상오, 2012: 108)고 할 수 있다.

박태준이 권위를 행사하거나 누리려고 하지 않고, 전문가에게 권한을 위임하여 포항공대를 설립 당시의 목표였던 연구중심대학과 세계 수준의 공과대학으로 성장시킨 것은 탁월한 리더십과 혜안을 가졌다는 것을 알 수 있다.

Ⅳ. 결론 및 시사점

본 연구는 박태준의 대학경영 리더십을 포항공대 설립과 운영을 사례로 하여 살펴보고자 하였다. 많은 사람들은 포항공대의 성공요인으로 초대 학장인 고 김호길 학장, 중진 교수들 및 신진 교수들의 열정, 포항제철의 전폭적인 재정적 지원 등을 말한다. 하지만 포항공대의 성공 요인 가운데 박태준의 대학경영 리더십도 빼놓을 수 없다.

리더는 함께 일하는 사람들이 공통의 목표를 향해 매진할 수 있도록 영향력을 발휘하고 구성원 개개인의 자아실현을 이끌어주는 사람이다. 따라서 리더는 자신뿐만 아니라 다른 사람들의 가슴에 불을 지필 수 있는 공동의 비전을 창조해내야 한다(박성진, 2011: 75).

박태준은 포항공대 학장 및 교수 등 포항공대 구성원들에게 '신뢰할 수 있는 리더'라는 확신을 심어주었다. 박태준은 포항공대 설립 시 약속한 사항을 철저히 지켰다. 포항공대 설립 초기 부임한 교수들은, 박태준이 약속을 이행하고 신뢰문화를 정착시키는 리더십에 감동을 받았다고 한다. 그리고 재단이사장의 법적인 권한까지 학장에게 위임하였다. 포항공대 설립이사장인 박태준은 고 김호길 총장의 능력과 열정을 알아보고 포항공대 운영의 모든 것을 위임하였다.

또한 포항공대의 '비전'을 연구중심대학과 세계수준의 공과대학으로 명확하게 제시하고 포항공대 구성원과 공유하고, 이의 달성을 위해 적극적인 지원을 아끼지 않았다. 박태준의 미래지향적 사고와 경영에 따라 25년 전에 설립된 포항공대는, 현재 세계적인 연구성과와 우리나라 과학기술을 선도하고 대학의 선진 모델로 자리하고 있다. 박태준은 윤리에 기반한 정도경영으로 포항공대를 운영하였다. 현재 포항공대는 모든 대학운영에 있어 윤리를 기반으로 하고 있다.

박태준은 제철보국과 교육보국의 이념을 기반으로 하는 윤리·신뢰·비전·권한 위임의 리더십으로 포항공대를 설립하고 운영하였다. 그 결과 박태준은 불가능해 보이는 것을 가능하게 만든 진정한 성공과 큰 성취를 이루었다. 박태준은 '제철보국'과 '교육보국'을 가슴에 품고 이의 달성을 위해 온 생애를 살아왔다. 박태준은 조국을 위해 몸과 마음을 바쳤다.

본 연구가 가지는 의의는 박태준의 경영 리더십을 대학경영의 측면에서 연구했다는 점이다. 그간 박태준의 경영철학과 사상에 대한 연구는, 포항제철의 경영을 위주로 여러 학자들과 작가들에 의해 심도 있고 활발하게 연구되었다. 그리고 학교의 설립이념에 대하여 교육학적 접근에 의한 연구도 시도되었다. 하지만, 박태준의 대학경영 관점에서 그의 리더십을 조명한 연구는 찾아보기 어려웠다.

박태준의 대학경영 리더십에 대한 연구는, 박태준의 리더십을 다양한 분야에서 연구하는 계기를 제공하고, 박태준의 제철보국과 교육보국에 기반한 리더십의 의미를 인식하는 계기를 제공하게 될 것이다.

본 논문은《한국경영사학회》제28집 제4호 (2013.12)에 게재된 것임을 밝혀둔다.

| 참고 문헌 |

고인수(2006), 빛을 만들어낸 이야기, 동인기획

국가청렴위원회(2006), 기업윤리 브리프스. 서울 : 국가청렴위원회

김병연·최상오, 2011, 포스코와 한국경제: 서지적, 실증적 분석을 중심으로, 경영사학, 제 26집 제2호: 5-50

김정수(1995), 기업이 윤리풍토유형에 따른 구성원의 조직몰입, 직무만족 및 비윤리적 행위의 차이에 관한 연구, 경희대학교 박사학위논문.

김성은(2010), 리더의 감성지능, 조직공정성, 신뢰와 조직유효성간의 관련성에 대한 연구 : 신뢰의 인지적 정서적 접근을 중심으로. 고려대학교 박사학위논문.

김왕배(2012), 박태준의 국가관과 사회관 ? 책속에 단속저자 인용방법 확인(박태준 사상)

김용렬, 2005, 민영화 이전 포항제철의 지배구조와 경영효율성, 경영사학, 제 20집 제 1호: 1-22

김창호(2009), 청암 박태준의 경영철학과 리더십에 관한 연구. 아주대학교 석사학위논문

동아일보, 1987. 5. 25. 9면

박성진(2011), make your history

박호완(2011), "신뢰선순환을 통한 시너지 경영: POSCO의 신뢰 형성 과정에 대한 역사적 분석", 경영사학 제26집 제3호: 463-488

박태준(1985) 나의 경영철학, 포항종합제철주식회사

박태준(1987) 신종이산가족, 박태준회갑문집

박태준(1985) 제철보국의 의지, 포항종합제철주식회사

박태준과 과학기술포항종합제철주식회사(1998), 『창업정신과 경영철학』, 제철연수원

박현모(2011). 세종처럼-소통과 헌신의 리더십. 미다스북스

백기복(2012), 박태준의 용혼 경영사상, 아시아 ? 책속에 단속저자 인용방법 확인

윤대균(2004), 호텔조직에서의 서번트 리더십이 종사원의 태도에 미치는 영향. 대구대학교 박사학위 논문.

이대환(2011), 세계 최고의 철강인 박태준, 현암사

이대환(2012), 태준이즘. 아시아

이상오(2011), 사립대학의 설립 이념과 실천에 대한 교육학적 고찰: 포스텍의 설립자 박태준의 사례에서, 교육의 이론과 실천, 16(3), 55-86

이상오(2012), 청암 박태준의 교육 리더십 연구

임경순 (2010), 과학기술학연구 10권 2호: 37-76.

전상인(2012), 박태준 영웅론: 제철입국의 근대 정치 사상, 아시아. 이대환 엮음

정성현(2007). 서번트 리더십 특성이 종업원의 서비스성과에 미치는 영향. 청주대학교 경영학 박사학위 논문.

최우찬(2010). 임파워먼트의 이론과 실재. seri.org

최창명, 김성수(2005), "윤리경영의 운영과 리더에 대한 신뢰가 조직몰입에 미치는 영향, 기업경영연구, 제12권 제2호, pp.89-119.

포스코경영연구소, 박태준 어록 III

포철교육재단(2001), 포철교육재단 30년사

포항공과대학교(1997), 포항공대 10년사

포항공과대학교(2007), 포항공과대학교 20년사(1986~2006), 포항공과대학교, 2007.

Awamleh, R. AND Gardner, W. L.(1999), Perceptions of leaders charisma and effectiveness; the effects of vision content, delivery and organizational performance, Leadership Quarterly, Vol. 10, pp.345-373.

Berson, Y., Shamir, B., Avolio. B. J., & Popper, M.(2001) "The Relationship between Vision Strength, Leadership Style and Context", Leadership

Quarterly, 12(1), pp.53-73.

Flannery, B. L & May, D. S.(2000), Environmental Ethical Decision Making in the U.S., Metal-Finishing Industry, Academy of Management Journal, pp.642-662.

Hackman, J. R. & Lawler, E. E.(1971), Employee reactions to job characteristics, Journal of Applied Psychology Monograph.

Hocutt, M. A, & Stone, T. H.(1988), The impact of employee empowerment on the quality a service recover effort, Journal of Quality Management, Vol. 3.

J. A. Conger, & R. N. Kanungo, "The Empowerment Process : Integrating theory and practice," Academy of Management Review, vol.13, no.3, 1988. pp.471-482.

Jesse Stoner(1998). Visionary Leadership, Management, and High Performing Work Units. University of Massachusetts.

Kanter, R. M.(1983), The change masters, N. Y., Simon & Schuster, p.25.

Kouzes, J. M. & Posner, B. Z.(1993). Credibility : How leaders gain and lose it, why people demand it. San Francisco : Jossey-Bass.

Mayer, R. C., Davis, J. H., & Schoorman, F. D.(1995), An integrative model of organizational trust. Academy of Management Review, 20(3), pp.709-734.

Innovation Teams(PPITs)", Journal of Organizational Behavior, 25(2), 2004, pp.259-278.

Pearce, C. L., & Ensley, M. D., "A reciprocal and Longitudinal Investigation of the Innovation Process: The Central Role of Shared Vision in Product and Process

Rawls(1971). A theory of justice, Boston : Harvard University Press.

Rest. J. R.(1986), Moral Development: Advances in Research and Theory, New York, Praeger.

The 21 Indispensable Qualities of A Leader. John C. Maxwell. 전형철 옮김.

Tichy, N. M, & Devanna, M. A,(1986), The transformational leader, Wiley, New York, NY.

Spreitzer, G. M.(1995), Psychological empowerment in the workplace: dimensions, measurement and validation, Academy of management journal, vol. 38. pp.1442-1485.

Korgaard, M.A., S.E. Brodt, and E.m. Whitner, 2002, Trust in the face of conflict: The role of managerial trustworthy behavior and organizational context, Journal of Applied Psychology, 82(2): 312-319

에세이

박태준의 미션리더십
: 격(格), 목(目), 행(行), 심(心)

백기복

백기복 白基福

현 국민대학교 경영대학 교수
(필자 소개는 16쪽 참조)

안토니오 교수의 e—메일

최근 이탈리아 루이스(LUISS) 대학의 안토니오 마르투라노(Antonio Marturano) 교수로부터 e—메일을 받고 마음에 큰 동요를 느꼈다. 로마에서 개최하는 리더십 학회 초청 이메일이었는데, 내용의 약 90%를 이탈리아의 역사적 리더들을 자랑하는 것으로 채우고 있었다. 로마 5현제(賢帝) 중 마지막 황제였던 마르쿠스 아우렐리우스를 필두로, 카리스마의 전형을 보여준 시이저, 『군주론』에서 카이론(chiron)의 존재감을 느끼게 했던 마키아벨리, 이탈리아 공산당의 이념을 정립한 안토니오 그람시와 마피아의 리더들, 파시스트 무솔리니, 『호모 사케르』를 쓴 조르지오 아감벤, 수 많은 기독교의 리더들, 이탈리아 최대 기업집단 피아트그룹 창업자 아그넬리, 그리고 이탈리아 최고 부자 베를로스코니 총리에 이르기까지, 안토니오 교수의 자랑은 끝이 없었다.

사실 마음의 동요는 그가 자국의 역사적 리더들에 대해서 매우 설득력 있고 체계적으로 설명하고 있다는 사실 때문이다. 공(功)의 대소(大小)와 특정 리더가 존재했던 시대와 분야를 관통하여 리더 출현의 흐름과 철학적 의미를 연구결과에 입각하여 일목요연하게 설명하고 있다. 자연스럽게 수긍이 가고 찬사가 터져 나온다.

그 체계, 그 깊이가 심적 동요의 원인이다. 우리는 스스로 리더에 대한 평가에 인색하고 세계에 알릴 수 있는 리더십연구체계를 갖고 있지 못하다. 리더십학자들은 외국 이론들을 소개하느라 바쁘고, 조직 실무자들은 외국이름이 붙은 리더라야 우러러보며 배우려 한다. 케네디의 한 마디는 충실히 기억하면서도 세종대왕이 무슨 말을 했는지를 단 한 마디라도 기억하는 사람은 드물다.

특정 시대에 일국(一國)의 리더는 대략 총 인구의 0.1%정도로 본다. 한국의 인구를 5,000만으로 보면 약 5만 명의 리더들이 존재하는 셈이다. 5천 7백만 인구를 갖는 이탈리아와 비슷하다. 문제는 이들의 행적을 얼마나 깊이 연구하고 체계화하였느냐에 달려 있다.

"학익진(鶴翼陣)에 포함된 과학적 법칙을 설명해 봐라."

일본에 유학간 한국학생이 아르바이트를 하던 우동집 주인으로부터 받은 질문이다. 학익진은 들어봤지만, 그 안에 어떤 원리가 있는지는 배운 적이 없다. 우리는 리더가 이룩한 성과는 외지만 과정과 이유는 배운 적이 없다. 이순신에 대해서뿐 아니다. 한국의 다른 리더들에 대해서는 더하다.

박태준에 대해서도 똑 같다. 그가 왜 모든 것을 희생해가면서 POSCO를 성공시켜야 했는지, 무에서 유를 창조했다는데 그 원인은 무엇인지, POSCO CEO를 25년이나 했는데 그는 왜 회사주식을 단 한 주도 가지고 있지 않은지 등의 무수한 질문에 대해서 명쾌하게 대답하는 사람은 거의 없다.

올해는 그가 POSCO와 결혼한 지 43주년, 에머랄드(emerald)도 3년이나 넘은 해다. 그가 많은 POSCO인들과 더불어 이루어낸 위대한 성과의 리더십해법은 무엇인가? 박태준과의 인터뷰, 기존에 발간된 자료분석, 그와 함께 진력했던 여러 POSCO임직원들과의 인터뷰 등을 기반으로 박태준 리더십을 분석한다. 방대한 자료를 격(格), 목(目), 행(行), 심(心)의 네 차원에서 분석, 제시한다

청암 리더십 : 격(格), 목(目), 행(行), 심(心)

청암(靑巖) 박태준은 근대 한국을 대표하는 리더다. 그는 일제시대부터 오늘날에 이르기까지 한국근대사를 중심에서 헤쳐 나왔다. 일제시대에 동경에서 수학하면서 전쟁의 참상을 직접 경험하며, 귀국하여 한국군에 몸담고서는 6·25남침에 맞서 싸운다. 그리고 5·16군사혁명 때는 박정희장군을 보좌하며, 박대통령 시절에는 경제성장의 주역을 담당한다. 그리고 산업화 세력과 민주화 세력간 통합을 내걸고 DJ정부에 투신해서는 총리를 역임한다. 이처럼 박태준은 〈일제 → 전쟁 → 혁명 → 경제성장 → 민주화 → 통합노력〉으로 이어지는 한국근대사의 중심에 서있다. 이 조건을 다 갖춘 한국의 리더는 별로 없다. 박태준은 이 모든 한국근대사의 질곡을 극복하고 경제발전의 역사적 터닝포인트를 만든 주역이다.

[격(格)] "품격 있는 존재감"

격(格)이란 인간의 존재양식을 뜻한다. 미국 육군사관학교의 리더육성 체계에서 말하는 'Be'(존재), 'Know'(지식), 'Do'(행동) 중에서 'Be'에 해당하는 용어다. 'Be'가 중요한 것은 그것이 리더의 품격을 결정하기 때문이다. 저(低)품격 인간은 거짓과 부정과 이기적 가치관으로 살아가지만, 고(高)품격의 리더는 진정성과 청렴, 그리고 공익을 위한 사명감으로 존재한다.

자신과 정치적 견해가 다르다고 해서 야비한 보복을 가하는 것은 저(低)품격 인간의 행태에 속한다. 부하들에게는 희생하라고 하고 자신은 온갖 영화 다 누리는 것도 리더의 할 짓이 아니다. 높은 자리의 권력을 이용해서 이런저런 이권 다 챙기고 연고 닿는 사람 마음대로 뽑아대는 것도 품격을 떨어뜨린다. 빚지고도 마음에 다짐이 없는 사람은 탕자(蕩子)에 속한다. 자신의 이익에는 목숨 걸지만, 사회와 나라의 공익에는 눈 감는 것 역시 리더의 격을 떨어뜨리는 일이다.

박태준은 이 모든 저품격을 경멸한다. 그의 전 공생애(公生涯)를 관통하는 일관된 존재양식은 바로 사명감, 청렴, 그리고 진정성이다.

"짧은 인생을 영원 조국에"

박태준이 아직도 마음 중심에 소중히 간직하고 있는 좌우명이다. 그의 모든 헌신과 판단과 행동은 여기에서 출발하고 여기에서 끝난다. 비장감이 넘치는 이 문구는 그 자체로서 한국근대사 질곡의 깊이와 심각성을 그대로 담고 있다. 이 비장한 소명의식이 없이는 도저히 빠져나올 수 없을 만큼 대한민국의 초기 상태가 절박하고 피폐했었다는 것을 암시하기도 한다. 1950년대, 60년대, 70년대를 산 한국인이라면, 당시의 가난과 부패와 갈등의 질곡을 어렵지 않게 회상해 낼 수 있을 것이다. 정부투자기업 POSCO의 사장 박태준도 이러한 사회적 압박에서 자유로울 수 없었다. 온갖 청탁과 회유와 공작과 정치적 압력이 마치 생명을 노리는 마녀처럼 그의 밤, 그의 낮을 휘감아왔다. 인사청탁과 이권 요구와 정치헌금 강요가 여러 경로를 통해서 전해졌다. 잘못된 사회적 폐습과의 전면전이었다. 치열한 싸움이었다.

대한민국이 훌륭하다는 것은 어려운 와중에도 반드시 정신 제대로 박힌, 투철한 사명감의 애국자들이 언제나 존재해왔다는 점 때문이다. 임진왜란, 정유재란의 칠흑 같은 암흑기에 유성룡, 이순신 같은 걸출한 리더들이 나타나 당시의 개념 없는 조정의 나약함을 극복해냈으며, 일제에 항거하여 김구, 안중근, 윤봉길 등 수 많은 투사들이 국내, 외 각지에서 재산과 목숨을 바치면서 일어나 광복을 이뤄냈다. 이들이 참 한국인들이다.

박태준은 멘토 박정희 대통령과 마주 앉는다. 그는 당시 벌어지고 있는 진상을 대통령에게 낱낱이 설명한다. 박 대통령은 종이와 펜을 꺼냈다. 그리고 무엇을 도와줘야 할 지 필요한 사항을 다 말하라고 하면서, 하나하나 적어낸 종이의 상단 귀퉁이에 사인을 한다. 이것이 소위 종이마패다. 각종의 압박에 흔들리지 말라는 대통령의 전권위임증서였다.

종이마패는 아마도 고군분투 정의의 싸움을 하고 있는 박태준에 대한 대통령의 위로의 제스처였을 것이다. 박태준은 실제로 이 종이마패를 한번도 사용한 적이 없다. 그의 비장감의 수준이 당시의 싸움을 스스로 감당할 수 없을 만큼 나약하지는 않았다. 무엇보다도 그와 함께한 수 천명 POSCO인들이 희생적으로 받쳐주고 있었다.

박태준은 빚지고는 못사는 성격이다. 그의 사명감이 그토록 비장했던 것은 바로 POSCO설립자금이 대일청구권자금에서 나왔다는 사실 때문이다. 그는 이것을 민족의 혈(血)에 대한 빚으로 생각한다. 그 돈의 성격을 생각하면 도저히 POSCO건설에 실패할 수 없는 일이었다. '산업의 쌀'인 철이 없으면 경제성장은 불가능하다.

박태준은 POSCO주식을 한 주도 갖지 않았다. 특별한 다른 재산도 없다. 그는 숭고한 민족적 사명을 사익(私益)으로 더럽힐 수 없다고 생각한다. 주인이 아닌 전문경영인들도 회사를 잘 경영해서 큰 성과를 냈을 때, 그에 상응하는 보상을 요구하는 것이 서구의 경영관행이다. 하지만 POSCO는 일반기업들과는 의미가 다르다. 1988년 6월 10일 POSCO직원 1만9천419명이 총 발행주의 10%를 배당 받을 때도 박태준은 단 한 주도 받지 않았다.

"실패하면 우리 모두 '우향우' 해서 영일만 바다에 빠져 죽어야 합니다."

그의 이 비장한 사명감은 거짓과 청탁과 부패와 용렬(庸劣)함을 용납하지 않는다. 박태준의 품격 있는 존재감은 바로 민족에 대한 깊은 애정과 사명감에 기초한다.

[목(目)] "탁월한 전략적 안목"

투철한 사명감을 갖는 것과 그것을 경영성과로 구현하는 것은 별개의 문제다. 사명감은 마음의 문제이지만 경영은 남다른 예지와 기술을 필요로 한다. 박태준 리더십의 훌륭한 점은 마음 속 불붙는 사명감을 탁월한 전략적 안목으로 승화시켰다는 점이다. 다양한 증거들이 이를 뒷받침한다.

〈**회사형태의 결정**〉 1967년 11월 8일 박태준은 공식적으로 '종합제철소추진위원회'위원장으로 취임한다. 취임 후 첫 과제는 회사의 형태를 결정하는 것이었다. 박정희대통령은 '특별법에 의한 국영기업체'형태를 선호했다. 그러나 박태준은 '상법상의 주식회사'를 주장한다. 일견 사소한 차이처럼 보이지만, 사실 국영기업체와 주식회사는 기업의 지배구조측면에서 차이가 매우 크다. 공기업은 CEO의 책임의식이 희박하여 자율경영을 할 수 없다. 정치권에 휘둘릴 가능성도 매우 크다. 기업을 시장의 논리에 따라 경영하는 것이 아니라 정치논리에 따라 재단하기 시작하면, 전략적 의사결정이 왜곡된다. 그렇게 되면 세계적 기업으로 성장하는데 있어 치명적 약점으로 작용할 수 밖에 없다는 것이 박태준의 주장이었다.

이 문제를 가지고 박태준은 대통령과 세 차례에 걸친 치열한 토론을 벌여 승낙을 받아낸다. POSCO를 둘러싼 박태준의 첫 번째 전략적 선택이었다.

〈**후방방식의 선택**〉 1970년 4월 1일 오후 3시. 포항의 영일만 모래펄에서 3년여 공기의 포철 1기 착공식이 거행된다. 자금, 인력, 기술이 전혀 없는 상황에서 수 많은 우여곡절 끝에 이루어낸 성취다. 하지만, 난관은 끝이 아니라 시작이었다. 박태준은 또 하나의 중요한 전략적 선택을 한다. 어떤 순서로 공장을 지을 것인가? 제철소는 철광석에서 쇳물을 뽑아 식혀 선철(銑鐵)을 만드는 제선(製銑), 선철에서 탄소를 제거하여 강(鋼)을 만드는 제강(製鋼), 그리고 강제(鋼製)에 압력을 가하여 다양한 형태로 만드는 압연(壓延) 등 세 공정으로 이뤄진다. 제선공장—제강공장—압연공장의 순으로 짓는 것이 상식이지만, 박태준은 압연—제강—제선공장처럼 역순으로 건설하는 후방방식을 택한다. 압연공장을 먼저 지으면, 중간 강제(鋼製)를 수입해다가 압연하여 판매함으로써 전체 공장이 다 완성되기 전에 수익을 낼 수 있다. 하지만, 추가 투자비가 필요하고 판로확보가 문제다.

박태준은 오스트리아로 날아간다. 오스트리아의 푀스트 알피네를 파트너로 잡고 오스트리아 국립은행총재 헬무트 하세와 끈질긴 협상을 벌여 차관도입에 성공한다. 마침 현대그룹의 정주영회장이 조선소 건립의사를 전해온다. 판로가 트인 것이다. 후방방식 선택으로 포철은 조업 6개월 만에 1,200만 달러 흑자를 달성한다.

〈생산규모에 대한 비전〉 POSCO는 현재 조강생산량 5,000만 톤을 목표로 세계 여러 나라에서 생산기지 확장에 나서고 있다. 생산규모의 결정은 미래에 대한 예측, 경쟁사의 전략, 자사의 투자여력 등 다양한 요인들을 고려하여 내려지는 최고의 전략적 의사결정이다. 막대한 투자가 소요되기 때문에 결정의 오류는 곧 바로 회사의 운명까지도 좌우하게 된다.

포철 1기를 건설할 즈음, 일본기술자문단의 아리가라는 사람이 생산규모를 자문한다. 그가 박태준에게 내민 '공장위치계획도'는 기껏 200

—300만 톤 규모를 담고 있었다. 자본도 기술도 없는 상황에서 현실적으로 매우 타당한 규모였다.

박태준은 책상을 치면서 분노한다. 1,000만 톤 규모의 청사진을 만들어 오라고 반려한다. 당시 국내의 철강수요라고 해봐야 얼마 되지 않는 상황에서 1,000만 톤은 상상을 초월하는 규모였다. 하지만 박태준은 향후 한국경제의 고속성장을 확신한다. 남아도는 제품은 수출하면 된다고 믿는다. 3년 후 완성될 포철 1기의 운영을 조기에 정상화시키면 국제신인도가 높아져 차관도입도 얼마든지 가능하다는 계산이었다.

그의 판단은 적중한다. 1983년 포철 4기 완공으로 910만 톤 체제를 갖추게 되고, 1992년에는 광양 4기 준공으로 연간 조강생산량 2,100만 톤에 이른다. 이제 5,000만 톤을 향해 달려가고 있다. 일본인은 한국의 현실을 보았고, 박태준은 대한민국의 가능성을 읽었다.

〈최저가격, 최고품질〉 박태준이 포철을 시작하면서 끝까지 외고 다녔던 말이 '최저가격, 최고품질'이다. 최저—최고는 설비나 원료를 되도록 싸게 사와야 하고, 중간에 부정이 없어야 하며, 건설과정에서의 완벽주의, 그리고 최고의 기술력에 의해서만 가능해진다. 그는 이 네 가지에 집중한다. 초기에는 일본제철사에서 설비를 도입하였으나, 곧 도입원을 유럽으로 다변화시켜 경쟁입찰체제를 확립함으로써 값싸고 품질 좋은 설비를 도입할 수 있게 된다. 마침 김대중 납치사건으로 한, 일관계가 악화된 틈을 타 1974년 박태준은 포철 2기 설비도입을 오스트리아, 독일, 그리고 일본으로 다변화시킨다. 일본제철사로부터 많은 도움을 받았지만, 한 곳에 의존하면 협상력을 잃게 된다는 판단에서다.

이 밖에도 중간 브로커들을 물리치고, 아래에 설명하듯이 부실공사를 원천 차단함으로써, 최저—최고의 철학을 구현하게 된다. 또한 포철의 성장을 도우면 자사를 위협하게 된다는 일본제철사들의 부메랑효과 우려에 대비하여 기술자립전략으로 최고품질확보에 힘쓴다. POSCO는 국내기업들에게 국제시세보다 21%—42% 정도 싼 값에 양질의 철강을 공급해왔다.

[행(行)] "현장 완벽주의"

"헬멧"

박태준 명예회장은 '가장 아끼는 물건이 무엇이냐'는 질문에 대해서 짧고 단호하게 '헬멧'(사진)이라고 답했다. 그는 이 헬멧을 쓰고 포철 건설현장을 누볐다. 현장의 이슈는 대략 네 가지다. 즉, 공기준수, 부실공사 점검, 잔 공사 처리, 그리고 안전관리 등이다. 이들은 포스코 사명의 완수뿐만 아니라 종업원 생명에도 영향을 미친다. 그는 엄하게 관리하고 철저히 확인한다. 박태준에 대한 강한 이미지는 대부분 이 엄격한 현장관리 과정에서 생성된 것들이다. 현장관리와 관련된 독특한 에피소드들 몇 가지를 아래에 정리하였다.

첫째는 1971년 포철 1기 공사 때 있었던 '열연공장건설비상' 사건이다. 인력, 자재, 장비부족으로 열연공장건설의 콘크리트 기초공사가

3개월째 지연되고 있었다.

"9월―700입방 미터."

박태준 사장의 특명이 떨어진다. 하루에 타설할 수 있는 콘크리트의 양은 많아야 300입방 미터다. 그런데 향후 두 달 동안은 하루 700입방 미터를 타설하라는 명령이다. 24시간 작업체제에 돌입한다. 모든 부, 차장들이 총감독으로 나선다. 박태준도 작업화를 신고 하루 3시간 새우잠을 자면서 함께 현장을 누빈다. 그 결과, 2개월 만에 5개 월치 콘크리트 타설을 해냈다. 소위 돌관작업(突貫作業)이란 이런 것이다.

둘째는 1977년의 엎질러진 쇳물사건이다. 4월 24일 새벽, 제강공장 크레인기사가 용광로에서 갓나온 쇳물을 운반하다가 졸음운전으로 44톤을 바닥에 쏟는다. 다행히 인명피해는 없었지만, 공장지하에 매설되어 있던 케이블 약 70%가 전소된다. 당시 필리핀을 방문 중이던 박태준은 곧바로 일본을 거쳐 귀국한다. 전문가들의 진단에 의하면 복구에 3―4개월 걸린다는 것. 엄청난 생산차질로 수요사들의 손실과 포철의 신용저하는 불을 보듯 뻔했다.

박태준은 "1개월 복구완료'라는 목표를 세웠다. '삭발복구 팀'을 결성한다. 또 다시 철야 강행군이 시작된 것이다. 박태준도 함께 뛰었다. 정상적인 하루 케이블 포설량은 3―5천 미터. 하지만 삭발 팀은 하루 최장 3만 7천 미터까지 포설한다. 부인회도 간식을 들고나와 응원했다. 그 결과, 34일만에 복구가 완료되는 기적을 이뤄냈다.

사실 박태준은 필리핀에서 귀국하여 사고를 낸 크레인 기사 집을 찾아간다. 그는 문제의 기사가 경제적으로 매우 곤란하여 다른 직업을 병행하고 있었다는 사실을 확인한다. 아무에게도 책임을 묻지 않고 생활여건 개선 대책을 마련하도록 하였다.

셋째는 1977년 8월 1일에 있었던 발전송풍설비 폭파사건이다. 쇳물사건 후 정상조업을 위해 힘쓰는 한편, 포철 3기 공기단축에 진력하던 때다. 박태준은 콘크리트 구조물이 80%쯤 올라간 발전송풍설비공사현장을 찾았다가 부실공사를 발견한다.

"당장 폭파해!"

한국인 공사담당자뿐 아니라 일본인 감독관들도 혼줄이 났다. 그리고 바로 다음날 거창하게 폭파식까지 거행한다. 의식을 마친 뒤, 포철 임직원들과 외국인 기술감독자들까지 다 모인 앞에서 콘크리트 구조물은 굉음과 함께 산산조각이 났다. '포철 사전에 부실공사는 없다'는 메시지를 임직원들에게 확실히 심어주는 사건이다.

넷째는 1978년에 있었던 공사장의 유령인력 사건이다. 공사현장의 인원이 반장이 보고하는 인원수와 현장소장이 보고하는 숫자가 달랐다. 이상히 여긴 박태준이 관찰을 해보니 머릿수를 채우려고 인원파악 때마다 다수의 인부들이 현장을 옮겨 다니고 있었다. 숫자를 부풀려 인건비를 누군가 횡령하고 있었던 것이다. 작업인원이 20%나 부풀려져 있어 공사지연의 원인이 되고 있었다. 그 후, 포철직원을 공사담

당책임자로 직접 배치한다. 유령인력의 인건비를 회수하고 추석연휴도 반납해가면서 공기단축에 매달려 포철 3기 건설의 조기완공을 달성해 낸다.

[심(心)] "따뜻한 인본주의"

종업원들이 생활걱정이 없어야 회사 일에 몰입할 수 있다는 것이 박태준의 철학이다. 일종의 상황결정론을 그는 믿는다. 사람을 중시하는 그의 철학은 곳곳에서 발견된다.

〈사원주택 먼저 짓다〉 대부분의 경영자들이 공장을 짓고 나서 사원주택건축을 고려하는데 박태준은 사원들의 주택을 공장보다 먼저 짓는다. 1960년대 말, 포항의 주거환경은 매우 열악했다. 마땅히 살 데가 없어 타지출신 사원들은 가족을 두고 혼자 내려와 하숙을 하든가, 여인숙에서 임시 기거하는 상태다. 회사 일에 몰입할 수가 없는 조건이다. 그러니 인재도 모이지 않는다.

박태준은 주거환경개선에 나선다. 하지만 자금이 없다. 내자든 외자든 아직 돈 한 푼도 구하지 못한 상태다. 그는 은행 문을 두드린다. 담보가 없다고 퇴짜를 맞는다. 다행히, 당시 한일은행 행장이 박태준의 열정 어린 설득에 감동하여 담보 없이 20억 원을 대출해주겠다고 나선다. 이 돈으로 공동묘지가 있는 임야를 사들여 사원주택을 짓는다. 단독주택, 아파트, 쇼핑센터에 아트 홀까지, 그야말로 당시로서는 최고급 주택단지였다. 박태준은 주택과 아파트를 직원들에게 모두 분양해

줘 소유권을 갖도록 하였다.

이 모델은 광양제철소를 건설할 때도 똑 같이 사용된다. 다른 기업들도 따라 하기 시작했다.

〈**교육시설에 투자하다**〉 한국인들은 좋은 주택만 있다고 만족하지 않는다. 자녀들을 제대로 교육할 수 있는 좋은 학교가 있어야 한다. 역시 자금이 문제다. 마침 그 때 예기치 않게 보험회사 리베이트 6,000만 원이 생긴다. 고가설비 거래에 있어 발주사와 구매사가 보험에 들었을 때 공식적으로 발생하는 돈이란다. 소위 눈먼 돈이다. 박태준은 이 돈을 고스란히 '재단법인 제철장학회' 건립에 투입한다. 1971년 9월 사원주택단지 내에 첫 유치원이 개설된다. 그리고 초, 중, 고등학교를 설립해 나갔다. 최고의 시설에 실력 있는 교사들을 전국에서 공모하여 채용한다. 약 80%의 학생들이 직원 자녀들이었다. 이런 환경 속에서 회사에 대한 몰입과 애정이 싹트지 않을 수 없다. 1986년에는 여러 가지 우여곡절 끝에 포항공과대학(POSTECH)이 문을 연다. 기혼자들의 기숙사시설까지 갖춘 것은 당시로서는 찾아보기 힘든 교육여건이었다.

〈**목욕을 강조하다**〉 박태준은 유달리 깨끗한 환경을 강조한다. 몸이 깨끗해야 마음도 깨끗해진다는 식이다. 공장에 들러도 화장실을 둘러본다. 그가 항상 강조했던 것이 '목욕론'이다. 직원들이 자신의 몸을 깨끗이 하는 습관을 길러야 일터에서도 정리, 정돈, 청소 등이 제대로 되어 품질확보와 안전관리가 가능해진다는 논리다. 이것을 비공식적으로 공장관리 규칙 제1호라고 한다.

〈**항상 학습한다**〉 박태준의 인본주의 철학의 또 하나의 특징은 학습하는 인간이다. 한국기업들 중에서 POSCO만큼 해외연수를 많이 보낸 회사도 드물 것이다. 회사설립초기부터 연수원을 세워 직원들 교육과 학습에 힘썼다. 뿐만 아니라, 박 회장 자신도 학습에 많은 시간을 투자했다. 당시 일본 지사장의 역할 중 하나가 박회장이 읽을 책을 사서 보내는 것이었다. 박태준은 공학도답게 매우 분석적이며 과학적 접근과 전문성을 중시한다. 그에게 올라가는 보고서의 내용도 치밀한 분석과 과학적 근거를 토대로 작성 되야 한다. 제2제철소부지를 선정하는 과정에서도, 정부가 아산만으로 거의 결정한 상황에서 치밀하고 과학적 분석자료를 가지고 설득하여 광양만으로 바꾼다.

안토니오 교수에게 보낸 회신

박태준은, 많은 POSCO인들과 더불어, 사명감에 기초한 품격 있는 존재감과 전략적 예지, 현장완벽주의, 그리고 따뜻한 인본주의로 POSCO를 세계적 기업으로 만들었다. 사실 박태준과 POSCO의 예는 세계에서 그 유례를 찾아보기 힘든 독특한 사례다. 애국심과 사명감은 국가의 독립을 이루는데 동인(動因)이 되었던 예는 많지만, 하나의 기업을 세우는 원천이 되었던 예는 거의 없다. 이탈리아 피아트그룹의 아그넬리는 무솔리니의 파시스트에 빌붙어 가문의 부를 이뤘다. 또한 베를루스코니는 탈세와 기이한 여성편력으로 이탈리아 부정부패의 대명사로 불린다. 청암리더십의 숭고한 사상을 그들에게서는 전혀 엿볼 수 없다.

1980년대 초, 박태준의 멘토 박정희 대통령의 서거와 함께 정부출자기업 POSCO를 둘러싼 경영환경이 요동친다. 회사를 보호할 울타리가 필요했다. 1981년 민정당 비례대표로 국회에 진출한다. 그 후, 1990년 민정당대표, 1992년 민자당 탈당, 1993년 해외유랑, 1997년 포항보궐선거 당선 및 자민련 총재취임, 2000년 김대중 정권에서 총리 취임 및 사퇴 등의 정치여정을 밟는다. 그의 스타일은 정계에 들어가서도 전혀 변함이 없었다. 그전에도, 그는 박정희의 삼선개헌에 사인하지 않았으며, 해직기자를 채용했고, 한계레신문 창단을 재정 지원하는 등 대의적 차원에서 행동해왔다. 박태준은 김대중 정권에서 들어가면서 동, 서간 화합의 대의를 내세운다. 그러나 그것은 어디까지나 이상이었다. 품격, 전략, 완벽주의, 인본주의는 한국의 정치가 품을 수 있는 가치가 아니었다.

박태준은 요즘도 국가적 이슈에 자연스럽게 관심이 가게 된다고 했다. '남북분단'에 대하여 평화통일의 해법을 제시하지 못한 채, 후대에 넘겨줘야 한다는 것을 가장 아쉬워한다. 애국심의 쇳물은 아직도 그의 가슴 속에 끓고 있다.

안토니오 교수에게 답신 e—메일을 보냈다.

"박태준 리더십을 발표하겠습니다."

이 에세이는 《월간중앙》 2011년 4월호에 게재된 것임을 밝혀둔다.

청암 박태준 연구서 7

박태준의 리더십 2 ©백기복 외

발행일	2014년 12월 13일
펴낸이	김재범
펴낸곳	(주)아시아
지은이	백기복 외
엮은이	박태준미래전략연구소 (소장 최광웅)
편집	김형욱, 이은혜, 윤단비
관리	박신영
출판등록	2006년 1월 27일 제406-2006-000004호
인쇄	한영문화사
제책	대원바인더리
종이	한솔 PNS
디자인	박종민

전화	02-821-5055
팩스	02-821-5057
주소	서울시 동작구 서달로 161-1 3층
이메일	bookasia@hanmail.net
홈페이지	www.bookasia.org

ISBN	979-11-5662-066-2 94080
	978-89-94006-39-0 94080(세트)

*값은 뒤표지에 있습니다.